教育部哲学社会科学研究重大课题攻关项目

中国金融国际化中的风险防范与金融安全研究

FS

★ 系列专著 ★

全球化背景下
金融风险跨国分摊研究
—— 一个发展中国家的视角

许文彬 著

A Study on Multi-national Financial
Risk Sharing under Globalization:
——A Perspective from a Developing Country

西南财经大学
中国金融研究中心

中国金融出版社

责任编辑：张　铁
责任校对：李俊英
责任印制：丁淮宾

图书在版编目（CIP）数据

全球化背景下金融风险跨国分摊研究（Quanqiuhua Beijingxia Jinrong Fengxian Kuaguo Fentan Yanjiu）：一个发展中国家的视角/许文彬著 . —北京：中国金融出版社，2010.10
　（中国金融国际化中的风险防范与金融安全研究系列专著）
ISBN 978 - 7 - 5049 - 5080 - 2

　Ⅰ.①全…　Ⅱ.①许…　Ⅲ.①金融—风险管理—研究—世界
Ⅳ.①F830

中国版本图书馆 CIP 数据核字（2010）第 140272 号

出版
发行　　中国金融出版社

社址　北京市丰台区益泽路 2 号
市场开发部　（010)63272190，66070804（传真）
网 上 书 店　http：//www. chinafph. com
　　　　　　　（010)63286832，63365686（传真）
读者服务部　（010)66070833，62568380
邮编　100071
经销　新华书店
印刷　利兴印刷有限公司
装订　平阳装订厂
尺寸　169 毫米 ×239 毫米
印张　13.75
字数　222 千
版次　2010 年 10 月第 1 版
印次　2010 年 10 月第 1 次印刷
定价　30.00
ISBN 978 - 7 - 5049 - 5080 - 2/F. 4640
如出现印装错误本社负责调换　联系电话（010)63263947

中国金融国际化中的风险防范与安全防范对策 系列专著

总　序

（一）

人类社会进入 20 世纪后，全球化浪潮风起云涌，金融的发展在促进全球经济增长的同时，也给世界各国特别是发展中国家带来了巨大的风险。世界金融发展史表明，无论是发达国家还是发展中国家，在经济开放的过程中很少能够避免金融危机的爆发，经济发展通常伴随着风险的形成与积聚，金融风险积累到一定程度后，将严重影响到一国的金融安全。特别是 20 世纪 90 年代以来，墨西哥金融危机、亚洲金融危机、俄罗斯金融危机和巴西金融危机连续爆发，给危机爆发国造成了严重危害，也极大地冲击了全球经济金融体系。

2008 年下半年全球金融市场的表现注定要进入未来金融经济史的教科书。9 月以来，国际金融市场经历了大规模机构破产重组、全球金融市场暴跌、各国政府积极救市等应接不暇的动荡情景。起源于华尔街的次贷危机也迅速演变为一场浩大的全球性金融海啸。究其原因，在于全球失衡下的经济调整、国际金融秩序与流动性收缩与扩张。现在看来，金融海啸的下一幕越来越朝着悲剧的结尾演绎：格林斯潘所说的"腐蚀性"力量正在日益显现，美国的银行信贷紧缩和消费紧缩看来已经是不可避免。虚拟经济带来的负的财富效应和需求效应正在以前所未见的深度和广度体现在全球实体经济的消费和投资中。历史总是在重演，但金融危机每一次爆发的方式、重点均呈现出新的特点，因此人们几乎无法准确地预测到金融危机爆发的时机。金融危机给世界经济带来严重威胁，金融风险的防范和金融安全的维护也成为世界性经济难题，受到各国政府、经济管理部门、金融企业和经济理论界的高度关注。

中国正处在由发展中国家向发达国家过渡、由计划经济体制向市场经济体制转型的特殊历史阶段，经济的高速发展与制度变迁必然导致金融风险的种类、性质、分布及传导机制的频繁变动，风险问题日益突出和复杂。特别是在加入世界贸易组织后，国内金融业全面开放的趋势不可逆转，一方面其他国家或地区的金融风险会通过多种途径传递到国内，加大外在不确定性的冲击；另一方面经济全球化也会带来很多新的内在不确定性，改变国内金融风险的状况。我国金融国际化中所面临的风险和安全问题已引起党和政府的高度关注：2003 年 10 月，党的十六届三中全会通过的《中共中央关于完善社会主义市场经济体制若干问题的决定》中明确提出要"有效防范和化解金融风险，……健全金融风险监控、预警和处置机制"，"维护金融运行和金融市场的整体稳定，防范系统性风险"。2005 年 10 月，在党的十六届五中全会通过的《中共中央关于制定国民经济和社会发展第十一个五年规划的建议》中，又明确指出在防范和化解金融风险的基础上，要进一步维护金融稳定和金融安全。2008 年 10 月，国家主席胡锦涛应约同美国总统布什通话时强调：中国政府为应对这场金融危机采取了一系列重大举措，以保持金融市场和资本市场稳定，保持经济平稳较快增长势头。中国政府将继续以对中国人民和各国人民负责的态度，同国际社会密切合作，共同维护世界经济金融稳定。

以史为鉴，开放是历史的必然。据史料考证，近代中国的金融风潮与开放密切相关，其根源在于半封建半殖民地国家主权的沦丧和民族金融业的羸弱。数次风潮冲击之烈、影响之深，足以警喻当世！继往开来，中国正处在和平崛起的道路上。面对经济全球化的复杂局面，党中央提出了在"新安全观"指导下构建"和谐世界"的宏大构想。崛起中的中国应该采取怎样的金融开放战略？金融体系如何支撑中国经济高速增长？中国会不会出现金融危机？什么情况下会爆发金融危机？因此，本课题的研究将丰富新时期金融安全理论，为防范风险、维护金融安全，保持国民经济的持续健康发展提供重要决策支持。

（二）

本课题从最基本的概念入手，以个体风险、系统性风险与金融安全之间的逻辑关系作为分析的起点。风险是指能用数值概率表示的随机性，侧重于不确定性和由不确定性引起的不利后果；"系统性风险"则是指一个事件在一连串的机构和市场构成的系统中引起一系列连续损失的可能性［考夫曼（Kaufman），1995］；金融安全是一国金融体系的稳定运行状态，通常与金融国际化交织在一起，与金融危机、金融主权密切相关，其关键在于核心金融价值的维护，根本取决于一国政府维护或控制金融体系的能力和一国金融机构的竞争能力。三者分别对应着损失的形成、扩散和危害，形成依次递进的逻辑关系。单个的金融风险不足以影响到一个国家金融体系的正常运行，只有当单个风险迅速扩大、转移和扩散演变成系统性风险，才能对金融体系的功能发挥造成重大影响，进而威胁到金融安全。金融危机是金融安全受到威胁的极端表现，而金融主权则是国家维护金融安全最重要的基础。

本课题组认为，经济体制的双重转轨是中国长期不可回避的现实，国际化的过程就是非核心金融主权在互利互惠条件下平等分享的过程。在国际化背景下，风险的来源更为复杂，风险的识别尤为困难，风险的传染甚为容易。基于上述认识，本课题研究思路围绕一个中心（以金融机构尤其是银行作为研究核心）、两个视角（金融经济学与金融政治经济学视角）、三个层次（国家安全、经济安全、金融安全）来展开。

金融机构是经营风险的机构，是风险产生、积聚和转移的主要载体，相关金融安全问题也必然体现在金融机构上。如果将风险的传染视为一个网络系统，金融机构就是网络中的结点，无论是金融机构之间的直接传染还是通过金融市场的间接传染，风险都会通过结点沿着网络路径传递。在金融国际化进程中，金融机构的数量和类型、金融市场的规模和结构以及相关制度等都发生了明显变化，最终改变了金融风险的形成、种类和分布状况，在影响风险扩散、转移和传导途径的同时，也影响了风险总量。因此，本课题在国际化背景下以金融机构为着眼点探讨风险机理的微观基础，研究金融机构风险的生成、转移与扩散机理，进而探究系统性风险转移与金融安全的关系。

金融安全问题是一个综合国际政治、经济、文化诸方面的重大课题，它的提出一方面与系统性风险、金融危机等命题相关，另一方面牵涉到资源配置的权力、金融主权等方面的内容。为此，我们坚持从经济学视角与政治学视角来对金融安全问题进行解析。经济学视角研究重点在于分析金融风险和危机给安全带来的威胁，研究个体风险、系统性风险、金融危机的连接机制与生成机理。金融主权是国家安全的重要支撑，政治学视角的研究重点在于分析受金融因素影响的国家"非经济核心价值"。我们从政府角度研究政府行为规范，将金融领域政策手段作为大国博弈的重要工具，研究在开放的过程中如何维护自己的主权，把握开放的进程，进而在全球政治经济新秩序重构中分享最大化收益。

　　国家安全、经济安全与金融安全是相互关联的三个层次。经济安全与金融安全是政治概念与经济概念的混合，我们试图以国家安全层面为起始，在双重转型的特殊约束条件下，从国家安全、经济安全、金融安全三个层次论述金融安全在不同层面上的相互转换与分担机制。国家层面的金融安全主要探讨国际政治经济新秩序下的中国金融开放战略与控制权的争夺问题；经济层面的金融安全主要探讨金融系统性风险与经济系统风险的分担与转换机制，研究金融系统性风险向金融危机、经济危机转化的临界条件与路径；金融层次的金融安全主要探讨经济风险如何集中于金融体系，研究金融机构个体风险如何向系统性风险转换及金融机构、金融市场之间的风险传染机制。三个层次从宏观到微观，相互递进、相互关联，微观层次的研究可作为宏观层次研究的微观基础与理论依据，宏观层次的研究可作为微观层次的前提条件。

（三）

　　本课题立足于全球金融体系发展的最新格局，紧密依托于中国的新安全观，形成了以下四个方面的研究特色：第一，从国家安全与国家整体开放战略的高度切入金融安全问题，在全球政治经济背景下研究金融安全问题的内涵、层次与核心；第二，在合理构建宏观风险分担机制框架下，基于效率与安全的权衡研究双重约束下的新型金融发展理论；第三，基于双重约束的背景，构建金融安全理论的微观基础，研究风险与金融安全问题机理，推动理论研究的系统性和模型化；第四，从政府行为和机构竞争力的双重视角出发对风险防范和金融安全维护进行拓展性的基础研究，构建我国政府行为与金融安全关系理论、金融安全状态监测与预警理论、金融危机管理理论及风险防范与金融安全维护的政策选择理论。

在研究中本课题试图对一些前瞻性的问题给予解答，主要研究框架如下图所示，主要研究内容如下：

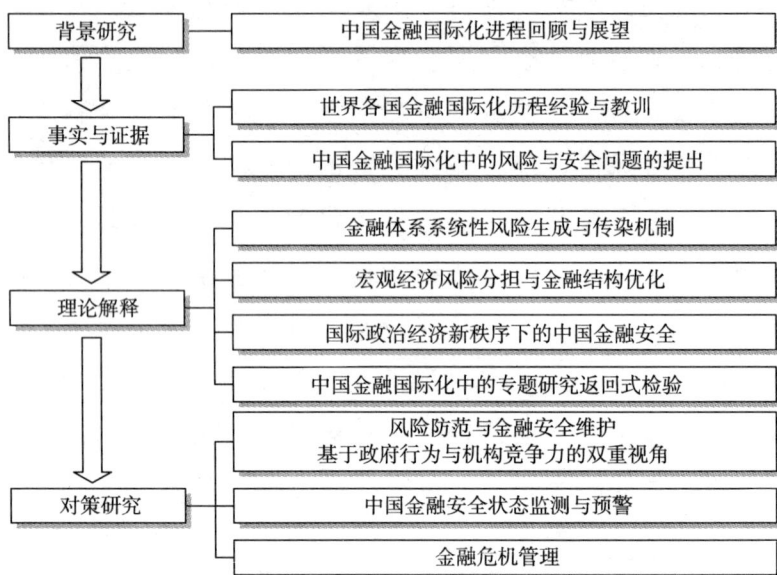

```
┌──────────┐      ┌──────────────────────────────────┐
│ 背景研究 │──────│   中国金融国际化进程回顾与展望   │
└──────────┘      └──────────────────────────────────┘
     ↓
┌──────────┐      ┌──────────────────────────────────┐
│事实与证据│──────│   世界各国金融国际化历程经验与教训   │
└──────────┘      ├──────────────────────────────────┤
                  │ 中国金融国际化中的风险与安全问题的提出 │
                  └──────────────────────────────────┘
     ↓
┌──────────┐      ┌──────────────────────────────────┐
│          │──────│   金融体系系统性风险生成与传染机制   │
│          │      ├──────────────────────────────────┤
│ 理论解释 │      │   宏观经济风险分担与金融结构优化   │
│          │      ├──────────────────────────────────┤
│          │      │ 国际政治经济新秩序下的中国金融安全 │
│          │      ├──────────────────────────────────┤
│          │      │ 中国金融国际化中的专题研究返回式检验 │
└──────────┘      └──────────────────────────────────┘
     ↓
┌──────────┐      ┌──────────────────────────────────┐
│          │──────│      风险防范与金融安全维护        │
│          │      │  基于政府行为与机构竞争力的双重视角  │
│ 对策研究 │      ├──────────────────────────────────┤
│          │      │   中国金融安全状态监测与预警      │
│          │      ├──────────────────────────────────┤
│          │      │          金融危机管理            │
└──────────┘      └──────────────────────────────────┘
```

1. 基于全球视角的金融国际化进程研究。首先，从中国金融国际化的历史进程出发，研究我国金融国际化的全球化背景、阶段特征、演进动因以及未来展望，并借助新制度经济学和转型经济学的方法对此进行理论分析。其次，借鉴代表性国家金融国际化中的经验与教训，从金融机构、金融市场、人民币、宏观调控和金融监管国际化与实体经济等方面系统梳理中国金融国际化中所面临的风险问题，并对我国金融安全所面临的威胁进行初步分析。最后，梳理金融国际化与金融安全的相关概念及理论综述，研究国际化进程对经济金融演进的影响，探究金融安全生成及其演变规律的变化，界定金融安全研究的边界与方向。

2. 金融系统性风险的生成与传染机制研究。首先，研究金融机构、金融市场系统性风险生成与传染的理论基础，重点考察银行体系的竞争力与战略转型；金融机构海外扩张带来的风险与安全问题；信息技术、支付结算体系问题；资产价格剧烈波动与金融系统性风险；金融衍生品的定价机制与风险问题；证券市场制度建设与国际资本流动的监测；金融机构与金融市场风险传染；货币市场与资本市场的风险传染；机构投资者行为与金融安全；金融整合与系统性风险；等等。其次，将金融机构、金融市场风险整合进行综合分析，将各类微观风险纳入金融机构风险函数中，考察金融国际化带来的冲击，构建双重约束下我国金融机构的风险特征函数，从共同冲击与风险传染两条路径来构建金融系统性风险生成的理论模型，研究跨市场、跨机构的金融系统性风险生成的统一框架。最后，通过实证方法构建不同开放程度与金融发展程度下金融系统性风险生成机制的差异，并对中国金融机构的系统性风险进行测度与评估。

3. 宏观经济风险分担与金融结构优化。宏观经济风险在各部门的增减、转移与累积等分担状态的变化直接制约系统性风险向金融危机的转化并影响金融风险向经济体系的渗透程度。为此，我们以银行部门为核心，抓住各个经济部门的资产负债联系，研究金融系统性风险与其他经济系统的风险（如财政、实体经济等）之间，系统性风险在国际、代际的转移机制，考察金融系统性风险向安全问题转化的机理。据此，分析我国金融风险传播途径和风险暴露状况，采用 Black –

Scholes 模型编制中国经济资产负债表，并对公共部门风险债务的可持续进行分析。从金融结构优化角度考察金融安全，我们重点研究信贷总量、流动性与金融安全；经济增长动力、经济可持续化发展、经济结构调整与系统性风险；改革成本分担与财政可持续问题；人口结构、养老金体系与金融制度安排；金融结构与金融安全；金融一体化、金融深化与金融风险；外贸依存度与金融安全；等等。

4. 国际政治经济新秩序下的金融安全问题研究。首先，从金融主权的角度来研究国际化进程中的新安全观问题，试图将金融安全与金融主权之间的关系模型化，研究金融主权的演变逻辑，分析大国为金融利益的博弈以及金融国际化次序、国际金融格局变化给我国金融安全带来的影响。重点研究金融机构的对外开放战略与金融主权；国际化进程中的货币政策独立性及有效性问题；银行业开放中的控制权问题；人民币的影响力、人民币的汇率机制以及国际货币机制调整中的金融主权问题；国际货币体系失衡及国际主要货币汇率波动；国际贸易争端与金融风险的联动；等等。其次，研究全球金融风险的分摊与转移机制，论证一国金融风险分摊量值的决定因素，考察全球经济失衡下金融风险转移机制；全球流动性收缩与扩张带来的风险冲击；世界能源市场价格波动与金融风险；资本流动及其突然逆转对金融风险的影响；中国在全球金融风险分摊中的地位与分摊量值；等等。

5. 基于政府行为与金融机构竞争力双重视角下的风险防范与金融安全维护研究。首先，研究政府行为在金融安全维护方面的二重性特征，其既是金融安全隐患的重要来源，也是维护金融安全的关键力量。为此我们将政府行为分为大国博弈下的政府战略安排、对外开放政策、对内的监管政策与产业政策、政府的经济行为四个层次，在此基础上将政府行为纳入金融安全生成的理论模型中，考察政府行为对金融安全生成的影响机制。其次，从政府行为与金融机构两个角度来构建多层次金融安全维护体系。重点考察财政与金融管理当局在安全维护上的权力配置；最后贷款人、金融监管及存款保险制度的权力配置；提高我国在全球金融风险分摊中的地位；降低分摊到的跨国金融风险量值；金融竞争效率与金融安全的协调；金融安全网的构建；最后贷款人的理论模型；最优存款保险制度的构建；混业经营与监管合作；跨行业、跨市场、跨国界的多维金融监管体系构建；市场约束、金融监管与最低资本要求的合理边界；重构全球金融风险的分担机制；等等。

6. 中国金融安全状态的监测与预警。包括触发机制、影响因素、传染概率、压力测试、预警体系及总体评估多方面的内容。首先，从测度层面对金融稳定、金融稳健以及金融安全等概念进行界定，编制系统性风险、传染概率、经济风险、金融主权、金融危机、金融安全指数系列，构建中国金融安全数据库，多层次对我国金融安全状态进行研判。其次，在国际比较的基础上，提出中国金融安全状态监测与预警的基本框架，构建中国金融安全监测指标体系，并分析实体经济走势、金融自身因素变化和突发事件对金融安全状态的影响。最后，构建中国金融安全监测与预警的组织架构体系，通过对中国金融安全状态的情景分析和压力测试，研究中国未来若干年内爆发金融危机的概率及爆发的可能路径，并据此提出可能的应对措施。

7. 国际化进程中的金融危机管理研究。首先，研究金融危机管理的一般理论，分析美国等发达国家金融风险防范与危机管理的机制和经验，探讨危机管理与危机生成之间的理论关系，构建我国金融危机管理体系，并重点考察管理银行、债务和货币危机的具体方法和措施及金融危机管理带来的后续冲击。其次，"华尔街金融海啸"为金融危机的管理提供了丰富的研究素材，也为我们的研究带来了巨大的挑战。为此，我们将以此次危机为例，重点考察"华尔街金融海啸"引致的全球危机管理比较分析；危机管理政策的绩效评价；最后贷款人角色的两难问题；全球注资导致的流动性泛滥与通货膨胀问题；危机管理引致的公共财政可持续问题；危机管理的全球协调机制；危机管理的全球援助机制；危机管理导致的全球风险重新分摊问题；等等。

（四）

金融安全的研究是一个动态变化的开放进程，其探究的边界与重点也将随着全球金融格局特征变化而相应更新。亚洲金融危机让我们反思"东亚模式"、政府失败与裙带资本主义的缺陷，而"华尔街金融海啸"又让我们审视全球金融过度膨胀与金融创新带来的危害。"路漫漫其修远兮，吾将上下而求索"，本课题也仅仅是一个尝试，仅反映了我们对此问题的思考与探索，研究中仍存在许多需进一步思索的问题。

1. 课题涵盖的范围和内容太广，金融国际化、金融风险、金融安全本身就蕴涵了金融的大多数问题，很难处理好开放与安全、理论与实践、重点与一般之间的关系。为此，我们选择重点问题与关键方法论进行攻关，但"横看成岭侧成峰，远近高低各不同"，难免有许多值得研究的问题被遗漏与疏忽。

2. 金融国际化给我国带来了广泛的影响，我们很难清晰地描述金融国际化的内容，也很难将金融国际化进行准确的数理刻画并代入模型之中。同时，我们也应随金融业的未来发展趋势同步更新我们的研究内容与核心，比如风险管理技术与系统性风险生成、银行结构性融资与系统性风险生成、金融整合与系统性风险生成、美元中心地位与全球金融风险分担等内容。

3. 数据问题致使金融安全的实证研究遭遇较大障碍，尤其是严重的信息约束，从而影响监测和预警目标的实现。一是由于银行的保密原则与研究样本缺乏连续性，导致一些关键数据难以取得，比如银行真实的关联头寸等；二是金融市场有效性不足导致在国外应用较广的基于市场信息的系统性风险评估方法推广受到较大限制；三是关于政府或利益集团的背景和国际银行业市场行为的第一手资料收集存在较大的障碍。为此，对中国爆发金融危机的可能性的准确预测成为本研究面临的最大难题。

（五）

本丛书源于西南财经大学中国金融研究中心刘锡良教授主持的教育部 2006 年立项的重大攻关课题"中国金融国际化中的风险防范和金融安全研究"（课题号：06JZD0016）。自项目申请以来，课题组进行了广泛的多层次国内外学术交流，与世界银行、国际货币基金组织、中国人民银行、中国银监会、中国证监会、中国保监会、日本岗三证券等建立了长期的合作关系，并赴美国、日本、德国、澳大利亚等国，中国台湾、北京、上海、深圳等地进行调研考察，取得了丰富的第一手资料，主要研究成果呈现于本丛书之中。

课题组以西南财经大学中国金融研究中心为依托，联合各方面的力量，组建一流的研究团队，共同完成课题的研究。课题组共由三十几位同志组成，核心成员包括曾康霖教授、庞皓教授、邓乐平教授、陈野华教授、殷孟波教授、黎实教授、高晋康教授、聂富强教授、谢平研究员、唐旭研究员、王松奇教授、唐思宁研究员、王自力博士、阎庆民博士、姜洋博士、徐诺金博士、陆磊教授、尹龙博士。参与课题的还有周凯博士、董青马博士、洪正博士、文庆能博士、王丽娅博士、刘轶博士、孙磊博士、李世宏博士、童梦博士、许文彬博士等。

　　本课题由刘锡良教授主持并提出研究的基本思路与框架体系，在课题组成员的共同努力下，经过几年的时间，通过大量的调查研究和反复讨论，几易其稿，最终完成。在课题设计与论证过程中，中国银监会胡怀邦教授、中国人民银行唐旭研究员、中央汇金投资有限公司谢平研究员、中央财经大学王广谦教授、辽宁大学白钦先教授、中国社会科学院金融研究中心王松奇教授、中国银监会上海监管局阎庆民教授、复旦大学姜波克教授、中央财经大学史建平教授、中国人民大学吴晓求教授等给予了许多指导与支持，并提出了很好的建议。教育部社科司袁振国副司长、张东刚处长对课题的研究内容给予了许多具体的指导与帮助。西南财经大学刘灿教授及科研处的同志对课题研究给予了大力的支持与帮助。中国金融出版社的编辑同志为专著的出版付出了辛勤的劳动，在此一并表示衷心的感谢！

刘锡良
2008 年 10 月 18 日

摘　要

在经济的信息化和全球化背景下，金融风险正日益成为全球经济乃至社会发展的一个关键词。随着经济信息化进程的推进，以数字化形式表现的金融风险成为经济运行过程中风险和不确定因素的集中体现，所有国家——无论是发达国家还是发展中国家——的金融利益乃至经济利益都被全球化的金融市场和金融交易捆绑在一起，于是，如何在全球范围内实现其跨国分摊就成为当前世界经济领域内一个不容忽视的课题。本研究试图通过信息—制度—风险理论体系与金融风险跨国分摊模型的构建，对该课题进行一个系统、深入、全面的考察。

本研究分为三个部分：第一部分是理论构建部分，包括第 1 章到第 3 章，介绍本研究理论体系的若干渊源，进而构建起一个理论框架，分析制度和制度变迁的信息含义，从而将宏观层面的制度分析和微观层面的信息分析融合在一个统一的理论体系中；在此基础上分析金融风险的信息—制度含义，为下文的模型化构造准备条件。第二部分是建模部分，包括第 4 章和第 5 章。第 4 章以微观层面的模型化为起点构建一个金融风险分摊的静态模型，比较在具体信息不对称的前提下存在和不存在共有性编码信息制约的非合作性均衡的存活几率，进而扩展到宏观层面，探讨发达国家和发展中国家各自在跨国风险分摊中所居的信息地位和由此形成的风险分摊特征。第5章仍是以微观层面的模型化为起点，引入时间参量、学习机制和正反馈机制，将上一章的静态模型转化为动态模型，探讨在一个将学习机制和正反馈机制内生化的多期博弈框架下，信息博弈双方的最优反应函数将会有什么样的变化，这些变化又会使博弈规则和金融风险的特征与分摊特点发生什么样的变数，进而把模型扩展到宏观层面，探讨发达国家和发展中国家各自在全球化和动态的国际规则演化过程中所扮演的角色，以及由其角色决定的金融风险分摊的量值变化和特征。第三部分是实际考察部分，包括第6章到第9章。第6章考察由美国次贷危机引发的全球性金融危机中金融风险在各经济主体、各个国家的分摊状况；第7章分析我国经济结构和经济组织方式的特点，据此将我国放置到上文构建的信息—制度理论框架和模型中去，分析我国在跨国金融风险博弈中所居的信息地位及由此地位决定的风险分摊量值和特征；第8章和第9章简要探讨改善我国在跨国金融风险分摊过程中的地位的若干政策设想。概而言之，本研究试图对金融风险的跨国分摊问题从理论渊源、到理论体系、到理论模型建构、到实际情况考察、再到政策建议进行一次全方位的研究和思考。笔者相信，在金融风险和金融安全日益成为各国普遍关注的话题，尤其是在当前美国次贷危机引发的全球性金融危机愈演愈烈之际，对这一课题的研究将是富有意义的。

ABSTRACT

In a world of information and globalization, financial risk has become the key word to understand nowadays economic and social system. Together with the informational transformation process of economic system, financial risk, presented by the forms of numbers and accounts, has become the major uncertain factor in economy. All countries, no matter developed or developing ones, have to face this, and all their economic and financial benefits are practically bended together. Therefore, to work out a worldwide mechanism of financial risk sharing became a vital issue of economic study. In this book the author proposed a new theory, and built up a series of multi-national risk-sharing models, and then tried to give a close study on the real financial risk world with these models.

There are 3 parts in this book. Part I, including chapter 1 through chapter 3, was the theoretical part. In this part the author gave a brief retrospect on those theories about institution and information, and then put forward a new framework, in which information and institution were the different sides of a same coin, while financial risk was a consequence of institutional changes and informational asymmetry. Part II, including chapter 4 and chapter 5, was the modeling part. In chapter 4 the author built a static risk-sharing model, deducted from a two-units scenario; by illuminating the model the author went on to compare the survival rates of non-corporative equilibriums with and without a common informational restriction, and to discuss the respective positions and characteristics of risk sharing for developed and developing countries under such a framework. Chapter 5 gave a dynamic model, by introducing the time coefficient, the learning mechanism and the positive feedback mechanism, and discussed the following changes that such introductions brought to the best responses of both game-players in a series game scenario. In this chapter the author also gave some thoughts on the new characteristics of risk sharing between developed countries and developing ones under such a dynamic model. Part III, including chapter 6 through chapter 9, was the realistic part. In this part the author, by using the above models, gave some discussions on the subprime crisis of U. S. , the risk-sharing position of China, and the relationship between models and realities; after which some policy advices were given, to raise the position of China in the multi-national risk sharing system. Given the oncoming financial crisis all over the world, the study here is, or so I believe, meaningful, both in academic field and for the real world.

目 录

0

导　论

0.1　关于选题

如果要求用两个词来形容当今的世界经济，笔者会选择信息化（informationalization）和全球化（globalization）。

早在20世纪90年代中期，以互联网在全球范围内的日益普及为标志的信息时代已经来临。海量信息通过互联网这一无远弗届的管道，以最快捷的传播扩散方式流动着。以互联网为代表的信息触角发挥的还不仅仅是一个传播管道的作用，通过信息的汇总和类比，它还日益起到甄别旧信息、产生新信息的效能。另一方面，不同性质甚至截然相反的信息同时在这些信息管道中流动，又使信息甄别变得日益困难。在这样的背景下，作为理性人的微观经济个体，在面临关涉到个体利益的行为决策时，所面临的最大问题就不再是信息的匮乏，而是信息的"过剩"；信息不完全（imperfection）日益让位于信息不对称（asymmetry），理性人在信息世界里的主要工作也由信息搜寻日益转变为信息甄别。

全球化浪潮不仅是经济方面的特征，更是当前整个社会的一种普遍趋势。[1] 真正意义上的经济全球化同样始于20世纪90年代。随着苏联和东欧剧

---

[1]　如坎贝尔（Campbell, 2004）所描述的，随便翻开任一份报纸都可以找到全球化的故事，这一话题在近20年里已成为社会科学的主要话题之一。参见 Campbell, John, 2004, *Institutional Change and Globalization*, Princeton：Princeton University Press。

变的发生，冷战时代结束了，意识形态的对峙不再是世界经济政治格局的主导因素。以非人格化交易为基础的市场经济成为全球绝大多数国家公认的经济组织形式，该种组织形式固有的扩张交易边界的内在冲动（incentive），成为经济交往日益突破一国或一个经济区域的越来越强的驱动力，而意识形态等人为设置的阻滞因素一旦消除，① 则为这一突破趋势扫除了最后的障碍。换言之，目前的全球化浪潮是市场经济的内生要求，也是世界各国发展本国市场经济的必然结果。随着世界市场经济的进一步发展，经济的全球化潮流方兴未艾。

在经济的信息化和全球化背景下，金融风险正日益成为全球经济乃至社会发展的一个关键词。随着经济信息化进程的推进，以数字化形式表现的金融风险成为经济运行过程中风险和不确定因素的集中体现；而随着金融市场和金融衍生工具的飞速发展和扩大，随着全球金融资产量值几何级数般地扩充放大，全球经济体中蕴涵的金融风险的量值早已远远超过了实体经济所规定的总量上限。金融风险在量值上的这一显著特征，标志着目前我们所处的这个时代已不再是古典或新古典经济学里描述的由商品的生产、消费、流通支配一切的商品经济时代，而是跃进到由金融交易和金融风险决定市场走向和经济走向的金融经济时代。进一步，全球化的浪潮又使得金融经济的步伐不会因个别国家金融发展滞后、金融市场不够发达而停止。在一个日益成型的全球化经济体中，所有国家——无论是发达国家还是发展中国家——的金融利益乃至经济利益，都被全球化的金融市场和金融交易捆绑在一起。在这样的条件下，任何一个经济体的金融危机都将通过棘轮效应被放大、被传播，因此，当前的世界经济和金融处于空前脆弱的状况，区域性乃至世界性的金融危机频繁爆发，经济发展状态和经济周期的不确定性大大增加。因金融危机而导致的经济危机的爆发并不仅限于那些被认为是"市场不完善、金融不发达"的发展中国家，目前方兴未艾的因美国次贷危机而引发的美国乃至全球金融危机正在逐步演变为一场经济灾难，在这场被格林斯潘称为"百年一遇"的金融灾难中，金融风险的策源地和爆发点正是一向被视为市场经济和金融经济典范的美国。

---

① 如马克思指出的，经济基础决定上层建筑。意识形态对峙的最终淡化归根到底应归功于经济结构层面，正是市场经济这一内含了扩张交易范围、突破交易边界冲动的经济组织形式在包括苏联和东欧国家在内的世界各国的普遍发展，产生了消除意识形态等人为设置的阻滞因素的内在要求。因此，就经济基础层面上看，苏联和东欧剧变实质上就是全球化成为时代潮流的一个最好的体现。

　　倘若说金融风险以及由此带来的金融发展和经济发展的阻滞是不可避免的，那么，如何在全球范围内实现其跨国分摊机制就是当前世界经济领域内一个不容忽视的课题。就微观层面看，在信息化的背景下，信息的不完全退居次要地位，金融风险的主要导源逐渐转向因不同的信息占有和信息判断而导致的信息不对称。市场经济作为当代经济组织形式的主流，能否自发建立起为经济体内所有微观主体所公认的信息甄别机制，从而在爆炸性的海量信息中为其提供判别真伪、去除噪音的标尺，进而有效消除（同一经济体内不同）微观主体间的金融风险，是任何经济体发展市场经济进程中必须要解决的问题。进一步，在全球化的背景下，微观经济主体的交易对方将日益跨越经济体边界，跨国交易成为日常经济行为，是否能有效消除因经济体间明示或默示标尺的差异而形成的制度性信息不对称，从而去除交易边界扩张的内生性阻滞，显然是关系到经济全球化进程和市场经济本身发展的重大课题。如果说制度性信息不对称给交易双方带来的风险本身是无差异的，来自不同发展水平和财富禀赋水平的经济主体对风险的承受能力则显然存在巨大的差异：同等量值的风险，对财富禀赋水平高的个体是其扩大获利空间的机遇，而对财富禀赋水平低的个体则因其可能带来的灾难性后果而裹足不前。将这一微观层面的考量放大到宏观层面看，即便各国面临的金融风险是完全对等的，其受经济实力和经济发展水平制约的风险承受能力也是大相径庭的：同等量值的风险，对发达国家如美国而言可能是微不足道的，但对一些经济较不发达、经济规模较小的发展中国家而言可能就是灾难性的。况且，在发达国家和发展中国家的金融风险博弈中，各方所占据的信息地位还远谈不上是相互对称的。发达国家的市场经济经过较长时间的发展，在经济全球化的进程中它们较为成熟、合理的市场规则往往成为世界市场的默示规则，而发展中国家——尤其是我国这样处于向市场经济渐进转轨过程中的国家——则因市场经济起步的滞后至今尚未能在自身的经济体内形成较为成熟完备的市场规则，更无从以自身的规则去渗透、影响世界规则，因此，在与发达国家的经济交往和金融交往中，仍需尽量去适应脱胎于发达国家的交易规则。由此看来，在发达国家与发展中国家的经济交往中，发达国家相对发展中国家还占据了制度性信息优势。如上文分析的，当代金融风险主要来源于不对称性信息，发展中国家的制度性信息劣势使其在与发达国家的经济交往中要承担大得多的风险量值，而其风险承担能力又明显弱于发达国家，因此，在宏观层面的金融风险博弈中，发展中国家一般说来处于绝对劣势。金融风险的固有特点决定其具有累积性和突发性，当其累积至一定程度时就会爆发，从而形成金融危机，进而导致经济危机。在危机爆发之前，发展中国家可能会因风险被暂时囤积而呈现出经济高速增长的势头，而一旦金融—经济危机爆发，则之前的经济发展成果将被摧毁，从而重新陷于发展泥潭之中。在一个经济全球化、资金跨国流动规模日益庞大的背景下，各国的经济发展水平之所以没有如索洛模型所预言的那样日益趋同（convergence），其根本原因笔者认为就在于此。概而言之，当代经济课题中，大至不同国家长期经济增长和经济发展水平的差异，小至来自不同经济体的微观经济主体之间的单笔交易，无不与金融风险的跨国分摊相联系。就我国这样的发展中国家而言，倘若对此缺乏清醒的认识，则不仅"融入经济全球化的浪潮"将沦为一句空话、成为遭受经济侵害的祸端，长达30年的因经济体制改革而带来的高速经济增长成果还可能因金融风险的积累和爆发而毁于一旦。就当前局势看，如何合宜应对此次以美国为中心的全球性金融危机，就是直接关涉到我国金融和经济长期可持续发展的重要因素：应对得宜将可能从根本上改变我国在全球金融风险跨国分摊中的地位和作用，成为世界金融秩序中的重要一极；相反，若应对失宜，则可能使我国成为发达国家金融风险和金融灾难的被转嫁者和买单人，从而丧失30年的经济发展成果。由此看来，对金融风险跨国分摊的研究就我国而言、就目前而言，具有特别重要的意义。

然而令人遗憾的是，尽管"金融风险"这一名词自20世纪90年代的几次金融危机后已成为学界的热门话题之一，言必称金融风险的研究者很多，研究成果也早已汗牛充栋，但这些研究大抵集中在具体风险的考量和规避层面上，对具体金融市场风险的定量分析、对具体金融工具的风险测度以及风险规避和风险控制方法的探讨占据了这一研究领域的绝大部分空间；而笔者上述的关涉到我国经济发展兴衰成败的跨国金融风险分摊问题，无论是微观层面还是宏观层面上的探讨，都几乎无人涉及。扩而言之，就世界范围看，全球化的研究固然已成为显学，一些研究者也论及过全球化对发达国家和发展中国家不同的经济意义（如 Guillen，2004；O'Riain，2000），但将其与金融风险的分摊差异相联系的几乎称得上绝无仅有。① 这一课题的理论和实践双方面的重大意义和研究的薄弱恰成鲜明对比。这一研究现状固然给研究者提供了很大的发展空间，但同类研究的缺失也使研究者面临无从依傍、无所凭借的困难。拓荒的工作意义总是重大的，但笔者并不奢望本书就能实现这个目标；倘若它能为学界的后续研究提供一个视角、一点铺垫、一些启发，则其任务即已超额完成了。

0.2　结构安排

本书除导论外大致分为三个部分。

第一部分是理论构建部分，具体包括：

第 1 章，理论渊源：信息理论的若干分支。本章简要介绍了若干信息理论分支，从而为下一章的理论构建进行研究背景准备。具体而言，包括：新古典经济学中的信息概念和内涵外延、博弈论在宏观经济层面的应用，协调博弈理论和合作进化理论、信息空间理论。这些理论或多或少都触及了信息—制度的相互关系，但对此都未能进行更深入、更系统的展开论述；尽管如此，这些理论提供的若干概念和思路，对笔者信息—制度理论框架的构造还是发挥了一定的启发作用和借鉴意义，因此，笔者将之列为本书理论体系的渊源。

第 2 章，理论构建：信息—制度理论框架。本章以上一章的理论渊源为基础，构建一个理论框架，分析了制度和制度变迁的信息含义，从而将宏观层面的制度分析和微观层面的信息分析融合在一个统一的理论体系里，为下文的模型化构造准备条件。金融风险的根源是信息占有的不对称，而无论是微观层面还是宏观层面的跨国风险分摊，分摊量值和性质的差异都是由参与者之间的不同的信息地位所决定的，因此笔者将信息作为整个研究的起点和立足点。就根本上看，信息与制度不过是同一硬币的不同面，因此，金融风险及其跨国分摊是这一信息—制度硬币的一个衍生物，要对之进行分析，首先必须建构起其逻辑起点。

第 3 章，金融风险的信息—制度含义。本章在上一章给出的基本理论框架

---

① 将经济增长与金融发展相联系的研究在金融结构和深化理论（Goldsmith, 1969；McKinnon, 1973）之后在理论上的探索也趋于停顿，而转向寻找支持或反对证据的实证方向（Lanyi & Saracoglu, 1981；Gelb, 1989；Levine, 1997）。

和概念体系下开始切入研究主体，分析了金融风险的信息—制度含义，从而为下文的模型化分析提供了基础。

第二部分是建模部分，具体包括：

第4章，金融风险的跨国分摊（上）：静态模型。本章以微观层面的模型化为起点构建了一个金融风险分摊的静态模型。在微观层面上，本模型比较了在具体信息不对称的前提下存在和不存在共有性编码信息制约的非合作性均衡的存活几率，进而扩展到宏观层面，探讨了发达国家和发展中国家各自在跨国风险分摊中所居的信息地位和由此形成的风险分摊特征。

第5章，金融风险的跨国分摊（下）：动态模型。本章仍是以微观层面的模型化为起点，引入时间参量、学习机制和正反馈机制，将上一章的静态模型转化为动态模型，探讨了在一个将学习机制和正反馈机制内生化的多期博弈框架下，初始信息占优者（informational elite）和初始信息占劣者（informational commons）的最优反应函数将各自有什么样的变化，而这些变化又会使博弈的规则（即默示的信息—制度结构）发生什么样的变化；进一步，信息—制度结构的变化又将给金融风险的特征和分摊特点带来什么样的变数。同上一章思路相似，接下来笔者将把模型扩展到宏观层面，探讨发达国家和发展中国家各自在全球化和动态的国际规则演化过程中所扮演的角色，以及由其角色决定的金融风险分摊的量值变化和特征。

第三部分是实际考察部分，具体包括：

第6章，美国次贷危机中的风险分摊：一个实例。本章将着眼点放回现实世界，运用上一部分的理论和模型，考察了由此次美国次贷危机引发的全球性金融危机中金融风险在各经济主体、各个国家的分摊状况。由于危机目前正方兴未艾，许多国家——尤其是发展中国家如我国——受到的冲击和影响还远未充分显露出来，因此本章的若干论断仅是基于理论和模型的预测和个人判断。

第7章，我国经济结构与金融风险分摊地位考察。本章分析了我国经济结构和经济组织方式的特点，据此将我国放置到上文构建的信息—制度理论框架和模型中去，从而分析了我国在跨国金融风险博弈中所居的信息地位，及由此地位决定的风险分摊量值和特征。

第8章和第9章，若干政策构想：如何改善我国在跨国金融风险分摊过程中的地位。这两章简要探讨了改善我国在跨国金融风险分摊过程中的地位的若干政策设想。由于这一问题的长期持续性,这两章探讨的政策设想有一大部分只是一些战略构想,如恰当处理好承袭和开放的关系、合理安排开放进度和先后次序等。这些政策设想中的一部分可能已是老生常谈,但在前文构建的新的理论框架和背景下,笔者将探讨它们的深层次意义之所在。

0.3 创新和缺陷

本书的创新之处主要表现在以下几方面:

1. 在一个信息—制度理论框架下论述了金融风险及其跨国分摊的深层次内涵,并以一个基于微观基础的数理模型将这一分摊机制进行了模式化表达,从中得到若干有启发价值的结论,进而将微观模型进行了宏观化拓展,为分析现实世界中金融风险的跨国分摊现状提供了一个可供立足的理论基石。鉴于这方面的研究目前基本上没有,本书在开辟方面应具有一定的价值。

2. 将信息理论和制度理论进行了一个理论整合,从而构建起信息与制度互为表里、相互统一的理论框架。该框架既为制度分析构建起一个坚实的微观基础,又为信息理论对宏观经济现象和社会现象的解释和运用拓宽了道路,并且为分析金融风险的成因和跨国分摊机制的特征奠定了微观—宏观统一的逻辑基石和理论基石。这一工作也几乎未有研究者涉足,因此就理论层面而言,也具有一定的拓荒的意义。

3. 以信息—制度理论和金融风险分摊模型为手段,考察了当前世界性金融危机中金融风险的分摊机制和特点,从而得出若干基本论断和预测,体现了理论运用于实践、理论阐释现实的社会科学研究归宿。

4. 从对中国经济结构和组织方式的分析入手,深入考察了目前中国所处的经济组织发展阶段,从而为若干老生常谈式的概念如"转轨"、"过渡"、"现代化"、"开放"等进行了具有颠覆意义的矫枉和正名,进而以此为立足点,分析了目前我国在世界经济格局和信息格局中所处的地位、在金融风险分摊中正在扮演以及即将扮演的角色,以及全球化进程对我国的特殊含义和意义。

5. 以改善我国在金融风险分摊中的国际地位、增进我国自全球化浪潮中获得的利益为出发点,给出了若干具有战略意义的政策思考。对诸如传统文化的创造性转换、开放的次序和进程等若干问题提出自己的见解，对一些具体的政策措施则以上述的独特理论视角进行了重新审视，从而得出若干启发性结论。

限于学力和时间，本书在以下几方面存在缺陷：

1. 重理论构建而轻实证研究。本书侧重于理论上的构建和分析，几乎不涉足实证研究领域。这首先是本书自身的侧重所决定的；其次，要对金融风险的分摊进行令人信服的实证，目前笔者尚未找到合适的方法和实证模型（可能目前美国学界逐渐兴起的 field experiment 是一个可行的方法）；最后，即便使用 field experiment 能有效地解决方法论上的问题，数据的搜集和整理也不是短期内所能见成效的。基于以上三个原因，本书既未能也未奢望在理论构建的同时进行实证研究。

2. 为论述方便，在理论分析和模型化的过程中采用了发达国家和发展中国家的简单两分法，并且将其在金融风险分摊博弈中对立起来，而未从另一个侧面探讨二者进行合作博弈的可能性。

3. 微观层面模型的构建仍是以理性人假设为基本前提，并设定微观个体为风险中性，未能将非理性因素和与风险量值相关联的风险态度进行适当的模型化转换。换言之，风险模型仍是双边对称的传统思路。

4. 由于当前金融危机正方兴未艾，在理论和模型的现实运用中获得的某些论断和预测可能会被嗣后的事态发展证伪，这可能是因为某些还未发生的非经济因素如政策变量等（外生变量）的冲击改变了最终结果，也可能是因为笔者对某些经济金融因素（内生变量）的估计和判断出现了失误。无论是哪种情况，都证明了笔者的理论和模型在将来都还存在继续修正的空间。

1

理论渊源：信息理论的若干分支

本章简要介绍了若干信息理论分支，为下一章的理论构建进行研究背景准备。具体而言，包括：新古典经济学中的信息概念和内涵外延、博弈论在宏观经济层面的应用，包括协调博弈理论和合作进化理论、信息空间理论。这些理论或多或少地都触及了信息—制度的相互关系，但对此都未能更深入更系统地展开论述；尽管如此，这些理论提供的若干概念和思路，对笔者信息—制度理论框架的构造还是发挥了一定的启发作用和借鉴意义，因此，笔者将之列为本书理论体系的渊源。

1.1 信息与新古典经济学

信息的定义以及"按公理方式研究信息论的文献浩如烟海"，[①] 但精确的定义则始终未能产生，一般说来，申农（Shannon，1948）和维纳（Wiener，1948）在通讯理论中（各自独立）提出的简单技术性定义至今仍是最广为人知的。申农这样定义信息：信息是用来消除不确定性的东西。维纳的定义更直接：信息就是信息，既不是物质也不是能量。确实，对信息这样的基本概念给出精确且得到公认的定义或许是不可能的。在这方面，笔者倾向于接受并融合

---

① 《新帕尔格雷夫经济学大辞典》，"信息论"条，北京，经济科学出版社，1996。

两位信息论者的定义：信息是事物之间的差异，[①] 是事物或现象在时空中分布不均匀性的体现。[②] 信息在社会科学上的一个更实用的定义由布瓦索（Biosot，1995）给出：信息是从数据中提炼出来的精华，它本身是低水平的能量，受到平均信息量——熵——的影响。[③]

信息集是基于申农熵的一个重要概念。所谓信息集，指的是这样一个集合 $A：\{x_1, x_2, \cdots, x_k\}$，在这个集合中不能进一步说出集合中任何两个元素 x_i 和 x_j 之间的特征区别。值得注意的是，信息集是一个因人而异的集合，专业的信息拥有者在其专门的领域内的信息集容量比非专业个体小得多，其维数则大得多（详细论述参见后文）。与信息定义相比，信息集的定义更反映出"时空分布不均匀性"的特点。

申农熵的定义为经济学家们提供了测度无秩序性和不确定性的一个技术性方法，随着这一方法在经济学中的被发现，计量经济学获得拓展其解释和应用空间的一大助力。泰尔（Theil，1967）运用申农熵的概念测度经济的不均等性；马苏米（Maasoumi，1986）将其运用在福利函数的分析上，利用申农熵的概念测度出个人效用的"综合份额"，从而开创"多维福利分析"的方法；其他计量经济学家（Akaike，1973；Amemiya，1976；Sawa，1980）据之发展出各种对经济模型和计量模型的判别标准。[④] 然而，在经济学基础理论方面，信息如制度一样被视为已先被赋值的恒量，排除在分析架构之外，这与信息本身的特性有关：如上所述，信息本身反映的是事物和现象的不均匀性，这与新古典经济学传统追求确定性乃至依赖确定性的分析思路正好背道而驰了。

新古典经济学家未能在其范式核心内容中容纳可信的信息理论是"由于

---

① 这是信息论者罗各斯（Logos，1975）的观点，转引自黄淳、何伟：《信息经济学》，45 页，北京，经济科学出版社，1998。

② 根据信息论者崔布斯（Tribes，1971）的观点，信息是"物质和能量在时空中分布的不均匀性"，这个定义将信息理解为一种抽象的特性而非自在的实物，这是笔者不敢苟同的，但该定义指出个体信息的总体特征是时空分布的不均匀性，则是富有启发性的。转引自黄淳、何伟：《信息经济学》，45~46 页，北京，经济科学出版社，1998。

③ 布瓦索（1995）：《信息空间——认识组织、制度和文化的一种框架》，中文版，2 页，上海，上海译文出版社，2000。值得一提的是，在这里熵的概念更类似于申农熵，即凭借概念和定义从抽样数据统计中获得的类似于分布的矩，主要被用来描述不确定性，它与热力学理论中的系统均等性不尽相同。

④ 《新帕尔格雷夫经济学大辞典》，"信息论"条，915~917 页，北京，经济科学出版社，1996。

它早期在自然科学范围内选择理性作用模式的缘故，他们追求经典物理学……所取得的严密和精确"；① "同数学家、力学家一样……追求确定性，并且像笛卡儿一样声称在自己思想的产物中找到了它：……以内省的论证进行他们心智的实验，并且出于对科学的偏好，将微分学作为一种担保"；② 他们相信，"在……系统的初始位置和速度上设置最少数量的数据——均以平均值表示——它的未来状况就可以完全确定。……大数定律可以将复杂的社会过程归纳为简单的可以分析和预测的机械过程"。③ 在此基础上，新古典经济学建立起一般均衡框架，在这个框架下，一切关于信息的要素被抽离了，或确切地说，被"完美信息"假设消除掉了。④ 以此为立足点，新古典经济学家们对蓬勃发展的博弈理论的存在基础提出了根本性质疑。如宾默尔（Binmore，1991）概括的："天真的贝叶斯学派相信理性会赋予它的支持者能凭空作出先验的概率估计的空间。这就使卡丹和拉奇（Kadane & Larkey，1982）会问博弈论是否真的有意义"。⑤

客观经济世界远非新古典学家们希望的那样是一个可以纳入一般均衡框架下的静态世界，与之相反，信息的存在，或确切地说，事物及现象在时空中分

---

　　① 布瓦索（1995）：《信息空间——认识组织、制度和文化的一种框架》，中文版，9 页，上海，上海译文出版社，2000。

　　② 劳思（G. Routh）：《经济学与混沌》，载戴（R. Day）等：《混沌经济学》，中文版，3～16 页，上海，上海译文出版社，1996。关于此点，新古典经济学家 W. S. 杰文斯的阐述可为代表，他在《政治经济学理论》一书中声称：我力图把经济学作为包含快乐和痛苦的一个微积分来看待……这样看待的经济理论表现得与静态力学极其相似，并且可以发现，交换规律类似于杠杆的平衡规律，其平衡点由实际周转率法则决定。

　　③ 布瓦索（1995）：《信息空间——认识组织、制度和文化的一种框架》，中文版，13 页，上海，上海译文出版社，2000。

　　④ 新古典经济学家通过如下两重假设从经济运行中抽离出信息要素：第一，假定个体除"对他们自己生产可能性的知识和兴趣以外"，只需要拥有另一样理性信息就可以履行其经济任务，那就是价格信息。换言之，纷繁复杂的交易信息被全部（假定）编制在高度概括性的价格数据上。第二，假定交易个体没有信息隐藏。该假设保证经济体中的信息可自动、准确生成，并可任意获得，无需获取成本。当然，这里还隐含了新古典经济学的基本假设，即完全理性假设：个体以经得起统计综合和预计的方式对价格数据进行处理。参见布瓦索（1995）：《信息空间——认识组织、制度和文化的一种框架》，中文版，14 页，上海，上海译文出版社，2000。

　　⑤ 宾默尔：《博弈论基础》，载拉丰编：《经济理论的进展》（上），中文版，1～39 页，北京，中国社会科学出版社，2001。

布不均匀性的存在决定了一般均衡只可能是"零星和偶然地出现"。[①] 在微观领域，如宾默尔（1991）指出的，"局中人相信的事情肯定要依赖于他们所知道的情况"，[②] 鉴于私人信息的特点，任何局中人的先验概率将总是不一致的，[③] 于是新古典范式在微观领域面临挑战。在宏观领域，则如希克斯指出的，"经济问题中更具特性的是变革、增长和衰退以及波动的问题，把这些归纳成科学概念的可能程度是相当有限的；因为在经济过程的每一个阶段中，新的东西总在发生，这些东西是以前从未有过的"；[④] 经济个体的庞杂性和彼此拥有的信息的差异决定了它们不可能完全、准确、即时地反映在新古典范式奉为圭臬的抽象价格信息上，于是宏观层面上的一般均衡在现实世界中同样是站不住脚的。阿罗（Arrow）进一步将新古典范式和信息理论的矛盾总结为以下三方面：（1）非价格信号的经济相关性，即未被价格捕获的信息；（2）信息的昂贵代价和经济价值；（3）个人对信息的不同占有。[⑤] 诚如斯蒂格利茨（Stiglitz, 1985）的名言："（新古典经济学）是一个精巧地建立起来的结构：当中心构件之一被拿走后（完善信息设想），这个结构就崩溃"。[⑥]

[①] 劳思：《经济学与混沌》，载戴等：《混沌经济学》，中文版，10 页，上海，上海译文出版社，1996。

[②] 宾默尔：《博弈论基础》，载拉丰编：《经济理论的进展》（上），中文版，14 页，北京，中国社会科学出版社，2001。

[③] 尽管根据"海萨尼教义"（Harsanyi doctrine），局中人应拥有共同的先验概率：如果理性的局中人被想象为他们是以恒定情况下的先验概率来接受任何私人信息，那么他们必然会具有相同的信心，于是每一个可能对他们产生不同影响的因素都会被抽象掉。从我们对信息的定义可以清楚地看出，所谓"海萨尼教义"只是在信息理论和新古典框架的两难选择下产生的替代新古典假设的新假设，它更像意义不大的同义反复：它先设定初始的先验概率恒定，于是推导出博弈各阶段的先验概率都恒定，但根据信息理论的基础，最开始的先验概率是不可能恒定的。即使它是其他博弈过程的后验结果，在层层追本溯源的推导下也将面临无可解决的矛盾。参见奥曼（Aumann, 1976）："Agreeing to Disagree", The Annals of Statistics, 4, pp. 1236 - 1239, 1985；宾默尔：《博弈论基础》，载拉丰编《经济理论的进展》（上），中文版，8~9 页，北京，中国社会科学出版社，2001。

[④] 劳思：《经济学与混沌》，载戴等：《混沌经济学》，中文版，10~11 页，上海，上海译文出版社，1996。

[⑤] 布瓦索（1995）：《信息空间——认识组织、制度和文化的一种框架》，中文版，19 页，上海，上海译文出版社，2000。

[⑥] Stiglitz, Joseph, 1985, "Information and Economic Analysis: A Perspective", *The Economic Journal*, Vol. 95: pp. 21 - 41.

1.2　博弈论的宏观应用：
协调博弈和合作进化

　　试图将博弈论的方法应用到宏观经济领域始终是一部分博弈论学者致力的方向，其中值得注意的是协调博弈理论和合作进化理论。

1.2.1　协调博弈理论

　　所谓协调博弈（coordination games），是超越了对局人冲突而更多强调信心和预期因素的博弈过程。此类博弈的发展是为解决一次博弈常会出现的以下问题：要么不止存在一个纳什均衡，从而单靠个人理性不足以在一次博弈中产生所期望的协调和稳定均衡（如左右行驶博弈）；要么某些或所有纳什均衡都代表对集体不利的结果（如囚徒困境）。其支付矩阵如下：

		左右行驶博弈支付矩阵 A				囚徒困境支付矩阵 A	
		左边行驶	右边行驶			合作	背叛
B	左边行驶	(2, 2)	(0, 0)	B	合作	(3, 3)	(0, 5)
	右边行驶	(0, 0)	(2, 2)		背叛	(5, 0)	(1, 1)

　　在这样的支付矩阵下，博弈的双方有激励采取相同的行动去获得比单次博弈纳什均衡更大（或至少不比之小）的利益。但是，当只存在单次博弈时，由于没有适当的奖惩机制进行约束，信息的不对称状况决定了博弈双方都将采取使整体利益较小的战略（最具说明力的就是囚徒困境），这造成整体利益不能达到帕累托最优。[①] 在宏观领域，许多有利于增进整体利益提高的制度变迁之所以始终未能获得实现，主要就在于此：尽管经济体中所有行为主体都明白结果（在整体层面上看）是非效率的，但因每个人的独立行动都无力去协调其他行为主体的活动以达到帕累托最优，因此整体只能持续帕累托次优，从而

---

　　① 在单次非对称信息博弈中，纳什均衡点整体利益加总与帕累托最优时整体利益加总之间的差额事实上正反映了信息的价值，它在边际上必然等于双方进行信息沟通所耗费的费用，在新制度主义的术语系统里，这就是交易费用。事实上，任何形式的交易费用都可以归结为信息的交流费用。

使经济体"黏滞"（stuck）在非效率的均衡状态。[①] 简言之，由于外部性未能被单个行为主体有效内部化，制度未能实现帕累托式跃迁。协调博弈研究的正是如何协调博弈双方（以至多方）的策略，使之具有策略互补性（strategic complementarity），从而形成"正溢出"（positive spillovers），"一个对局人的得益随着其他对局人行动的增加而增加"，[②] "对局人增加努力会使余下的对局人追随"。[③]

如前所述，协调博弈强调博弈过程中对局人的信心和预期因素，这主要是因为其研究侧重于连续多次博弈。在重复博弈过程中，博弈的时间序列显得十分重要，"因为可能所有的行为主体都在根据过去来预测其他对局人将来的行为。也就是说，在这些博弈中，过去的行为是起作用的，并且揭示过去对于均衡选择的影响也是重要的"。[④] 为说明协调博弈的经济机理，库珀和约翰（Cooper & John，1988）提出了一个抽象分析框架，探讨了策略互补性、对称性纳什均衡、正溢出和帕累托最优之间的关系，[⑤] 从而揭示了经济"黏滞在低经济活动水平的帕累托次等均衡处"（协调失败）的根源。库珀进而结合前人的研究成果[⑥]探讨了超级模数博弈（oligopoly games）[⑦] 的性质，指出即使在没有共同理性的前提下，对局人通过次优策略的迭代舍弃（重复剔除）也能实

---

① 库珀：《协调博弈——互补性与宏观经济学》，中文版，"著者序言"，北京，中国人民大学出版社，2001。

② 库珀：《协调博弈——互补性与宏观经济学》，中文版，"著者序言"，北京，中国人民大学出版社，2001。

③ 库珀：《协调博弈——互补性与宏观经济学》，中文版，22 页，北京，中国人民大学出版社，2001。

④ 库珀：《协调博弈——互补性与宏观经济学》，中文版，11 页，北京，中国人民大学出版社，2001。

⑤ C－J 模型对上述关系的论说包含在三个命题里：（1）如果博弈整体表现出策略的可替代性，那么存在一个唯一的对称性纳什均衡；（2）如果存在多个对称的纳什均衡，并且博弈表现为正溢出，那么均衡根据活动水平进行帕累托排列；（3）如果存在唯一的对称纳什均衡，那么策略的互补性对于乘数（效应的产生）就是充分必要条件。详细证明参见库珀：《协调博弈——互补性与宏观经济学》，中文版，22～29 页，北京，中国人民大学出版社，2001。

⑥ Toptis（1978）为超级模数博弈进行最初的定义；Milgrom 和 Roberts（1990）证明了超级模数博弈纳什均衡的存在；Vives（1990）论证了一个严格的超级模数博弈的纳什均衡集合是完全子格。所谓格是一个偏序集，其中任何两个元素具有一个最大下界（inf）和一个最小上界（sup），其子集就是所谓子格。

⑦ 超级模数博弈通过如下特点为人们识别：对策略空间和得益的限制产生正反馈效应，当其他对局人选择更高水平的策略时，余下的对局人也会如此。简言之，这是一个由连续博弈构成的正反馈环。

现一个最优可解的均衡；当超级模数博弈只存在唯一均衡时，个体的重复博弈和由此形成的正反馈将最终实现这一均衡，当超级模数博弈存在一个以上均衡时，尽管存在协调失败（收敛于一个帕累托次优）的可能性，但仍有很大的机会收敛于唯一的最优可解均衡。[①] 库珀进而将其理论框架运用到宏观经济各领域的具体分析中去，以协调博弈的视角考察了经济波动、萧条、货币与交换、储蓄与消费、创新与发明及政府政策等经济现象。

1.2.2　合作进化理论

艾克斯罗德（Axelrod, 1984）舍弃理论上的烦琐论证而回到游戏本身，他通过计算机模拟竞赛研究了重复囚徒困境的长期均衡，从而得到关于合作进化（evolution of cooperation）的若干条件。艾克斯罗德广泛邀请博弈论专家（特别是那些研究过囚徒困境的专家[②]）提送程序参加竞赛。[③] 提交的来自心理学、经济学、政治学、数学和社会学 5 个学科的 14 个程序中，最简单的"以牙还牙"（TIT FOR TAT）策略赢得了竞赛。[④] 该策略开始选择合作，然后按对方上一步的选择进行选择，对方上一步合作，则自己这一步合作；对方上一步背叛，则自己这一步背叛。不仅如此，在参赛的 15 种程序（包括随机程序）中，名列前 8 名的参赛规则都是"善良"的，后 7 名则都是不善良的，两类积分差距在 70～100 分之间。[⑤] 区分善良与否视其开始（没有前次结果可供参考，事实上就是单次囚徒困境）是否选择背叛，并且，在每一个善良规则与其他 7 个善良规则或它们自己相遇时，得分约是 600 分，在反复与不善良规则

---

① 详细论证参见库珀：《协调博弈——互补性与宏观经济学》，中文版，43～46 页，北京，中国人民大学出版社，2001。

② 他们绝大部分都在囚徒困境研究方面发表过有影响的论文。

③ 该竞赛是这样设计的：每个参加者写一个体现在每一步选择合作或不合作的规则的程序，这个程序在作选择时可以利用对局的历史。竞赛保证如一参加者是熟悉囚徒困境的人，则他的程序将与其他有同等见识的人的程序相遇，从而使竞赛的水平得到保持。竞赛是循环进行的，即每一个参赛程序都要与其他程序相遇，并且，每一个程序还要与它自己及一个随机程序相遇，该随机程序以相等的概率随机选择合作或背叛。每轮游戏有 200 次对局，对局的总积分最高者优胜。同时，为了得到每对竞赛者得分的更稳定的估计，整个循环重复了 5 次，一共是 12 万次对局，24 万个不同的选择。

④ 尤其值得指出的是，在正式竞赛之前曾经进行过预赛，以牙还牙的成绩就非常好，并且最后参与竞赛的人都知道这一事实，因此在具体编写程序时都尽量包含一报还一报的原则并试图从各方面改进它，但结果是一切对这一简单规则的改进在竞赛中都不敌最简单最原始的一报还一报程序。

⑤ 善良规则平均得分在 472～504 分之间，不善良规则平均得分为 401 分。

相遇后，善良规则仍能在最后的结果中积累远高于不善良规则的积分。① 值得指出的是这样两个规则：（1）DOWNING 规则以"结果最大化"为基础，它试图了解对方并在这个了解的基础上作出能得到长期的最好得分的选择。为此，它估计对方在它合作之后合作的概率和在它背叛之后合作的概率，每走一步它都对这两个概率进行重新计算，在此基础上 DOWNING 作出自己长期支付最大化的选择：如果两个条件概率具有相似的值，DOWNING 将决定背叛，因为对方不管 DOWNING 合作与否都做同样的事，则根据支付矩阵背叛支付较大；相反，如果对方是有反应的，则它将选择合作。由于在游戏开始 DOWNING 没有前次数据可供估算，因此开始它选择背叛，② 这招致许多其他规则的报复，③ 从而使这一拥有坚实的新古典经济学基础的游戏规则在实际竞赛中表现甚差（排名第十）。（2）JOSS 对比 DOWNING 而言是一个更狡诈的规则，它同样建立在自己长期支付最大化的基础之上，与 DOWNING 不同的是它没有 DOWNING 那样完全理性地根据条件概率决定自己的选择，而是采取更隐蔽的方式。它的基本设计与 TIT FOR TAT 一样，唯一不同是它 10 次会有 1 次是在对方合作之后背叛而不是在对方合作后总是合作，换言之，JOSS 试图偷偷地偶尔占占对方的便宜。然而，在实际竞赛中，由于不宽容规则的存在，JOSS 的贪婪反而成为其表现绩效甚差（排名第十二）的原因。④ 为进一步验证结论，艾克

---

① 尽管善良规则整体积分远高于不善良规则，但其内部不同的规则制定对最后积分的影响也是十分巨大的。艾克斯罗德的竞赛结果表明，在所有不善良规则中，得分最低的是最少宽容性的规则 FRIEDMAN——一个采取永久报复的完全不宽容的规则，它决不首先背叛，但一旦对方背叛（即使是一次），FRIEDMAN 就从此一直背叛下去；得分最高的如上所述是 TIT FOR TAT，它的不宽容只维持一步，而后便完全原谅那次背叛（如果对方接下来选择合作的话），在一次惩罚后，它就让过去的成为过去。

② 这时两个条件概率均被设定为 0.5，这就相当于单次囚徒困境，根据 DOWNING 规则，它选择背叛。

③ 可以设想 DOWNING 与 FRIEDMAN 相遇，它们将几乎总是相互背叛（除了开始的三次），第一次 FRIEDMAN 合作，DOWNING 背叛，第二次和第三次 FRIEDMAN 背叛，DOWNING 合作，第四次以后两者一直背叛直至游戏结束。

④ 如只单独考虑 JOSS 和 TIT FOR TAT，则 JOSS 将稍占上风：200 轮游戏后 TIT FOR TAT 积分 236，JOSS 积分 241。这一结果是富有启示的：倘若所有博弈者都采取长期最优策略 TIT FOR TAT，则在未形成这一最优策略预期之前表现很差的规则如 JOSS，此时反而能表现出比最优策略更优的绩效。但这是有条件的，即其他博弈者完全无遗漏地都采取了最优策略，若有一些博弈者——哪怕只有一个——并不采取 TIT FOR TAT，JOSS 就无法占 TIT FOR TAT 的上风。由于在现实经济生活中博弈者的数量多到无法计数，在整体上表现为 TIT FOR TAT 是很有可能的，但肯定不会是每个博弈者都是 TIT FOR TAT 的采用者，因此 JOSS 之类的"占小便宜"规则在现实中总是失败的。

斯罗德组织了第二轮竞赛。来自 6 个国家的 62 位参赛者[①]首先被详细告知第一轮竞赛的过程和结果，这样，每个参赛者都能够利用上一轮竞赛的经验来分析自己可能成功的策略和纠正可能的错误，——尽管不同人总结出的经验和教训会很不一样。在旷日持久的车轮大战[②]之后，得到了与第一轮竞赛几乎完全相同的结论：TIT FOR TAT 仍旧高居榜首；善良规则继续表现良好；[③] 不善良规则继续表现差劲；[④] 规则是否善良与它的表现绩效相关性相当高。[⑤] 艾克斯罗德进一步进行了一系列假想的竞赛，这些竞赛分别具有完全不同类型的参赛规则。[⑥] 同样得到类似的结论。[⑦] 艾克斯罗德的实验充分证明，TIT FOR TAT 的成功和善良规则的优胜具有很高的鲁棒性（Robustness）。

　　艾克斯罗德的实验和结论简明易懂，然而启示丰富。首先，艾克斯罗德揭示了长期博弈序列中合作得以建立的根源及集体稳定[⑧]的条件："只有集体稳

---

① 这一轮参赛者并不都是专家，其中还包括了几位纯粹的电脑爱好者，甚至包括了一位 10 岁的电脑神童。

② 63 个规则（包括随机规则）总共有 3 969 个配对方式，上百万次的对局。

③ 积分前 15 名的规则中只有 1 个是不善良的（名列第八）。

④ 积分后 15 名的规则中只有 1 个是善良的。

⑤ 第二轮程序同样包含了几个试图占人便宜的规则，如 TESTER 被设计成专门欺负软骨头，一旦对方表现出不可欺负性，它就转而寻求合作；再如 TRANQUILIZER，它首先与对方建立起合作关系，再偶尔试探看看能否有便宜占，如连续合作一二十次之后夹入一两次背叛，指望哄骗对方原谅它的偶尔背叛。正是这些占便宜规则的存在，使得参与第一轮竞赛表现会胜过 TIT FOR TAT 的规则终于还是败下阵来。值得一提的是改进的 DOWNING，它被设计为根据过去所有博弈支付结果合作和背叛带来的积分对比决定是否合作（令人联想到理性预期学派）。若仍限于第一轮比赛的 15 个程序，则改进的DOWNING 将获得比 TIT FOR TAT 更好的绩效，但事实是在第二轮竞赛中改进的 DOWNING 排名十分靠后。

⑥ 详细介绍参见艾克斯罗德：《对策中的制胜之道》（这是一个非常差劲的译名，原书名 The Evolution of Cooperation，直译《合作的演化》），附录 A，中文版，上海，上海人民出版社，1996。

⑦ 艾克斯罗德还设想了另一种也许是更合理的检验方式，即不断排除那些表现绩效差劲的规则，在留下来的规则里重新进行竞赛。这与自然选择的机制是一样的。

⑧ 所谓集体稳定指的是这样的策略：如果这个策略不能被其他策略侵入，该策略就是集体稳定的。这在博弈论上相当于一个历时性纳什均衡。艾克斯罗德进一步阐释：集体稳定还可以诠释为对策者的承诺而非整个群体的稳定。假设一个对策者承诺采用某一策略，那么，如果另一个对策者不采用同一策略，他就不会做得更好，当且仅当这一策略是集体稳定的时候。换言之，集体稳定相当于超级模数博弈里的一个可解均衡；但它不必然是最优解的那个。

定的策略才能在长期的均衡中保持自己作为大家都采用的策略"，[①] 有效抵制外来策略的侵蚀；基于此，"合作可能在甚至是绝对背叛的世界中出现"，"只要具有识别能力的个体之间即使有很小的比例彼此相遇，合作就可以从这个小群体中出现"；简言之，"在条件具备时，没有友谊和预见，合作也可以产生"。[②] 比之协调博弈，合作进化理论把合作产生的条件进一步拓宽了。以此为基础，艾克斯罗德和汉密尔顿（Axelrod & Hamilton，1981）解释了生物进化中十分普遍存在着的合作及相应的群体行为，如利他主义和竞争的节制等。将此结论运用于社会结构考察，艾克斯罗德论证了标记、信誉、管理和领地（当然还有其他）四个社会结构的"附加形式"对于维系一个社会机体的稳定的重要性。标记被定义为在相互作用开始时可被对方观察到的对策者的固定特征，这对整体合作的维持是十分必要的：只有明显的标记存在，博弈者才能区别合作者和背叛者，也才能根据 TIT FOR TAT 原则对背叛者进行有效惩罚，从而维持整体的合作。[③] 信誉进一步框定了对未来的预期，这是一个可塑的因素，它通过观察博弈者与其他人的相互作用时的行为建立，[④] 在历时博弈序列里，信誉的建立对长期支付具有决定性影响，进而对社会（经济）结构的维持关系重大。权威部门（如政府）的管理则须保证以下两点：（1）它必须使大多数被管理者自愿服从。这要求它能保证被管理者能在遵从规则时获得普遍

---

① 艾克斯罗德：《对策中的制胜之道》，中文版，43 页，上海，上海人民出版社，1996。值得指出的是在实验中表现极好的 TIT FOR TAT 策略并不必然就是集体稳定的，它还须满足下列条件：持续时间（进行局数）足够多，使不善良策略即时对之获得的单局优胜能够在跨局的折扣中有效抵消，这个局数是支付矩阵各参数的函数。

② 艾克斯罗德：《对策中的制胜之道》，中文版，52 页，上海，上海人民出版社，1996。在本书中艾克斯罗德举了一个具有说服力的例子：第一次世界大战的堑壕战中"自己活也让别人活"的策略导致"西线无战事"。当时同盟国和协约国的兵士处在"没有友谊"或任何类似预见——并且就大局来讲"总是背叛"——的强烈对抗条件之下，但双方却在一段相当长的时间内维持基本相安无事，以至于出现这样的奇怪现象："对方德军士兵在来复枪射程以内走动着，我们的人却不予理睬"；"（英军的射击）总有一个相同的目标，它的范围是很精确的，它从不打偏，也不打在目标的后面或前面"。堑壕战的相互攻击"是一种仪式，……它表示和强化了双方相互同情的情绪和敌人也是共患难的伙伴的信念"。参见艾克斯罗德：《对策中的制胜之道》，中文版，57～67 页，上海，上海人民出版社，1996。

③ 在新古典框架下个体之间无区别，个体的标记无关紧要。

④ 如果说标记是一个纯粹的内部性因素的话，信誉则体现了正的外部性，在一个信息可（通过一定的代价）获得的结构下，一个博弈者（以前）与他人的相互作用建立起来的信誉将直接影响他当次博弈的支付。我们注意到与单次博弈的区别：在单次博弈框架下，历史因素被排除，博弈者进行的是"一锤子买卖"，则个体建立信誉就成为没有必要的了。

的（尽管不是超额的）好处。（2）它必须有效地对违反规则的被管理者进行惩罚，简言之，它必须是合理并严格的。① 这一点其实是上一点的保证。如果只提出标记、信誉和管理概念，则一个社会结构将静态地集体稳定，这就回到牛顿式的稳定中去了，艾克斯罗德的更重要的贡献在于他提出了领地的概念。领地指一类群体作用的空间，它可以是地理或物理的空间，也可以是抽象的空间。能在社会结构中站得住脚的领地都是集体稳定的，但在与其他领地接触时，自然选择机制开始发生作用了：由于规则不同，不同领地之间的博弈者开始进行跨领地博弈时原来的集体稳定就被打破了，新的规则（可能是某一领地的规则，但更大可能是各领地规则的妥协和综合）将在新一轮的博弈序列里逐步建立起来②，从而形成一个"吞并"了原来各领地的新的稳定均衡，实现规则的扩展和规则本身的演变。

相比协调博弈和超级模数博弈，艾克斯罗德对合作进化的研究意义更为深远，他为博弈论的思想方法和建模方法应用到宏观领域——尤其是制度层面——提供了切实可行而又令人信服的桥梁；他关于领地相互作用和规则演进扩展的分析尤其具有启示意义；③ 而他关于合作演进（注意，是演进，而不是设计）的论述（尤其是关于完全背叛条件下合作演进的论述，这类合作完全排除了设计的可能）在逻辑上又与达尔文的自然选择原则暗合，循此思路，完全有可能建立起与新古典宏观理论完全不同的、拥有扎实微观基础的演进主义宏观经济学。有鉴于此，制度博弈学者们声称制度博弈将"有望成为新个人主义社会科学的基础"（Bruner，1987）。④ 但艾克斯罗德的研究也存在缺陷，最突出的一点是在追本溯源的逻辑考问下难以自圆其说：他们"实际上仍然需要具体规定某些外生给定的规则、制度或基本行为规范"⑤ 以作为进行博弈的初始规则（即充当"自然"这一角色），这就使得制度博弈论者尽管在

---

① 如果说标记和信誉描述的是私人领域（private domain）合作维持的条件的话，管理描述的则是在公共领域（public domain）内合作维持的条件。对一个社会机体而言，公共领域合作的维持或许比私人领域合作的维持更为重要，因为公共领域具有很强的外溢性，如不能控制负外溢性的产生，则社会将无法维持。

② 建立过程在本质上与领地内规则建立过程一样，是通过重复剔除和迭代舍弃确立的。这其实正是达尔文揭示的自然选择原则。

③ 后文我们构建的制度扩展模型正是基于艾克斯罗德的这一启示。

④ 卢瑟福：《经济学中的制度》，中文版，57 页，北京，中国社会科学出版社，1999。

⑤ 卢瑟福：《经济学中的制度》，中文版，57 页，北京，中国社会科学出版社，1999。

具体制度安排的变迁上能言之成理，但却无法实现制度向更广泛范围的推广。[①] 另外，在艾克斯罗德的分析框架下呈现的其实仍旧是一个整体静态的系统，当全球范围内实现领地的融合和妥协之后，艾克斯罗德社会系统将永远滞留在这一最大范围的集体稳定状态，而无法进一步描述规则在没有其他领地规则冲击下是如何演化的。简言之，艾克斯罗德成功地描绘了制度的扩展（及由扩展带来的被动演化），却无法解释制度的（自发）演进。

1.3　信息空间理论

与基于新古典经济学的个体主义立场的博弈论者不同，布瓦索（1995）抛弃了个体主义基本立场，转而寻求在整体层面上把握信息的不同特征及其对组织、制度和文化的影响，从而为信息范畴向宏观经济层面（包括组织演化和制度变迁）的引入提供了一个可行的思路："经常性发生的信息流导致交易模式的产生，这在某种条件下结晶为组织和制度，其特点反映了它们在信息空间中的特定位置。在发生这种情况的地方，由此而形成的结构反过来会对流动产生影响，并帮助规范流动"，[②] 于是"它就提供了吉登斯（A. Giddens）所指的结构化过程的基础"。[③]

布瓦索首先给出几个关键的定义：信息编码（codification）、抽象

---

① 如卢瑟福描述的：就其本性来说，博弈论分析不可能包含以前荒无人烟处的社会规范的出现问题，因为规范意味着社会的认可与否决，它的出现将改变每个参与者的支付。参见卢瑟福《经济学中的制度》，中文版，136~137 页，北京，中国社会科学出版社，1999。回想一下，艾克斯罗德在进行计算机模拟竞赛时仍不得不对初始值进行人为设定，即使是表现最好的 TIT FOR TAT 也须先设定其在第一次博弈时采取合作而非背叛，而根据单次囚徒困境纳什均衡，在此情况下（进行第一次博弈，并且第二次博弈是否会发生不可预期，其实在很大程度上就相当于单次博弈）均衡应发生在彼此背叛的地方。换言之，一切在长期博弈序列中表现良好的善良规则在第一次博弈时都是违背了纳什均衡的。艾克斯罗德的论证暗含地假设了博弈者总是预料得到下一次博弈必然会发生，从而解决（或说绕过）了这个难题。确实，在现实博弈过程中对下一次的预期是会存在的，但在追本溯源的逻辑考问下，原始人类如何产生下次博弈预期这一问题并不比猿人如何突变为人更易于解答。这给艾克斯罗德的研究带来最大的阴影：尽管在过程及结果的分析论证中艾克斯罗德都是令人信服的，但他在开始方面的缺陷为其后论证成功的辉煌带来极大的阴影。

② 王寅通语，见布瓦索（1995）：《信息空间——认识组织、制度和文化的一种框架》，中文版，中译本序，上海，上海译文出版社，2000。

③ 蔡尔德（J. Child）语，见布瓦索：《信息空间——认识组织、制度和文化的一种框架》，中文版，前言，上海，上海译文出版社，2000。

（abstraction）、扩散（diffusion）。以这三个概念为标尺，布瓦索建立起三维的信息空间（I 空间，information space），如图 1 - 1 所示。

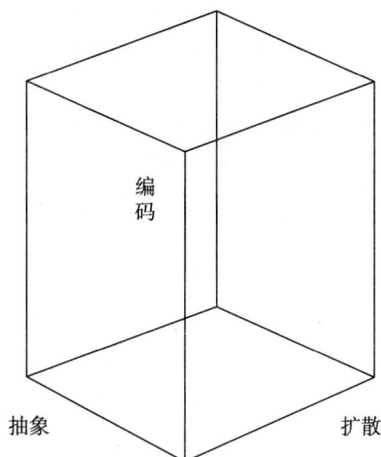

图 1 - 1 信息空间示意图

鉴于抽象和编码二维更多被用来描述认识的过程，在考察实际制度安排时主要在于其隐含的信息特点（编码程度）和扩散程度，因此 I 空间在实际运用中可简化为 I 平面（见图 1 - 2）。

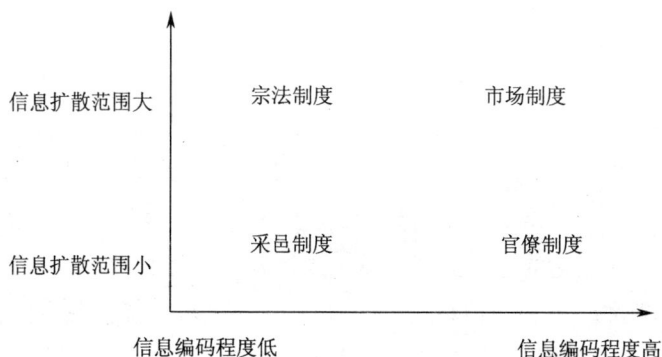

图 1 - 2 信息平面示意图

以这三个概念为基础，布瓦索进而根据不同交易方式在 I 空间的不同位置（对信息的编码和扩散采取不同侧重的投资）区分了四种交易类型：市场、官僚（bureaucratism）、宗法（clans）与采邑（fiefs）。当信息流在既有的框架下趋于稳定并经常发生时，交易结构就变为制度。四个国家（美国、英国、法国和中国）被分别列举为四类制度结构的代表。① 四种交易结构类型决定的社会结构在 I 空间的相对位置如图 1 - 2 所示，其各自特点如表 1 - 1 所示。

表 1 - 1   I 空间中不同制度类型的交易概况

官僚制度	市场制度	采邑制度	宗法制度
信息是抽象的、编码的、未扩散的，即其扩散是受到中心控制的	信息是抽象的、编码的和扩散的	信息是具体的、未编码的、未扩散的	信息是具体的、未编码的、有限扩散的，即向一个群体而不是目标人口的全体扩散
关系是非个人的，身份不重要	关系是非个人的，身份不重要	关系是个人的，身份重要	关系是个人的，身份重要
控制是外部的，不一定需要共同的价值和信任	控制是外部的，不一定需要共同的价值和信任	控制是内部化的，需要共同的价值和信任	控制是内部化的，需要共同的价值和信任
协调是等级制的和正式的	协调是横向的、自我调节的（看不见的手）	协调是等级制的和非正式的	协调是横向的，通过相互调整进行
目标是上级规定的	目标是每个参与者自由追求其自己的目标	目标是上级规定的	目标是参与者之间通过谈判得出的
机构的核心价值观：服从规定	机构的核心价值观：交易自由	机构的核心价值观：对领导的效忠和服从	机构的核心价值观：忠于群体
代表国家：法国	代表国家：美国	代表国家：中国	代表国家：英国

　　特别值得提出的是，布瓦索对中国近二十年来的经济体制改革及其在整个社会经济结构演变中的地位深感兴趣，并且为中国的体制改革途径和目标提供了一个富有启示的阐释。他认为，中国作为一个采邑特色明显的社会结构整体，要从根本上扭转信息结构特点，实现 I 空间从西南方向东北方跃进，构建

---

① 美国是市场制度的代表，非人格化交易和经济运行模式特点明显，"看不见的手"的作用十分显著；英国是宗法制度的代表，"很多制度惯例——如议会，缺乏成文的宪法，权力机构和伦敦俱乐部——宣称它们信奉在小团体中分享感觉和价值"；法国是官僚制度的代表，"有着强大的统制（dirigisme）和国家传统"；而中国则是采邑制度的代表。参见布瓦索：《信息空间——认识组织、制度和文化的一种框架》，中文版，455～458 页，上海，上海译文出版社，2000。

起美国那样的市场制度，不仅是不现实的，而且也是不可能的：既有的信息结构通过文化结构①先验地框定了社会结构发展的途径。因此，中国的"建设有中国特色的社会主义市场经济"在信息意义上呈现出如下特点："先将一些制度投资传播到信息空间的上部，然后让编码—扩散规律自然地发展，并逐步带来建立现代经济所必要的分散性"。② 这样的转轨道路必然是渐进式的，而其结果则是"网络式"市场经济（network capitalism，又被适当地称为"中华资本主义"）的出现。③

如布瓦索自诩的，他的信息空间理论是完全不同于新古典经济学的另一种分析框架，它在三个方面触及了新古典框架的盲点：（1）通过编码、抽象和扩散的三维空间转化，将新古典经济学视而不见的信息因素内在化。（2）通过信息特点和由此决定的交易特点的分析，对不同的组织结构的信息含义和发展根源进行了令人信服的论证。（3）通过不同方式对信息空间位置的投资和形成的正反馈的分析，揭示了认同不同价值的制度之间相互竞争的机理。④ 如蔡尔德所说，信息空间理论对建立与新古典经济学完全不同的"新的范式……作出了重大贡献"。

虽然笔者承认信息空间理论是极富启示的，它在许多方面的论述（尤其是信息空间本身）都可能成为继续深入研究的基石，但这一理论仍远不能称为一个严密的体系：首先，它缺乏形式化（模型化）的表述方式⑤，这使它只能局限于"一种框架"而不能跃升为"一个体系"；其次，布瓦索在将其理论

---

① 布瓦索将信息的编码与扩散二维构成的平面称为"文化空间"（culture space，C空间），用来描述"不同类型的信息和知识构成，及在一个特定群体中分享的方式"。参见布瓦索：《信息空间——认识组织、制度和文化的一种框架》，中文版，200～210页，上海，上海译文出版社，2000。

② 布瓦索：《信息空间——认识组织、制度和文化的一种框架》，中文版，588页，上海，上海译文出版社，2000。

③ 关于网络式市场经济，我们在后文还将进行更详细的论述和归纳，在此先行略过。

④ 这不仅突破了新古典经济学的完全理性假设，尤其值得指出的是它还突破了制度博弈论者的"工具理性"和制度动力学者的"过程理性"假设。换言之，信息空间理论先通过对信息特点的分析指出不同信息结构下的人们对理性的认识是不一样的，从而其对经济事件和利益标准的判断也是不一样的，统一无差异的"理性"概念（或确切地说，追求自身利益最大化的这一被视为理所当然的理性假设）根本不存在。

⑤ 这或许正是该理论备受冷落的原因。毕竟，在一个形式化占据绝对主导地位的时代，一个缺乏形式化表述的理论框架既不合时宜，也令人难以掌握。布瓦索晦涩烦琐的行文风格也使其著作令人望而生畏。

用在具体国家的个别分析上也表现出一定的简单图解化倾向，事实上，无论哪个国家，其信息结构和交易结构整体都并不会"恰好"落在信息空间的某个特定位置，设想一种彼此犬牙交错，但总体侧重于某个方向的图像或许更符合实际。

  笔者在此后的信息—制度理论构建中将使用一些布瓦索的概念，但具体定义和阐释将与之大为不同。

2

理论构建：信息—制度理论框架

金融风险的根源是信息占有的不对称，而无论是微观层面还是宏观层面的跨国风险分摊，分摊量值和性质的差异都是由参与者之间的不同的信息地位所决定的，因此笔者将信息作为整个研究的起点和立足点。进一步，如上所述，在一个信息化的背景下，金融风险的来源主要并非具体信息，而是编码性信息；而在全球化背景下，跨国金融风险的产生则主要根源于参与者之间基于各自默示编码规则的差异，这个差异在宏观层面上一般体现为制度①性差异。而就根本上看，信息与制度不过是同一硬币的不同面，因此，金融风险及其跨国分摊是这一信息—制度硬币的一个衍生物，要对之进行分析，首先必须建构起其逻辑起点。

本章以上一章的理论渊源为基础，构建一个理论框架，分析了制度和制度变迁的信息含义，从而将宏观层面的制度分析和微观层面的信息分析融合在一个统一的理论体系里，为下文的模型化构造准备条件。

---

① 这里笔者取的是制度（institution）的最广泛的含义，它包含了正规和非正规规则和实用程序（formal and informal rules and compliance procedures），也包含了默示的文化框架、认知图式和重复行为的常规化过程（taken‐for‐granted culture framework, cognitive schema, and routinized processes of reproduction）。参见 Campbell, John, 2004, *Institutional Change and Globalization*。

2.1 制度的信息含义

笔者认为，信息与制度是同一枚硬币的正反两面，制度的基本功能就是信息功能，制度变迁的基本动力同样来自于信息层面，因此，要深入理解制度，进而为宏观经济层面分析奠定微观基础，必须考察制度的信息含义。

2.1.1 编码与解码

如崔布斯（1971）所说的，"物质和能量在时空中分布的不均匀性"，[①] 在真实世界中，信息以如此纷繁复杂的形态存在，以至于微观个体不仅信息的占有量千差万别，即便对相同的信息其各自的理解也常常大相径庭，因此，不对称性（或如崔布斯所说的"不均匀性"）乃是信息这一概念的核心特质。从社会方面考虑，社会契约之得以订立并顺利执行，一个先决条件是某些信息必须成为公共知识，即使任何契约的缔约双方均能在履约之前对对方以及对契约履行前景形成确定性预期。这就要求将真实世界的形形色色的信息数据归纳为某些形式、某些类别或某种结构；"在现象世界的数据上强加一种结构措施——试图尽力驯服它，将其无数表现限定在分类之中"，[②] 从而使其能够为微观主体所掌握，这就是所谓的编码过程。具体而言，所谓编码系指创造类别并将既有的客观现象进行归类的过程，"当困难的认知条件在一个信息中产生杂音和模糊性并需要有效的和很有针对性的反应时，人们就会进行编码"。[③] 更具体地定义，编码是（Swan et al.，2000）：

- 可视为给予现象或经验以类别形式的过程；
- 创造了可被认识的概念化类别，从而使得现象得以被归类；
- 有效的编码实质上是一种观察和认识技巧，是一种辨认经验数据的梗概和形态的能力；

---

① 转引自黄淳、何伟：《信息经济学》，45～46 页，北京，经济科学出版社，1998。

② 布瓦索：《信息空间——认识组织、制度和文化的一种框架》，中文版，57 页，上海，上海译文出版社，2000。

③ 布瓦索：《信息空间——认识组织、制度和文化的一种框架》，中文版，73 页，上海，上海译文出版社，2000。

- 依赖于等待归纳现象的复杂程度：与现象相关的特征越多，对之的编码越难；
- 产生认知和行为的客体，即认知对象；
- 是一个去除多余数据的过程。

简言之，编码就是"知识"的创造过程。[①]"当困难的认知条件在一个信息中产生杂音和模糊性并需要有效的和很有针对性的反应时，人们就会进行编码"，[②] 于是变未知为已知。

显然，任何通过编码而创造的"知识"都有其固有疆域，诸多信息噪音（即未编码信息）被排除在知识的疆域之外。因此，当个体面对无所不包的自然时，哪怕他对已有知识全知全能，他也显然处于信息不完全的地位。进一步，受经历和学习能力限制，任何个体都几乎无法获得与社会整体知识边界重合的知识边界，于是，个体掌握的"编码信息"在总量上将是已有"知识"的一个严格子集。

所谓解码，则是个体试图运用其已掌握的知识去了解、还原真实世界。如同使用一本残缺不全的字典去解读莎士比亚全集，个体的解码过程进行的是否顺利，依赖于其所依靠的字典的完全性和准确性；而如上文分析的，任何个体所拥有的"字典"尽管各不相同，都必然是不完全的，于是解码——也就是对真实世界的认知——就必然是扭曲的；这一扭曲或来源于个体知识的不完全和不准确，或来源于个体对其正确知识的错误运用。对这种状态经济学家并不陌生，他们将之定义为"非完全理性"。[③] 简而言之，对任何微观个体而言，他们既不可能获得知识疆域之外的"信息噪音"，也不可能掌握知识疆域内的

---

① 笔者对"编码"的定义比布瓦索宽泛得多。布瓦索将知识的创作分为两个部分：编码和抽象。在布瓦索的信息空间理论中，编码只是一种分类的方式，而抽象则描述了个体对该分类的学习过程，其中包括了概念的创造和运用。然而，在真实世界里，编码过程与抽象过程既难以区分，也不必清楚区分。个体通过编码和抽象试图去认知真实世界，其目的在于使纷繁复杂的信息得以被掌握；他们创造了一些分类和概念，从而所谓"知识"开始出现。这相比布瓦索割裂开编码和抽象，从而使人们的认知过程被人为阻隔的描述简单得多，也直观得多。因此，笔者使用的"编码"一词，事实上涵盖了布瓦索理论中的编码过程和抽象过程。

② 布瓦索：《信息空间——认识组织、制度和文化的一种框架》，中文版，73 页，上海，上海译文出版社，2000。

③ 当然，要如此定义这一概念，首先必须先定义"完全理性"为对已有知识（已编码信息）的完全和完美掌握。

所有"已编码信息"（非噪音）；因此，任何个体的知识（其"编码字典"）就只是加总信息总量的一个很小的子集。个体试图运用其各自的编码字典去给真实世界"解码"，就好比一个密码破译员试图使用一本残缺不全且存在许多错误的密码表去解码一封加密电报。于是，解码过程有两个基本的特点：认知和扭曲。

2.1.2　作为编码体系的制度

有了编码和解码的概念，我们就能阐释制度的信息含义。笔者认为，所谓制度，就是一种编码体系，通过这种编码体系，各种社会现象和因素得以被编码，从而形成一个统一尺度的、可比较的并且可被学习的知识体系。相反，个体的解码过程，则是个体运用其各自知识对制度形成的不同的认识。图2-1描述了制度的这种编码功能。在图中，横轴 Oi 刻画信息，纵轴 Oc 刻画编码水平，曲线 $i-ii$ 是真实世界的信息曲线（尽管不一定是这种形状）。编码水平越高，知识体系所排除的信息噪音就越多，因此曲线 $i-ii$ 严格向下倾斜。水平线 HH' 和 FF' 代表两种编码水平不同的制度，FF' 比 HH' 标准化水平高，因此将更多的信息作为噪音排除在其知识体系之外，当制度由 HH' 向 FF' 演进时，将产生（$OK—OL$）的信息损失。

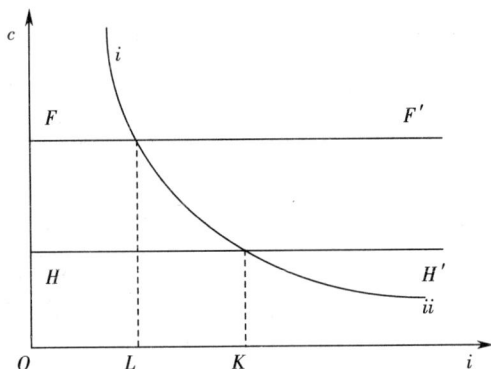

图2-1　不同编码水平的制度及其信息含量示意图

在一个分工演进的框架下，私有信息不仅是不可避免的，并且将随专业化分工的发展而不断增加，这将给个体之间的交易带来越来越大的内生性风险。所谓内生性风险，指的是不同个体私人信息的存在（信息拥有的不对称）使得任何特定个体无法准确预期其他个体的行为，因此而产生的损失或获利的可能。在微观层面上，此类风险主要有两种表现形式——逆向选择和道德风险；而在宏观层面上，则体现为集体利益和个体理性之间的经常性冲突，而制度则为降低这一风险提供了一种机制。在制度的框架约束下，所有游戏规则将以公共知识的面目呈现，这就使得委托人和代理人被重新放置在相同的信息平台上（尽管因解码过程的差异，不同个体的信息掌握将仍不可能完全相同）。委托人只需使用最简单的以牙还牙（TIT FOR TAT）策略，就能够在系列博弈中找到合适的交易对方，而不需要为改变自己的信息劣势而花费时间和经济资源去寻求对方的私有信息。在这样的设定下，委托人只需要确定一件事：任何以私有信息欺骗自己的个体都将受到法律的或社会契约的或任何其他渠道的有效惩罚。于是，在进入一个交易之前，作为委托人，他只需要了解一个信息：制度对其权利和义务是如何规定的。[①] 简言之，制度性编码是一个委托人进入一个交易前所需要获得的唯一信息。另一方面，尽管代理人在具体信息方面占有优势，他们也将被迫遵循制度设定的规则。倘若代理人利用其私有信息侵占委托人的利益，则无论对之的惩罚来自何处，被惩罚的威胁都将被计入其交易前的成本—收益中，于是采取机会主义行为的预期成本将上升，因此而获得的预期利润则将下降。在一次性博弈中，代理人可能逃过惩罚，从而最大化其利润；但在系列博弈中，其长期业绩将因某些没能逃过惩罚的交易以及因可选择的交易对方减少而带来的单次交易利润下降等因素影响而最终较差。简言之，制度性编码成为代理人进入交易之前所必须掌握的重要信息，同时成为其机会主义行为的有效制约机制。

以购买冰箱为例：在一个稳定的经济环境下，消费者一旦需要冰箱，只需掏钱购买即可，即便他对冰箱一无所知。他可能会先货比三家，对不同品牌的冰箱进行一些性能、价格方面的市场调查，但显然他不会花费 4 年或更多的时间去学习制造者所"私有"的冷藏和机械知识。这是因为他确信自己作为消费者的权益得到制度的有效保障：冰箱一旦出现意外故障，他要么可要求销售方前来承担其维修义务，要么（倘若上述要求被拒绝）可向法庭提起违约诉

---

① 大多数情况下，权利和义务的规定体现在契约上。但进一步思考就不难发现以下结论：任何契约，无论是有形的还是无形的，皆是依据制度规则而订立，并受制度规则保护。

讼。由此看来，作为消费者，唯一需要了解的信息便是其消费者权益。冰箱制造商可选择制造劣质产品以降低成本。倘若他这么做了，其产品的质量问题很可能不会马上被消费者所发现，于是他可以将价格定在优质产品的那个水平上，从而使其信息（技术性信息）优势得到充分发挥，他在短期将获得一个超过正常水平的利润。但如该制造商追求的是长期利润最大化，则他将发现采取此种机会主义行为将使其品牌声誉下降，这将导致其客户数量减少，既有的市场份额流失；即便他放弃了机会主义行为转而生产优质产品，已流失的市场份额也将很难收复。因此，对厂商而言，利用技术性信息优势采取机会主义行为策略，将不符合长期利润最大化目标；遵循制度设定的规则才是更好的选择。

概而言之，就信息意义上看，制度的根本职能在于为所有微观个体提供了一个可资决策和交易的公共信息基础。一旦一项制度得以有效确立，交易的回报将不再取决于高度不对称的具体信息，而主要取决于各自拥有的制度性信息。一般来说，制度性编码比技术性信息更容易掌握；更重要的是，制度性编码一旦被掌握，则下一次交易的边际信息成本将趋近于0；因此，交易者之间的信息不对称状况将因制度的出现而减弱，经济规模的扩大也才成为可能。

2.1.3 作为公共知识的制度

作为编码系统的制度，使个体之间的相互了解成为可能，但这一制度性编码过程并非一项制度得以建立的全部，事实上，这只是建立制度的开端；相形之下更为重要的是，这一编码体系应能被微观个体广泛接受并使用，据以作为此后相互博弈的共认规则。制度性编码集为个体提供了一系列可习得和可比较的代码（社会知识），使其彼此之间的相互了解和相互信任成为可能，进而通过社会契约建立起若干"意识形态"（cognitive ideas），从而为避免陷入"所有人反对所有人的战争"（the war of all against all）提供了一条出路。然而，制度的此种功能的有效发挥，关键在于所有微观个体不仅接受制度性编码并将之用于修正自身对真实世界的观察，并且相信其他个体也将接受并使用同一编码。换言之，制度只在所有微观个体不仅接受其规范并且相信其他个体也将接受其规范的条件下才成其为制度。简言之，只在制度性编码成为公共知识后，私有信息的影响才能被降至最低，个体之间的稳定预期也才能得以渐次建立。① 从这一角度观察，称制度为"精神架构"（mental construct, Neale, 1987）并不为过：任何制度结构的核心职能就是建立起一种稳定范式，以使微观个体能据以建立稳定性预期，从而经济契约也才成为可能（Knight, 1921）。范式一旦建立，稳定预期一旦形成，则所有其他社会现象皆可以博弈论的方法加以分析。

为进一步分析制度的公共知识特性，有必要深入探讨制度的"精神维度"（mental dimension）。尼尔（Neale, 1987）对制度的定义最为恰当："制度以其三个特点得到界定：首先，应有大量的人类行为（people doing），其次，应有相应的规则（rules）对个体行为进行重复的、稳定的和可预期的规范，再次，应有大众观念（folkviews）——就是沃顿·汉密尔顿（Walton Hamilton）所谓的'意识应用包'（bundle of intellectual usages）——对行为和规则进行阐释和修正。"在信息层面上看，所谓大众观念，就是以一种特殊的方式根植于几乎所有个体的思维中的某种特定信息：尽管并未被公开宣示，但几乎所有个体都心知肚明，成为社会默认信息。大众观念因此可被视为公共知识，一旦形成，则将逐渐取代私有信息，并成为个体进行决策的主要（如果不说是唯一）依据。②

当然，上面的论述并不意味着一旦某项制度建立，个体之间的信息就是对称的，私有信息在交易中就毫无影响。事实上，一旦制度性编码成为微观个体在交易中的主要决策依据和行为准则，影响交易结果的信息条件就主要体现为制度性编码的分布状况，而这一分布不可能是均匀的，即制度性信息的不对称

---

① 博弈论者能轻易将此过程模型化。事实上所谓合作进化（evolution of cooperation）理论（Axelrod, 1984）已对此进行了令人信服的描述，并得出以下结论：即便在一个标准的囚徒困境里，只需一个简单的以牙还牙策略也有很大的可能导致合作局面和稳定性预期。

② 电影《金刚》中命运号船员在骷髅岛上的遭遇可为我们的分析提供一个有趣的例证。尽管岛上的处于原始社会时期的土人建立的是一种"低编码"的制度，但那些来自于编码程度更高的制度结构和社会结构的开化得多和"文明"得多的船员们一旦登上岛屿，就只能接受岛民的"大众观念"，包括远离祭祀大猩猩金刚的祭台，否则他们就会被残酷地虐杀。在这个例子里，岛民的大众观念成为公共知识，而船员以前习得的制度性知识，不管其编码程度有多高，在岛上因未被广泛接受都只能沦为无关紧要的私有信息。当然，在真实世界里，个体在交易中未能接受和遵循公共知识一般不会产生如登上骷髅岛的船员被屠杀那样的后果，但他将因其行为的不可预测而被视为异类——不同于"我们"的外部人，从而失去大量的交易机会，类似于在社会交往中遭受"屠杀"。

是无可避免的。制度性编码的不对称，可分为两个层面：微观层面的不对称指在同一经济体内因不同个体对相同制度编码的解码不同而产生的信息分歧，以及因此分歧而带来的对交易确定性结果的影响；而宏观层面的不对称则发生在不同的经济体之间，当来自不同制度编码体系的交易者相遇，由于他们持有的"大众观念"及他们默认的"公共知识"存在差异，因此其信息分歧也就难以避免。

如上文定义的，个体的解码过程事实上是他们认知制度的过程，或更确切地，是他们运用已掌握的关于制度的知识去了解一个新的制度的过程；这一过程必然伴随着两大特点——认知和扭曲，而不同个体正是在这两个特点上呈现出其差异。有的个体因其经历更丰富或投入的学习时间更多而比其他个体掌握更多的制度性知识；有的个体则因其学习能力更高或学习条件更好而比其他个体的制度性知识扭曲更少。既然个体之间存在制度性知识的差异，则其在交易决策过程中的信息问题自然也就不可避免，所不同的是，在这种情况下，真正起作用的不对称性信息是制度性编码。某些制度更加简单，几乎所有交易者都能很容易地对之形成普遍认识，于是个体对之的解码就很可能是准确的和统一的，编码的不对称也就可以被降低到一个相当低的程度。① 某些制度则十分复杂，只有一小部分花费大量时间和精力经过专门学习的个体才可能获得一个比较完整的"编码字典"。在这种情况下，即便理论上存在"公共知识"，制度的规则仍统御着所有交易者，真正掌握这种"公共知识"的也只是交易者中的一小部分，笔者将之定义为"制度精英"，与之相对的则是"制度平民"。显然，在这两个群体之间存在着巨大的制度性编码不对称。

图 2-2 描绘了"制度精英"和"制度平民"的解码过程。与图 2-1 相似，纵轴衡量编码水平，横轴衡量信息含量，曲线 $i-ii$ 描画的是真实世界的信息曲线；水平线 $I-II$ 代表一项制度，矩形 $OIEG$ 给出该制度下包含的社会知识边界（矩形外的任何点要么是被编码体系 $I-II$ 排除在外的信息噪音，要么是现行编码体系 $I-II$ 所无法实现的更高水平的编码信息），E 点则是制度的完美解码点，路径 $O-E$ 是获得制度完美解码的线形路径（当然，无论是 E 点

---

① 路口的红绿灯就是个好例子。值得注意的是，即便在这种条件下，考虑到色盲和盲人，信息的不对称依旧存在，因此还要求有补充性制度来解决这个问题，如在斑马线两侧安装横穿警铃。

还是路径 $O-E$，都只在理论上存在），点 B 代表一个制度精英 B 的解码，点 A、C、D 则代表平民 A、C、D 的解码。首先，显然所有现实的解码点都严格在矩形 $OIEG$ 的内部；其次，与平民相比，精英 B 拥有更多的制度知识，因此其解码点 B 比 A、C、D 都更靠近完美解码点 E；最后，在三类平民中，C 掌握的信息编码程度高于 A（可能缘于更多的学习时间投入），D 掌握的信息编码水平与 A 相近，但其信息含量比 A 大（可能缘于更多的实践经验）。以法律工作从业人员为例：如果说 B 是一个既有渊博学识又有丰富经验的大律师的话，那么 C 就是法学院的研究教授，他与 B 一样学识渊博，但缺乏实践经验；D 则是 B 事务所中的资深职员，他拥有与 B 相似的丰富经验，但因未进入法学院深造过而在法学研究上存在欠缺；而 A 则是法学院中主修法学的本科生，他具有初步的法学知识和粗浅的从业经验，但两方面都还仅仅处于入门阶段。

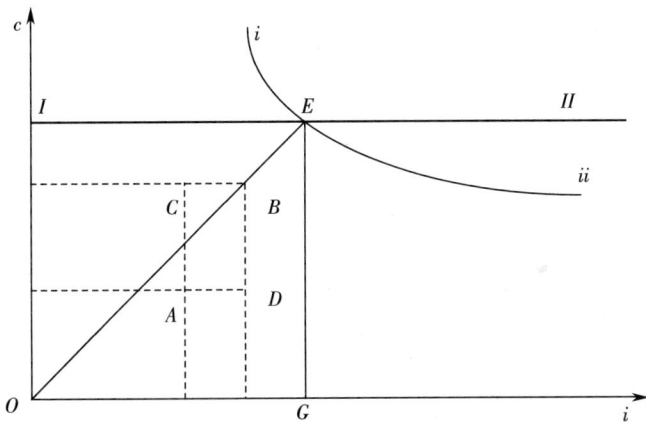

图 2-2　制度精英与制度平民的不同解码示意图

倘若承认制度是复杂的，并且不同个体之间存在解码差异，则所谓个体间共享的"公共知识"显然就将不复存在。个体进行决策，其依据固然非"私有的具体信息"，也不可能是关于制度的公共知识，而只能是"私有的制度知识"。于是，"所有人反对所有人"的霍布斯世界，就逐渐演化成制度世界，在这个世界里，某些公共知识发挥着作用，从而社会稳定预期能够形成，但编码信息的完全共享即便在宏观上也仍未实现，"信息战争"也就以一种全新的形式继续下去。

2.1.4 跨时性

重新确立个体决策的基础——无论是理论上的制度性公共知识，还是实际上的个体各自的信息解码，并非制度作为一种社会机制的唯一职能；在社会和经济演化进程中，制度还发挥着一个与此同等重要的功能：通过将编码体系代代相传而节省制度编码的创新费用。因此，如果说在信息意义上制度的第一特点是"编码"，则第二特点就是其"跨时性"。如吉登斯（Giddens，1984）说的，制度是"随时复制的规则和资源"；或如布瓦索更详细的描述："是已有社会惯例、结构的储存，通过这种储存我们使集体记忆、表述、价值、标准、规则等外部化，以使它们比我们人类更持久。"如上所述，所谓"制度化"实质上就是所有个体将制度性编码转化为公共知识的过程。这一过程无疑是一个耗时长久、耗费巨大社会资源的社会工程，通常须经数十代甚至上百代的个体反复认证才能够得以完成。一旦这一编码体系得以确立，则在体系中内生一定的传袭机制，从而使下一代不必再花费多余资源重新创设新的体系，就是重要而且必要的了。就一般的成本—收益分析而言，有了这样的传袭机制，先前建立制度所投入的沉淀社会成本也才有望通过后续各代的持续获益（或成本节省）而渐次得到补偿。因此，在现实世界里，除了极特殊的例外，一般只存在一代的制度是很少发现的。

因跨时性特点的存在，制度总是或多或少被赋予"文化"的特质；跨代之间存在鲜明的制度"遗传倾向"。当然，这种倾向的强烈程度如何，还取决于制度本身的特点。一般来说，范式层面（normative level）上的制度比规范层面（regulative level）上的制度显示出更强的遗传倾向，而文化—意识形态层面上的制度则有最强的遗传倾向。[①] 使用简单的成本—收益分析方法，不难得出以下结论：建立一项制度花费的社会成本越高，其具有的遗传倾向就应该越强。正是制度的这一遗传特性，才使得所有的制度变迁一旦放在一个足够长的

---

① 在此笔者采用了斯科特（Scott，2001）提出的分类，所有制度被分为三类：规范层面上的制度包括立法、立宪及其他旨在限制和约束个体行为的规则；范式层面上的制度包括描述个体目标和实现目标的各种途径的准则；而文化意识形态层面上的制度则包括文化、价值观念、风俗习惯、道德准则以及其他一切被社会公众视为理所当然的观念，以及形成、理解这些观念的思维定式。参见 Scott, W. Richard. 2001. *Institutions and Organizations*, 2nd ed. Thousand Oaks, California: Sage。

时间标度里考察都或多或少呈现出路径依赖效应。

2.2 制度变迁的信息含义

就一个足够长的时间尺度看，一切制度变迁都会体现出演进性特征。我们观察到的绝大多数的制度变迁都发生在边际层面，即便是一般所谓的革命性变迁也会呈现出路径依赖效应；或如坎贝尔（Campbell，2004）所说的，（绝大多数）变迁涉及诸多翻译（translation）和糅合（bricolage）。这就是制度歧异（institutional divergence）广泛存在的根本原因。一项制度要在诸多的竞争者中得以存活，就势必要不断扩张，将越来越多的经济社会个体纳入其框架下接受其规范。于是，来自不同制度框架下的个体之间的相互作用将日益频繁；对各自的固有制度框架进行适当修订也就成为必须，以保证公共知识和稳定预期能够在跨制度交易的双方或多方间得以形成。在这一不断进行适应性修订的过程中，制度趋同将形成趋势。简言之，制度歧异和制度趋同是制度变迁的两个相辅相成的重要特征。

2.2.1 制度缺陷

如上一节所述，制度的建立并不意味着信息问题得到最终解决，相反，信息战争将在制度编码层面上继续。所谓制度缺陷，描述的就是这样的制度性信息冲突，即代码冲突。笔者将制度缺陷分为外部缺陷和内部缺陷两类。

外部缺陷是来自不同制度的交易者之间的代码冲突。显然没有任何一种制度能完全无遗漏地涵盖所有交易者，因此，对任何一种制度而言，都存在外部人，就是那些并不将该制度规则作为其行为和决策依据的交易者。当来自不同制度的两个交易者相遇，代码冲突就将是不可避免的。简言之，外部性缺陷就是外部人和内部人间的制度代码冲突。以黄金现货交易为例：假设交易者 A 来自中国香港黄金现货市场，他习惯的交易规则是"喊价即要约"（my word is my bond）；而交易者 B 来自美国黄金现货市场，他遵循的则是签约才算成交的规则。倘若两个市场此前并未有交集，A 和 B 无从获得对方市场规则的相关信息，他们各自遵循各自的制度规范来进行交易决策和实施。在这种情况下，由于两个市场的规则是不同的，两种制度编码是相互冲突的，可以预见 A 和 B

的交易将受到很大的限制：要么交易失败，要么一方以另一方的利益损失为代价来实现"单赢"结果。进而，从整体规模上看，跨制度的交易规模将因此受到极大限制。

内部缺陷是同一制度下不同个体间的解码不对称，或简单地说，是内部人之间的解码不对称。如上一节论及的，个体的决策依据在制度建立后即为其对制度代码的解码；不同个体的解码总存在差异，因此其解码冲突也就不可避免。随着专业化分工的发展，制度日益复杂化以及有效编码的具体信息日益庞杂纷繁，这就使得内部缺陷日益恶化。这一趋势的最终发展结果是，少数交易者成为制度精英，其他交易者则沦为制度平民；精英利用其信息优势成为制度寻租者（institutional – rent – seekers），以平民的利益损失为代价获利，霍布斯所说的"所有人对所有人的战争"于是转变为"制度平民对制度精英的战争"。图 2 - 3 描绘了内在缺陷的演变。时期 1 时制度为 $T_1 - T_1'$，此时社会知识为矩形 $OT_1E_1I_1$，其中精英的解码曲线 $S_1 - S_1'$ 在平民解码曲线 $M_1 - M_1'$ 的右上方。为简化起见，假定精英之所以是精英是因为其掌握的编码集的规模和/或编码水平较平民高（暂时忽略扭曲效应），点 S 为一个精英解码点，点 M 为一个平民解码点，其各自的 i 轴坐标表示其拥有的制度性代码量，其差为 $(U_1 - V_1)$。随着时代推进到时期 2，制度演化为 $T_2 - T_2'$，其编码水平高于 $T_1 - T_1'$。因为此时有更多的具体信息需要编码，所以 $T_2 - T_2'$ 的代码集比 $T_1 - T_1'$ 大，[①] 此时有新的社会知识矩形 $OT_2E_2I_2$，其中精英解码曲线同样在平民解码曲线右上方，此时二者的代码量差额为 $(U_2 - V_2)$。因为新制度代码更复杂、对交易者的学习成本要求更高，不难证明 $(U_2 - V_2)$ 大于 $(U_1 - V_1)$。[②]

根据制度的外在和内在缺陷可将制度变迁分为两类：制度扩展与外在缺陷相联系；制度演进则由内在缺陷促动。它们又分别与扩散机制和翻译机制相关。

---

① 这一点与图 2 - 1 并不矛盾，因为此时 $T_1 - T_1'$ 和 $T_2 - T_2'$ 面临的是量值不同的具体信息，而在图 2 - 1 中两种制度则面临相同量值的具体信息。专业化和社会分工的发展使得具体信息量值持续扩大，于是，当一种新的制度试图去取代旧制度时，首先要求该种制度必须能够对新产生的具体信息进行有效编码，因此其代码集比旧制度将更大。这一论断与图 2 - 1 揭示的编码水平越高的制度将更高比例的具体信息作为噪音舍弃的论断并不矛盾。

② 精英学习能力更高，因此制度演变发生后其信息增量比平民来得大，$(U_2 - U_1) > (V_2 - V_1)$，于是 $(U_2 - V_2) > (U_1 - V_1)$。

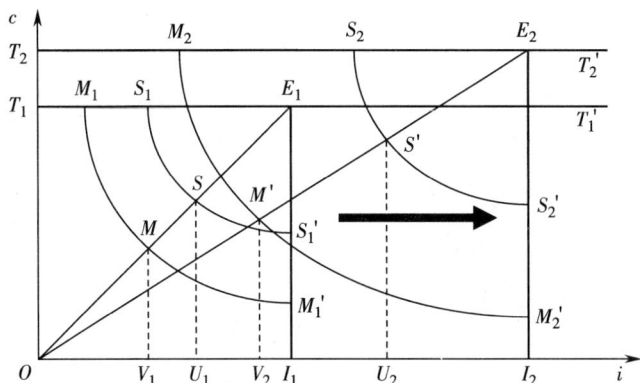

图 2 - 3　内在缺陷随制度编码水平提高而恶化示意图

2.2.2　扩散与翻译

制度学者们使用扩散这一术语，用于表示制度规则或实践被推广、被更多数量的交易者所接受（David and Foray，1994；Strang and Meyer，1993）。他们认为，扩散将导致不同国家政治制度的趋同，因此是全球化潮流得以形成的基本机制。但制度又是因何并如何扩散的呢？为什么有的制度广泛扩散，而另一些制度则日益萎缩？对这些问题，制度学者们未能给出答案。

信息学者们使用扩散这一术语，用于表示同一群体里不同个体间的信息分享，特别是知识的接受过程。尽管布瓦索（1995）将扩散作为其信息空间的一维，关于编码和扩散间的关系他也只是模糊触及，① 他的注意力更多集中在微观层面，如个体对新知识的接受等。

如笔者在本章开始时所提出的，信息和制度可视为同一枚硬币的不同两面。倘若将制度视为一种编码体系，则制度代码就是一个交易者想要成为制度内部人所需要学习的唯一知识。因此，一个有效的制度扩散，实际上就是制度代码向外部人的扩散。所谓扩散力与实际扩散并不相同，它指的是制度未来扩散的预期；某一时期扩散范围狭窄的制度并不意味着其扩散力就比较低；相

---

① 在其论著中，布瓦索暗含地认为制度的编码水平和扩散力之间可能存在反向关系。譬如，他认为：绝大多数科学知识的普及是由非正式的方式在低编码水平上实现的，对此，（意味着更高编码水平的）专业性科学杂志几乎无能为力。

反，流行一时的制度也不意味着其扩散潜力也同样巨大。随着环境的变化和个体知识的积累，某些流行一时的编码集可能因其难以处理日益复杂的物质性编码而变得陈腐过时。① 当然，在社会科学领域，不存在简单的正确与否的判断，一项制度具有多高的扩散力主要取决于其编码水平。笔者认为，在制度的扩散力和编码水平之间存在正向相关关系。

如布瓦索所说的，"有效扩散的主要障碍来自于交流双方（无法）对必要代码进行共享"。这一论断的反命题同样是成立的：一项制度如其代码更容易为个体所共享，则其扩散力就将更大。一项高编码的制度是一个高度标准化的、更易于为外部人所习得的代码集。极而言之，一项完美编码的制度就是这样的一个制度代码集，它是事前明确定义的、完全标准化的、完全数字化的，外部人在没有任何相关的制度知识的条件下也能顺利学习；并且它是一个完全的代码集，不存在任何潜在规则即默示信息，所有内部人都知道但无明确规定的规则；或者更形象地说，它是一种正常的学习者不离开其书桌即能掌握的制度性知识。值得指出的是，这并不意味着完美编码的制度就是对任何个体而言都最容易学习的；事实上，它可能并且通常是非常复杂的，包含着庞杂的代码，以至于没有任何一个个体能完全掌握它，——一个现成的例子就是数学。由于这样的制度在理论上对所有个体而言都是可习得的，并且它不要求个体对社会道德和价值观或社会地位这类潜在规则进行事前投资，因此它将拥有强大的扩散力。

以市场主义和采邑主义为例。显然，在当代生产条件下市场主义的扩散力比采邑主义大得多。在市场主义社会中，一个个体在进入交易之前不需要投入大量时间和精力去谋求一个社会地位；这个社会的绝大部分规则是明确规定的，一个新的交易者无须或者不必太担心潜在规则问题，契约导向规则使市场主义中的排外主义很难生存。在采邑主义框架下，个体的社会地位是非常重要的，为数众多的潜在规则发挥着甚至比明确规定的规则更重要的作用，这就使外部人的进入成本非常高，排外主义也就顺理成章。这也是采邑主义通常与封

---

① 以布瓦索提及的自然科学知识的扩散为例。托勒密的地心说曾在西方世界被奉为圭臬，其主要原因是它和人们的日常观测正相吻合，但这并不意味着该理论就是正确的；1 000 多年的广为扩散，也并不意味着其扩散力十分巨大，一旦环境发展了、人们的科学知识积累增加了，地心说就成为历史名词。

闭经济和静态社会等名词相联系的原因。显然市场主义比采邑主义有一个高得多的编码水平。

对扩散机制在制度变迁中的作用还是有若干学者予以了关注，而对这一过程中作用同样重要的翻译机制则几乎没有学者进行讨论。作为极少数触及这一话题的学者，坎贝尔（Campbell, 2004）认为，制度翻译（institutional translation）是"新思路通过被全面翻译成本的实践而与已存在的制度实践相结合的过程"。然而，坎贝尔未发掘出制度的信息含义，因此他无法进一步解释翻译机制是如何发挥作用的。

与编码—解码的关系相类似，翻译机制可视为扩散的反机制，并且常是实现扩散的必由之路。作为编码系统，制度在信息意义上是一个代码集，要充分发挥其信息职能，这个全集中的每个子集（制度的各个组成部分）应是相互补充、相互协调的。要将一个新的代码子集（制度安排）放置在全集（制度结构）里，对其进行适当的调整，从而使其不会和其他代码子集发生矛盾冲突就是非常必要的。当然，更确切地说，寻求扩散的代码子集和本地的代码全集都应进行相互适应性调整。但是，一般说来，制度结构的变迁是非常缓慢的，以至于其变迁只能是在扩散代码子集完全融入本地代码全集之后才有可能；不仅如此，制度结构的变迁本身还有赖于引进新制度安排后带来的冲击，而要使新制度安排的引入是可行的就必须推动其实现适应性调整，即"翻译"：使用本地制度代码、以可为本地制度结构所接受的方式对待引进的制度安排进行"重新表达"。因此，翻译通常是扩散的第一步，在扩散之初甚至是之后相当长的一段时间内，扩散的代码子集将不得不采取既能适应本地代码全集又能为本地制度结构下的个体所接受的方式。扩散的代码子集为此而不得不进行的若干适应性调整，将使其区别于其原先的面貌，从而形成所谓的制度失真。①

进一步，"可翻译性"和编码水平之间存在着正相关关系。一项高度编码的制度是一个高度标准化和简单化了的代码集，因此它总是容易翻译的，并且

---

①　拿语言作类比，譬如要在美国推行一部法语小说，第一步就是将其翻译成英语，以便广大不谙法语的美国读者能够读懂它；而在翻译过程中，许多原版小说中的精微之处可能就此消失或被扭曲。

在翻译过程中发生的制度失真也会较少。① 一般易于翻译的（可翻译性高的）制度其扩散力也会较强，这与我们上文分析的编码水平和扩散力之间的正相关关系是一致的。②

2.2.3 制度扩展

制度扩展是外部缺陷推动的，并与制度本身的扩散力密切相关。

如杨小凯和黄有光（Yang & Ng，1993）所展示的，现代经济是具有自强化特点的社会分工的产物，其区别于其他经济形式的特点就在于其高度的社会分工水平。一方面，在当代经济条件下，几乎任何一种商品的生产都要求来自数以十计国家的数以千计的专业化工人进行分工合作。显然这些工人不可能被组织在一个企业中、置于一个指令领导下进行生产，因此，跨国交易就成为实现上述分工合作的唯一途径。另一方面，如上所述，跨国交易者间的代码冲突又是不可避免的，这使得跨国交易隐含的风险量值要比国内交易大得多，这成为阻碍跨国交易的主要障碍。在社会分工和相应的合作具有自强化特点的条件下，跨国交易中的代码冲突显然必须得到解决。

当跨国交易的双方都具有充分的交易意愿时，他们都将对对方的制度代码进行事前投资，以控制风险。譬如丰田汽车在进入美国市场之前对美国的市场状况进行了详尽深入的调查分析，通过这种方式，丰田公司搜集并掌握了大量编码水平高的、更易于事前习得的关于美国市场的制度代码。然而，文化—意识形态层面的信息却无法通过事前的书面工作去获得，而只能通过较长时期浸淫其中才有可能逐渐掌握，这就是为什么一个制度的新进入者即便作了充足的事前准备，通常也要花费相当长的一段时期才能真正融入当地制度结构中去。概而言之，因为来自不同经济体的个体之间的专业化生产和合作日益普遍，个体将不得不或通过事前投资或通过干中学机制逐渐学习其交易对方的制度代码

① 标准化的代码集中的信息是得到精确和标准化的表达的，它给翻译者留下的再创作的空间很少，而这种再创作空间通常是扭曲和制度失真的来源。
② 仍旧拿语言作类比。数学语言是一种高度编码的语言，它通常比文学语言更为精确、更少被误读的可能。在跨国学术交流中，一个良好定义的公式胜过几页长篇累牍的文字表达，因此对无论持何种语言的交流者来说，数学语言都是更受青睐的。简言之，几乎任何学科最终都会走向数学化表达，其原因就在于数学语言的高度编码特性。在这个例子里，编码水平—可翻译性—扩散力三者体现了明显的逻辑因果关系和正相关关系。

集；如个体的交易意愿非常强烈，愿意直接进入对方制度结构的话，则还必须学会以对方的制度代码集来作为自身的决策和行为依据。这一微观层面上的信息现象，在宏观上就是所谓的"制度扩展"：制度通过此种途径扩展了，使其作用的范围比以前更广，使更多的交易者按照其规则来进行决策和行为。

制度扩展并非也不应是单向的过程，而应是一个多向冲突—交流—协调和解的持续过程，来自不同制度的个体间相互了解的积累使最终的协调和解成为可能。基于这一相互了解，一些国际制度——国际规则或国际组织，如世界贸易组织和国际货币基金组织也得以建立。理论上讲，所谓国际制度，要在国际交易中发挥稳定预期的作用，应对所有国家的个体而言都是公共知识，一旦一项国际制度得以建立，从宏观角度看，因为它比任何国家的国内制度具有更宽泛的接受范围和规范范围，它将逐渐成为所有本地制度变迁的参考方向。从微观角度看，来自任何制度的个体，只要试图进行国际交易，他就必须进行其解码集的相关调整，遵循国际规则，并将之作为自身决策的信息依据。所谓全球化，一般说来体现为国际交易日益频繁，而从本质上看，则是国际制度在全球范围内的渗透和统治。

如果说国际制度的形成是一种双向乃至多向的过程，则它将融合各向度制度的特点；然而，在真实世界里，大多国际制度却一边倒地为发达国家所控制，国际规则更主要体现了资本主义和市场经济的特征，这一矛盾原因何在？对此，笔者认为与不同制度的扩散力不同有关。与资本主义相比，所有其他经济组织形式都更强调地位：在经济交易中个体的社会地位发挥着十分重要的作用；这就使得其扩散力受到很大限制。资本主义实现了"从身份到契约"[①] 的转变，个人化交易退居次要地位，契约成为个体间的基本经济关系。一项契约实际上是一个高编码信息的清单，开列了应做和不应做的所有事宜，排除了个人化因素，并隐含了交易的平等和自由的基本内涵。与所有关于个体身份和其他潜在规则规定等复杂而微妙的社会知识相比，显然一份简明的信息清单更易为交易者所学习和掌握。进一步，从监管者的角度看，对契约导向的交易进行监管也是高度编码化的：只需要明确列出在什么样的条件下应进行或不进行什么样的行为并按律监管即可。这对监管者而言也比在各种默示的道德规范下实

---

① 亨利·缅因（Henry Maine）爵士在其著作 *Ancient Law*（1861）中的名言。

施监管要简便易行得多。概言之，资本主义在当代经济与国际规则中的压倒性优势地位，主要是因为它的高编码水平。①

发达国家和发展中国家在国际规则中的不平等地位也可以制度扩展的视角加以解释。一般说来，发展中国家的经济开放程度较美国或西欧为低，或开放的时间较后，因此它们面临更少的国际交易规模，这使它们较少扩展自身规则的动力，进而，提升本国制度的编码水平以利于进一步扩展的动机也就相对较低。因此，一般说来，发展中国家制度的编码水平相对较低，扩散性较差，并且形成编码水平—扩散力—开放程度的负反馈。随着国内专业化的发展和国外国际化的发展，发展中国家的开放程度必将日益提升，其面临的国际交易规模也将随之急剧扩大。然而，与其国际交易对方相比，作为市场的新进入者，发展中国家的经济个体在对国际规则的掌握上处于绝对劣势，这一信息劣势使其在国际交易中经常扮演风险和损失承担者的角色。为避免或至少是减少这样的损失，发展中国家的经济个体将不得不在实践中努力学习"国际公共知识"。这样的知识积累随开放程度扩大而日益发展，并对其国内经济交易（事实上在一个经济全球化的背景下，任何经济体都很难在国内交易和国际交易间设置严格的防火墙）也产生了日益显著的影响，从而推动其国内制度变迁的发展。由此看来，全球化趋势将导致制度趋同。这对发展中国家而言，经常意味着其路径歧异效应要大于路径依赖效应，这也是我们在发展中国家中观察到更剧烈的制度变迁的原因之所在。

2.2.4　制度演进

制度演进指内生的制度变迁，它是在排除了外部影响后的制度自发变迁路径。当然，在现实世界中并不存在绝对孤立隔绝的环境，因此纯粹的制度演进只在理论上存在。笔者在本书中用这一名词来表示制度或制度结构的边际变化。如上所述，此类变化通常是由制度的内在缺陷促动的。

如上所述，制度的编码职能令其成为个体经济决策的基本信息基础。然而，由于个体解码的差异，最终成为这一信息基础的是非对称性的信息解码，而不是公共知识。于是，信息战争在制度存在的条件下成为制度平民对制度精

① 进一步的具体分析参见布瓦索（1995）；黄仁宇（1997）。

英的战争。但如果充分考虑到平民的学习效应，在动态的视角上又会如何呢？跨期之后，平民仍将是平民吗？

为完全排除外部因素，设想有这样一个完全隔绝的社会，其唯一的信息问题是制度精英和平民间的信息不对称。假设最初精英拥有完全的制度知识，这使他们相对平民而言具有信息优势。在这样的形势下，显然平民将竭其所能去改变他们的信息劣势以避免因此带来的损失，他们将通过学院式的或实践式的方式努力学习制度知识，这就使得精英具有的初始信息优势逐渐缩小，因此带来的利润也随之日益下降。此时精英显然也不会坐视其信息优势日益萎缩，他们将花费更多的精力和时间去创造新的制度知识以强化这一优势；换言之，他们将推动制度变迁，以使制度代码对平民来说更难学习和掌握。在这个意义上，所谓制度精英，就是在社会分工中以制度为其专业化客体的经济个体；他们在平民的信息竞争压力下被迫去推动制度变迁，这构成了制度演进的微观基础。制度精英保持其信息优势的动机也为我们理解路径依赖效应提供了微观基础。作为已存制度的专业化个体，精英将更倾向于强化其信息优势，而非重新去创造它；除非万不得已，他们不会舍弃其在现存制度中已经沉淀的巨大前期学习成本；即便在万不得已的情况（通常是由外部冲击引起的）下，他们也将谋求最大限度地留存旧制度的构成因素。简言之，制度精英处于微妙的境地：为保持其信息优势，他们不得不去推动制度变迁；而考虑到前期巨大的沉淀学习成本，他们又将竭力维持既有的制度结构或制度演变路径。这在宏观上就表现为，即便在发生剧烈变动乃至革命的时期，路径依赖效应仍旧十分明显。对于制度平民而言，尽管他们在每次制度演进中都处于信息落后地位，但他们永不会停止缩短信息差距的努力；但与精英的跃进式方式不同，平民对新制度信息的学习和掌握更主要是通过逐渐了解、逐渐掌握的方式进行的；通过这种方式，他们逐渐缩小与精英的信息差距，直至该差距非常小以至于精英不得不推动另一次的制度跃迁来重新获得较大的信息优势。信息劣势促动平民不断学习，平民的不断学习反过来促动精英去推进制度跃迁，这一跃迁—跟随机制构成了制度演进的基本机制，最终制度演进路径将实现动态平衡。如熊彼特（Schumpeter，1942）所说的：资本主义的基本动态就是一个创造性破坏（creative destruction）过程。

制度的日益复杂化特点可通过制度演进的跃迁—跟随机制获得解释。一项简单的（通常也是低水平编码的）制度留给精英们的信息空间是很少的，这将激发其投入成本去创造新的信息的冲动；而无论精英是通过自行创造还是从外部引进的方式来增加制度性代码集容量，随着这些新代码的创生，制度演进发生了，制度被推到一个更高的编码水平、更复杂的层面上。经过一段时间的学习后，平民的信息跟随效应得到体现，精英的信息优势和租金随之日益减少，这给了他们进一步推动制度演进的压力和动力，于是制度迎来新一轮的编码水平和复杂化的提高。这一过程在金融市场中得到最为鲜明的体现。如我们所知，包括期货、期权和其他衍生金融工具在内的几乎所有金融产品，其最初的创设动因都是为降低金融交易的风险、为信息劣势者（平民）提供更安全的交易途径；然而，经过一段时间的发展后，它们几乎无一例外都成为新的而且是更大的风险来源。譬如期货，作为一种完全标准化的金融合约，当其于1865年首次为芝加哥商品交易所引入时，其目的毫无疑问是为规避未来风险。然而，随着时间的推进，它逐渐成为金融专家的纯粹投机工具，与实物交易已基本上完全没有关系了。时至今日，期货的定价奥妙尽管看似十分简单，实则复杂无比，或如马来西亚前总理马哈蒂尔（Mahathir）在1997年亚洲金融危机中所说的，除一小撮美国玩家外，世上没有任何生物对之有充分的了解。金融产品的这一"二律悖反"为何一再发生呢？如果我们将这一小撮"懂规则"的"美国玩家"视为制度精英，其他"不懂规则"的"任何生物"视为制度平民，就不难理解金融产品的演进和日益复杂化后所遵循的基本机制了。

进一步，放松隔绝社会假定，将外部因素纳入分析框架，显然所谓的自发制度演进将不复存在。事实上制度的扩展和演进也是极少有可能完全分割的，几乎没有什么制度遵循其自发途径来展开变迁，它们或多或少总受到外部因素的影响。在此，翻译机制就发挥作用了。对以推动制度演进为己任的精英而言，外部制度代码，尤其是那些编码水平更高、扩散力更强的代码，通常会成为其信息创新的来源。他们将择取他们认为最为急需的那部分代码进行翻译以适应本地制度结构和背景，并在翻译的过程中或有意或无意地进行适度扭曲以适应其自身需求，通过此种方式将之引入本地制度结构中来。通过翻译的方式来推动制度变迁，对精英而言将省却他们独立开发创新的成本，因此是其成本最小化的选择。当然，这种方式更多为发展中国家所采用；至于发达国家，由于难以从外部寻求编码水平更高的制度代码，因此很难采用。因此，在真实世界中，我们看到发达国家的制度变迁通常是缓慢渐进性的，而发展中国家的制度变迁则相对更为剧烈，并表现出与发达国家趋同的特点。回到图 2 – 3，显然信息贴水将由从 $T_1 - T_1'$ 到 $T_2 - T_2'$ 的变迁中获得，而非相反。[①] 由此看来，发达国家和发展中国家的关系类似于微观层面上的精英—平民关系：发达国家推动其制度向更高的编码水平演进，同时扩展到更大的范围使其逐渐成为国际制度；发展中国家通过翻译来学习国际制度，并推动其本地制度结构向更高的编码水平演进。因此，所谓的全球化，其含义对发达国家和发展中国家是不同的：对发达国家而言，它意味着制度扩展，而对发展中国家，它则意味着通过翻译学习。

---

①　为简化起见，在此笔者假设发展中国家的所有制度的编码水平都比发达国家来得低，这与现实显然存在不小的偏差。经常存在这种现象：尽管总体上讲 A 国比 B 国更发达，但就个别制度层面上看 B 国的某些制度编码水平比 A 国来得高，在这种条件下由制度 B 到制度 A 的变迁就是更可能发生的情况。另外，尽管笔者认为制度翻译通常是沿编码水平高的制度结构向编码水平低的制度结构的方向进行，但没有证据证明这一方向同时也是从发达国家到发展中国家的。有鉴于此，在个案分析中，单个制度的编码水平高低是比国家的发达与否更为重要的因素。

3

金融风险的信息—制度含义

风险源于不确定性，不确定性由信息不对称造成，私有信息是造成信息不对称的根源，而私有信息的产生则伴随着社会分工的发展。故而，考察风险的理论意义必须上溯至分工与分工演进。风险存在于任何经济体，分工愈细，信息不对称愈严重，则风险地位愈彰显，其表现形式和特点也随之变化。金融是现代经济的核心，于是在现代经济中金融风险成为风险的集中表现形式。金融风险的固有特点决定其具有累积性和突发性，当其累积至一定程度时就会爆发，从而形成金融危机，进而导致经济危机。经济危机打破原先的经济制度结构稳态，新的制度安排被创生，制度变迁得以实现，而新的分工秩序随之形成。如上所述，信息与制度在本质上是一枚硬币的两面，新的分工秩序就意味着新的信息编码体系。纵向考察一国的制度演变，固然可以理出上述思路，但如将金融风险的跨国分摊和信息—制度体系的跨国承袭纳入考察范围，我们将发现一些更有趣的结论。事实上，是金融风险的跨国分摊决定了不同国家制度变迁方向的差异。本章将暂时搁置跨国影响，将金融风险的分析放置在一个封闭的经济—社会环境中，而将跨国机制放在后面两章讨论。

3.1 风险的概念界定

关于风险的概念界定，奈特（Knight）的论述最为经典。奈特（1921）认为，如果一个经济行为者所面临的随机性能用具体的数值概率来表述（这些概率可以像拿到彩票一样客观地确定，否则就反映了个人自己的主观信念），那么，就称这种情况涉及"风险"；另一方面，要是该经济行为者对不同的可能事件不能（或没有）指定具体的概率值，就称这种情况涉及"不确定性"。①奈特进而认为，只有不确定性才能给企业家带来利润；易言之，经概率计算得出大小的风险已完全转化为确定性因素，被纳入经济主体的成本—收益规划中，并且如其他确定性因素一样为交易各方所共同认定。这显然与我们通常认识的风险尤其是宏观意义上的风险的含义大相径庭。相形之下，倒是他的不确定性概念更接近于"风险与收益成正比"的风险含义。②

事实上，后来的经济学家们基本上是把奈特的风险和不确定性概念混合使用了，一般在只涉及初始状态的判别时使用不确定性概念，而在还涉及因此初始状态而可能导致的支付则使用风险概念，③ 这一混用在信息经济学家中表现得尤其突出。如赫什莱佛和赖利（Hirshleifer and Riley，1995）在《不确定性与信息分析》中就是如此。在这部声称探讨不确定性的著作里，赫什莱佛和赖利探讨的其实是奈特意义上的风险，它涉及个人在风险存在条件下的最优决策（根据奈特，不确定条件下最优决策是没有意义的，因为根本无法计算概率）、一般均衡条件下风险资产的市场价格决定以及如何在经济社会中分摊风险等等问题。他们在"前言"里就直接将不确定性和信息不

---

① 参见《新帕尔格雷夫经济学大辞典》，"风险"条，216 页，北京，经济科学出版社，1996。

② 在奈特的理论里，不确定性是完全无法测度的，因而其在实际经济过程中对经济主体而言有如偶然因素。根据奈特"只有不确定性才能给企业家带来利润"的说法，经济主体的利润来源只能是这无法测度的偶然因素，而任何经营计划决策都属无用。进而奈特得出一个令人沮丧的结论：经济学的研究会导致对经济事件的"理解"，但决不会导致对它名副其实的"解释"，并且必定不会导致对它的准确"预测"。这种经济不可知论恰与新古典综合派的观点相反。可以说，正是在奈特的直接影响下，才使得芝加哥学派成为真正传承了奥地利学派精髓的自由主义经济学堡垒。就这个角度看，奈特关于风险与不确定性的定义和论述对经济学说史来说是意义十分重大的。

③ 奈特所谓的"指定概率值"是个很难以度量的标准，事实上，在行为者的思维里，在没有进行行动之前很少进行精确的概率估算，但未曾估算不意味着精确概率不存在，在精确概率存在但当事者未进行精确估算的情况下，该估算是风险还是不确定性呢？根据"面临的随机性能用具体的数值概率来表述"（这是一个客观的标准），此时行为者面临的是"风险"；而根据"该经济行为者对不同的可能事件不能（或没有）指定具体的概率值"（这是一个主观标准），此时行为者面临的却是"不确定性"。其实这里涉及的是一个更大的问题：完全理性人假设。在此假设下上述的矛盾现象是不可能存在的，因为每个行为主体无时无刻不在精密计算自己的经济利益以及获得该利益的概率。由此隐含假定奈特得出经济学研究无用和经济政策无用的结论，这是非常具有讽刺意味的：基本前提直接否定了理论存在的价值。

完全相结合："一切人的努力都受制于我们有限和不确定的知识。"在赫什莱佛和赖利的话语体系里，即使比"事件不确定性"条件放宽了许多的"市场不确定"概念距离奈特的不确定性定义仍十分遥远：市场不确定性中心议题是"个体分析层面上对交易伙伴的最优寻找，以及在经济总体的分析层面上分析非均衡过程及价格的动态过程"，[①] 这一被信息经济学家认为"话题太大、太复杂"的概念在奈特的体系里显然仍属于风险范畴。挖掘信息经济学家对奈特经典的偏离和混淆的根本原因是十分有趣的，一个显然的解释是在信息经济学家眼里完全理性假设不复存在，个体在决策前信息总是不充分的，因此，精确区分风险和不确定性不仅在现实层面，并且在理论层面上都是不可能的，也是没有意义的。

为方便后文展开论述，笔者试对"风险"这一概念进行一个大致界定，以避免因定义不清造成的歧见。所谓风险，系指由于不确定性而引发的出现损失（或获利）的可能性；这一可能性（即概率）的分布状况显示风险的程度。对于微观经济个体而言，风险因其偏好的不同而表现为或正（对风险偏好者）或负（风险厌恶者）的效用。对于宏观经济整体而言，风险的存在和扩大将导致市场稳定预期难于形成、交易后果难于预测，这就使一些风险厌恶者退出交易，导致交易规模下降，从而使得市场先是动荡，既而萎缩；经济发展停滞，甚或倒退。因此，风险对宏观经济而言更多表现为负面因素。但从另一方面看，风险的存在和发展将使信息居劣方试图通过学习更多占有信息，使信息占优方试图通过推动信息编码体系的发展来保持自身的信息优势，二者相结合将有助于促进分工、推动制度变迁，进而促进经济发展和社会进步。

3.2 外生性风险、内生性风险与风险分摊

风险由不确定性引发，而不确定性是信息缺陷所导致的。按信息缺陷的性质可将风险分为两类：外生性风险和内生性风险。

---

① 赫什莱佛和赖利（1995）：《不确定性与信息分析》，中文版，北京，中国社会科学出版社，2000。

3. 2. 1　外生性风险

外生性风险的引发原因是信息不完全。

如我们在上一章描述的，信息"是事物之间的差异，是事物或现象在时空中分布不均匀性的体现"，是客观事物禀赋的本质特征，信息的赋予量决定了客观事物当前的特性和自发性演变的方向。受自然条件限制，人们对客观事物的认识永远不可能是完全的，即对信息的拥有量必定是不完全的。这决定了人们对"真理"（事物发展的内在必然规律）——如果它真的存在的话——的把握永远只能是相对的，有无限接近的趋势，但不会到达。或者使用博弈论的术语：在与自然的博弈中，人们总是处于信息劣势中，自然总是拥有"私人信息"。

信息的不完全表现在经济层面上，就是一个经济体内所有成员对经济的现状和发展趋势的认识总和小于经济体本身所固有的信息总量，这决定了社会整体无法准确描述经济现状和预测未来，即使不考虑高昂得使这一行为本身成为不可能的信息收集汇总费用的话。正如我们在上一章介绍的，人们在认识客观世界时总是尽力将外界信息进行编码，以便归入已存在的信息种类（抽象）中。然而，信息本身是一种庞杂的自在，在对它进行人为编码时，必然伴随着信息量的流失：那些不符合人们已掌握的编码体系（或说难以完全归类）的信息被视为噪音过滤掉了，如布瓦索说的："通过将代码向下移动将代码置于情况的上下文中（context）时永远也不可能完全保存信息，因为代码本身不可详列所有的情况。在人们在代码编制表上向上或向下移动时发生的信息损失是平均信息量（熵）在所有数据处理系统中起作用的证据。"[1]并且，编码程度越高的编码体系造成的信息流失越多。信息的编码与信息含量的关系如图2－1所示。

当然，随着编码体系包含能力的加大，更多的噪音可以被包含在知识范畴内，表现在图形上是图2－1编码—信息图形维数的增加：通过创设新的附加

---

[1]　布瓦索：《信息空间——认识组织、制度和文化的一种框架》，中文版，66页，上海，上海译文出版社，2000。叔本华（Schopenhauer）对此有更诗意——虽然不太准确——的表述：思想在语言中表达的时候死去。人类的思想同外界信息原始态相似，在试图将其归类从而便于他人理解与掌握（编码）时必然造成很大的流失。

性编码体系来捕捉被主编码体系过滤掉了的信息噪音①。但如承认客观世界的无限性和主观感知的有限性并存，则编码系统将永远不可能包含所有噪音，于是信息流失将总是难以避免。回到经济学范畴，随着既有知识的扩张，经济状况将日益复杂化，从而使信息的总量以至少是与知识扩张同等的速度（通常是以快得多的速度）增长。于是，随着编码体系维度不断扩大，信息曲线 i - ii 也将不断扩大其复杂性和多维性，从而使得信息噪音无法完全避免。简单地说，无论与编码体系相对应的人们的知识如何增长，总是会有一部分信息被视为噪音流失，从而使人们对客观经济现象的掌握永远不可能是完全的。

正是信息不完全的客观存在使得兰格的"可计算的社会主义"（countable socialism，完全的计划经济）并不可行，这已为第二次世界大战以来社会主义国家的实践所证明。对一个以市场为基础的经济体而言，对经济现状和未来的信息不完全主要表现为对价格的现状和未来变化的不确定性，这种不确定性隐含着的损失或获利的可能就是外生性风险。这种风险是外生于微观经济主体的、不以个人意志为转移的，因此可称为"客观风险"。简言之，凡有信息噪音存在的地方，外生性风险总是存在的，因为噪音是人们所无法把握的一种不确定性。一旦社会信息总量不变，或确切地说，只要社会知识总量的增长赶不上经济机体信息总量的自然增长，外生性风险就不会被消解，而只能通过各种形式在社会范围里实现分摊。

3.2.2 内生性风险

内生性风险的引发原因是信息不对称。

如上文描述的，不同个体对信息的拥有量是不同的，并且随着分工的不断发展这一差异将愈加显著。由于分工具有自发演进的趋势，故而信息不对称也具有不断扩大的倾向。

首先，个体解码能力和客观条件的限制决定了他无法获得与社会知识边界重合的知识边界，于是，个体掌握的信息在总量上将总是可掌握信息总量的一个严格子集。进一步，如上一章描述的，个体在使用自己的（因个体不同而

---

① 举一个简单的例子：对自然的认识，如果将物理学视为主编码体系，则化学就是一个附加编码体系，人们使用它去捕捉那些被物理学作为噪音过滤掉了的信息，如不同分子的相互转化过程。

大小有异）"信息解码字典"去解码真实世界信息时，总是会产生程度不同的扭曲。简言之，个体不仅无法把握知识疆域以外的信息噪音，并且在实际认知过程中把很大一部分非噪音信息也排除掉了。在这种情况下，个体掌握的不仅只是信息总量的一个很小的组成部分，并且经过个体解码扭曲了，在不同程度上偏离了信息真实。其次，如上一章描述的，个体之间因经历和投入的学习时间的差异而形成不同的解码能力，这使不同个体之间对知识（无论是具体信息还是制度性信息）的掌握大相径庭。这两方面因素共同作用，使得个体之间对真实信息的解码将经常呈现出显著的不对称性，这就使得任何特定个体无法准确预期其他个体的行为。这一命题应用于经济层面上就是任何市场主体无法总是准确地预见到其他主体的行为，这种不确定性包含的损失或获利的可能就形成了内生性风险。此类风险在微观上主要表现为个体因自利动机而产生的利用其信息优势获利的机会主义行为，即逆向选择和道德风险。从宏观层面理解，此类风险则主要表现为因机会主义行为发生的可能而降低经济主体交易意愿，进而减小社会整体的交易频率和规模，从而造成社会福利的损失。

内生性风险"内生"于经济体。尽管信息不对称是客观存在的，但机会主义行为却是植根于人的自利天性的，因此它是一种"主观风险"，即使社会信息总量不变，也可通过一定方式对之加以控制。然而，正如上文所揭示的，伴随着分工发展的信息不对称具有自发扩大的倾向，因此内生性风险也是不断演变发展着的，旧的风险得到控制的同时往往意味着新的风险的产生。如上一章描述的，信息编码—制度体系不断发展，但"信息战争"将继续下去，与之相伴随的内生性风险也将存续，尽管风险的承担和分摊比例可能在经济主体间不断变化。

3.2.3　风险分摊

如上所述，无论是外生性风险还是内生性风险，归根到底到是无法避免的。就宏观层面上的经济社会体而言，风险的存在又会使得社会稳定预期难以形成、交易规模无法扩大，从而形成社会福利损失。因此，如何对风险进行适当处理，从而增大个体交易意愿、扩大社会交易规模，就成为这一问题的关键。

我们知道，在一个有效率的市场经济机体内，利润将通过价格机制和竞争机制在社会个体之间实现大致的平均化。但当风险——因不确定性而损失或获利的可能性——广泛存在时，利润的社会平均化就不再是简单的数学期望收益，而只能是其确定评价值，即考虑到风险的补偿费用（R）后的期望收益（E）。[1] 包括了风险补偿的确定评价才是社会个体间无差别的利润预期，它在量值上等于数学期望和风险补偿的代数差，即 $C = E - R$。

　　就微观角度上看，由于社会分工不同、行业特点不同，外生性风险在社会个体间的分布是不均匀的，这种不均匀性使部分风险趋于集中；这对低风险领域的风险偏好者和高风险领域的风险厌恶者而言，同属非帕累托最优。我们取最简单的两元对立情况分析：对风险偏好者而言，其拥有的风险量值倘若未达到其偏好边界（阈值），则增加风险量值将增加其确定性评价；[2] 而对风险厌恶者而言，其拥有的风险越少越好，在任何程度上将其已拥有的风险量值的出让都能增进其确定评价值；[3] 于是，在未达到风险偏好边界的风险偏好者和风险厌恶者之间就总是存在帕累托改进的空间。就宏观角度上看，倘若风险在某些特定部门或特定群体中积累，即便与之相关的经济个体都是风险偏好的，但交易外部性的存在也将使得他们的交易对方心生疑虑，降低与他们交易的意愿；尤其当风险集中于那些具有较强外溢性的部门——如银行——时更是如此。交易意愿的畏缩意味着社会共信的减弱，这将进一步扩散到其他部门和行业，从而使得那些并非风险集中的行业和部门也受影响，信任危机由是滋生；一旦发展到这一程度，则经济危机乃至社会危机也就不远了。概而言之，无论就微观层面上看，还是就宏观层面上看，将风险（当然，标的是包含了风险因素的确定性评价）通过适当的方式在不同个体乃至不同群体、不同部门、不同国家之间进行转移，从而实现他们之间的风险分摊，是"增大个体交易意愿、扩大社会交易规模"的关键。

　　有效的风险分摊包括两方面内容：风险分散与风险转移。前者指由更多的

---

　　① 风险在市场中有自己的等价物，这一等价物就是风险补偿，它取决于市场主体的风险偏好函数，可能大于、等于或小于 0。$R > 0$，则决策者是风险厌恶的；$R = 0$，风险中性；$R < 0$，风险爱好。

　　② 对他们来说，由于 $R < 0$，风险（R 绝对值）的增大将增加 C 值。当然，我们在数学上只是简单地假设风险偏好是一条单向有限曲线，在其阈值以内 R 总是取正值（很可能的一种情况是循边际递减的凹状路径），而在其阈值以外则取无穷大的负值，以确保即使是风险偏好的交易者也不会无限扩大自身风险，从而使进一步的分析成为不可能。

　　③ 对他们来说，由于 $R > 0$，风险（R 绝对值）的减少将总是增大 C 值。

社会个体承担对单一个体或部门而言过于集中的风险；后者指风险由其厌恶者向其偏好者转移，以使二者的确定评价趋于一致。如果说风险转移涉及的是微观层面上不同个体间的风险偏好和风险承担能力问题，那么风险分散则更多集中于宏观层面上经济机体的系统风险控制能力和调节能力：一个未能将集中在某些部门的风险迅速有效地分散到其他部门，从而令经济体内大多数个体和部门分散性地承担绝对量值因分散而变小了的风险的经济体，通常被视为存在协调问题，因而蕴涵着较大的系统风险。由此看来，所谓系统风险，并非独立的一种风险表现形式，而是因风险无法有效分散而导致其在某些部门或群体内实现超越其承担能力的积累。简言之，系统风险并非总量风险的一个组成部分，而只是风险分配的不合理。

以上讨论的风险分摊的一个隐含假设是信息在个体之间是随机分布的，因而风险量值和风险承担能力具有"匿名性"，即个体之间虽然存在差异，但该差异是随机分布的，不会因个体身份的不同而不同。在考虑到解码能力差异、内生性风险与风险承担量值之后，风险分摊的匿名性将不复存在；——恰恰相反，这是一个高度取决于"身份"的过程。如上一章介绍的，因解码能力的差异，不同个体将对编码性信息（"知识"）有不同的掌握，这一差异进一步决定了其各自的内生性风险量值。在图 2－2 中，显然制度精英 B 比制度平民 A、C、D 掌握更多的编码性信息；在他们之间相互交易的过程中，B 将处于信息优势，并因此获得风险分摊的绝对优势：在内生性风险方面，他将因其信息优势而获得决定是否进行机会主义行为的主动权，倘若他进行了机会主义行为，则意味着他创造出了内生性风险，并将之转嫁给其交易对方去承担，自身坐享风险带来的收益；倘若他选择不进行机会主义行为，则内生性风险不被创造，总体风险量值不因其私有信息而增加。无论其如何选择，在一次博弈中，制度精英 B 总是拥有决定内生性风险及其分摊状况的权力。在外生性风险方面，他将拥有风险的优先选择权：他可以根据自身的信息优势以及风险偏好和承担能力，优先选择风险量值，然后将风险余值交由其交易对方去承担。至于其交易对手，信息劣势决定了他只能被动接受 B 赋予他的风险量值，而不管该量值是否在自己的合意范围和承担范围之内。如果说外生性风险是无法避免的，那么它在交易双方之间如何分摊，在一个一次博弈的过程中，基本上是由信息的分布，即内生性风险的分布特征决定的。进一步，倘若将个体间的信息解码能力差异和内生性风险分布差异扩大化到国家之间，则显然不同国家在风险分摊过程中所扮演的角色也各不一样。跨国交易中所遵循的是国际规则。一般说来，发达国家是跨国交易及国际规则的起源：正是在发达国家之间，以及发达国家对发展中国家的商品和资本流通中，跨国交易逐渐扩大其规模，为今天的国际商贸往来奠定雏形的。国际规则的雏形则是（现在的）发达国家在其开始大规模发展对外商贸的时期，为消除不同信息—制度编码体系下必然产生的信息不对称和缺乏共信问题而逐渐确立起来的双边乃至多边约定，这些约定——毫无疑问——或多或少地根源于交易各方各自的制度和编码体系特点；在不断的交易过程中，来自不同国家的个体不断熟悉这些原本就并不太陌生的约定；一旦约定上升为国际规则，则意味着对之的跨国共识基本上确立了。尽管不同个体对这些国际规则的掌握和理解仍存在差异，但就整体而言，我们可以说，就对国际规则的掌握和理解而言，（现在的）发达国家处于"制度精英"的地位。相形之下，由于发展中国家一般是第二次世界大战后的新兴国家或 20 世纪 90 年代后才开始走向市场经济道路的国家，它们是跨国交易的新参与者，国际规则对它们而言是一个需要不断学习的外在客观存在，而非根植于自身编码体系特点的内在演化结果，因此它们在对国际规则的认识和掌握上显然处于"制度平民"的地位。于是，一般说来，在风险分摊中，发达国家和发展中国家呈现出类似于制度精英和制度平民的角色分工：发达国家拥有内生性风险量值的直接决定权以及外生性风险的优先选择权，这使它们处于跨国风险分摊的主动地位；而发展中国家则处于相应的被动地位，它们不但要承担外生性风险的余值，而且还不得不承担可能的内生性风险带来的损失，不管这两部分风险的加总是否超过其愿意或能够承担的范围。当然，这仅是一个大致的逻辑分析，关于发达国家和发展中国家在跨国风险分摊中的各自特点，笔者将在后面两章进行更深入的模型化论证。

3.3 风险、金融风险与现代经济

邓小平言简意赅地指出：金融是现代经济的核心。与之相对应，在现代经济中，一切风险都转化为数目字化的金融风险。与一般意义上的风险相比，金融风险又呈现出与现代经济相适应的鲜明特点。

3.3.1　现代经济与金融

何谓"现代经济"？这是一个众说纷纭的基本概念。按照新兴古典分析框架，[①] 分工演进决定经济发展和社会演变，因而定义现代经济也需以分工为出发点。依据这一框架，所谓现代经济，即指实现高度分工和专业化的经济，它在物质上的标志是工业革命，在制度方面的标志则是一个"非人格的"、"保护和执行界定产权的契约"的法律系统的建立和实施。[②]

工业革命是分工演进史上的一次质的飞跃，从那时起，知识的积累和分工的加速以一种前所未有的高速度进行，从而进入一个经济、社会高速发展的时代。马克思曾指出，资本主义制度在还不到一百年的时间里创造了比过去一切世代创造总和还要多的生产力。技术的飞跃标志着旧的生产方式的根本性转换即将来临，如果说技术的飞跃尚只是为现代经济的定义确立起技术方面的要义的话，那么，经济体制方面的变革则更好地体现了作为一种全新的经济组织方式的开始。如黄仁宇说的，所谓现代经济，"是一种纯经济体制之功能"，[③] 它通过如下三个特征体现其区别于传统农庄经济或采邑经济：（1）资金广泛的流通（wide extension of credit），"剩余之资本透过私人贷款方式彼此往来"；（2）经理人才非人格化的雇佣（impersonal management），"因而企业扩大超过所有者本人耳目能监视之程度"；（3）技术支持的社会化（pooling of service facilities），"如交通通信、律师事务及保险业务等"，在技术方面获得来自社会（而非来自人格化交易）的支持之后，企业活动范围才能"超出本身力之所及"。[④] 简言之，工业革命为现代经济的产生提供了技术层面上的支持，而

---

① 新兴古典经济学"用非线性规划（超边际分析）重新将古典经济学中关于分工和专业化的精彩思想变成决策和均衡模型"，并以之为工具解释"企业的出现和企业内部组织的均衡意义"、"交易费用和制度对分工和生产力演进的意义"及"货币出现、景气循环等宏观现象"。其与新古典的区别如杨小凯归纳的，主要有四个方面：（1）用专业化经济而非新古典框架下的规模经济概念表征生产条件；（2）对纯消费者和企业进行了分离；（3）强调交易费用对组织的拓扑性质；（4）在其框架下每个人的最优决策永远是角点解而非新古典框架下可能出现的内点解。参见杨小凯：《经济学原理》，北京，中国社会科学出版社，1997。

② 诺思（North，1980）：《经济史中的结构与变迁》，中文版，186 页，上海，上海三联书店、上海人民出版社，1997。

③ 黄仁宇：《资本主义与二十一世纪》，493 页，北京，三联书店，1997。

④ 黄仁宇：《资本主义与二十一世纪》，31～33 页，北京，三联书店，1997。

将这一技术支持投入实际应用，从而创造出现实生产力的社会制度才是现代经济本身。工业革命之所以发生，固然可部分归因于分工的自发演进，但制度因素的铺垫及对环境的潜移默化恐怕要占据更重要的地位，诚如韦伯所说的："契约自由使西方社会得以发展出资本主义"，而契约之自由依赖有效的制度框架的确立。[①] 于是，技术层面上的支持与制度层面上的变革呈现出互相影响、互为因果的关系。

从以上分析不难看出，金融因素不但是现代经济的主要特征，甚至可以说是现代经济的基本标志和主要基石。如布罗代尔（Braudel, 1979）指出的，资本主义在本质上是一种"商业系统"，其创生和发展"必在当初各国都在'农业的系统'管制的局面里发生冲击作用"；[②] 具体而言，"每一个国家经过一段奋斗之后必须将其上层结构（superstructure）改组，以便迎合新体制，通常也要翻转其低层结构（infrastructure），以便产生能够相互交换（interchangeability）的局面，更要经历一段司法与立法之改革，才能使上下之间密切联系，也才能使以上三原则（笔者按，即上一段列的标志现代经济的三个特点）顺利发展，通过财政税收币制诸种政策，使公私互为一体，也就是使整个国家能在数目字上管理"。[③] 金融是资金融通及其代表的社会关系的总称，它在信息含义上就是对纷繁复杂的经济社会信息进行一种数目字化编码，透过这一编码系统，千差万别、大相径庭的经济信息乃至社会信息拥有了可相互对比的基础，经济因素才有可能进行公平而自由的交换，社会各阶层的结构互换才具有切实的衡量标尺，现代意义上的"财政税收币制诸种政策"才可能产生，整个社会状况也才能呈现出与以往以"静"为主的农庄经济和采邑经济截然相反的

---

① 详细论证参见诺思和托马斯（North & Thomas, 1975）《西方世界的兴起》，诺思（North, 1980）《经济史中的结构与变迁》。值得指出的是，若按照韦伯在《新教伦理与资本主义精神》一书中的观点，资本主义的发展植根于新教伦理，则推究现代经济的源头尚需上溯至始于1517年的宗教革命。但思想观念原则上的渐变铺垫和现实社会的演变显然存在着一个相当长的时滞，有时甚至是相对独立的过程。诚如黄仁宇（1997）指出的："若以为（新教伦理和资本主义精神）二者之间的联系即可概括全部除旧布新的运动，或可以推测以后社会新组织的全貌，则不免过度将问题简化了。"并且，如我们所知，一定的思想或制度的出现，也非空穴来风或天才的空想，它必然有一个社会层面的背景和技术方面的可能性支持，倘若如此层层上溯，则一切论证将不可避免地归于虚无。参见黄仁宇：《资本主义与二十一世纪》，北京，三联书店，1997。

② 布罗代尔（F. Braudel, 1979）：《十五至十八世纪的物质文明、经济和资本主义》，中文版，上海，上海三联书店，1993。

③ 黄仁宇：《资本主义与二十一世纪》，32～33页，北京，三联书店，1997。

"动"的特征①。简言之，金融因素在社会结构中占据主导地位，不但是现代经济的一大标志，并且是现代经济得以产生和扩展其秩序的基础。如黄仁宇所说的，现代经济的创生，其等价的表达方式是"全国进入以数目字管理的阶段，自此内部各种因素大体受金融操纵"。②

具体而言，就传统意义看，金融主要包括货币和信用两个范畴，而货币和信用又分别是分工演进和现代经济的奠基石。货币是金融的基础和核心。货币的出现和演进内生于分工演变，③它又反过来极大地推动了分工的展开。信用的演进过程伴随着资本主义生产方式的形成过程，成为其"扩展秩序"（哈耶克）的主要经济渠道，因此，信用关系的拓展被视为资本主义形成的主要条件之一。从分工角度看，如上所述，货币的出现使价值形式独立出来，为知识的积累和分工的全面展开提供了广阔的空间；信用则将不同地点和时点的价值凝聚，使大规模的社会生产成为可能，从而内生出对扩大分工的要求。货币和信用于是成为经济信息数字化编码的两大支柱，在货币提供的统一衡量标尺和信用提供的跨时跨地保证的前提下，经济信息被有效编码，使经济要素的时空

---

① 在此我们强调的是"动之冲量"而非"动之成果"。如马克思不遗余力地抨击的，资本的原始积累涉及大量的暴力、征服、奴役，"从头到脚都流着血和肮脏的东西"；资本主义在国内的发展是以羊吃人的残酷形式进行的，在国际的扩张则是以对殖民地的赤裸裸的劫掠为标志的，所有的这些"动之成果"早已载入史册，即便最积极的资本主义辩护者也无法回避。但同样不应忽视的是在此之前人类的劣行早已存在，远的亚历山大政府和罗马扩张，近的蒙古帝国的全球性扩张，同样是以暴力和掠夺为主要特色被载入史册，这与资本主义拉扯不上关系。简言之，一个社会体制扩张其秩序，大抵总是难以避免暴力和掠夺，因此，在探求资本主义生产方式的扩张特点时，其带来的人类苦难并不应作为其独具的特色。

② 黄仁宇：《资本主义与二十一世纪》，201 页，北京，三联书店，1997。

③ 杨小凯：《经济学原理》，588～609 页，北京，中国社会科学出版社，1997。特别值得指出的是，一般经济学教科书都强调物物交易中的需求双重耦合困难是货币得以创生的重要条件，这在一定程度上缩小了信息因素在货币形成中的作用，也未能顺理成章地推出货币出现是分工的必经步骤。阿尔钦（Alchain，1977）就曾认为克服双重耦合困难不过是货币作用的较小部分而已，私人信息的存在才是货币性交易产生发展的首要因素；威廉姆森和莱特（Williamson and Wright，1994）将阿尔钦的思想进行了模型化处理，在排除双重耦合因素的条件下得出结论：只要存在私人信息，低质量商品被大量生产是一个稳定均衡点，在引入货币因素后，达到的有效（货币）均衡点上，高质量商品更多地被生产和交易，因此，货币的出现增进了社会整体福利。参见 Williamson 和 Wright（1994），"Barter and Monetary Exchange Under Private Information"，*the American Economic Review*，March/1994，pp. 104 – 123。杨（1997）的模型则未对双重耦合因素进行排除，只将之视为私人信息的一种，得出的结论相似。

维度流动成为可能。① 从制度（法律）角度看，"非人格"的法律系统能得以建立并付诸实施，其前提是"全国进入以数目字管理的阶段"，这才能为之提供客观而明确的确立依据和仲裁依据；而使经济乃至社会因素数字化和精确化正是货币与信用的主要功能。具体而言，现代经济的交易关系主要通过金融契约连接和深化，马克思曾说过，"货币作为一般支付手段，变成契约上的一般商品"，这使契约自由成为可能，交易频率和规模因之大大提升，从而产权博弈得以展开，产权制度框架逐渐构筑；而信用制度"是资本主义的私人企业逐渐转化为资本主义股份公司的主要基础"，这一转化从根本上重构了经济社会的微观构成，并成为现代经济"扩展秩序"的起点和加速器。

3.3.2 风险向金融风险转化

既然金融是现代经济的核心，则"金融风险是经济风险的集中体现"这一结论自属顺理成章。换言之，货币与信用既成为扩展分工和交易秩序的主要基础，也就成为决定经济活动中不确定性的主要因素。

货币的出现使买卖过程分离，商品于是具有数值化的表现形式，即"价格"。这一数值化表现使原先性质各异、不具有可比性的不同商品有了相互交易的基础和依据，从而一方面日益形成一个统一市场，内生出一系列规范和惯例，进而上升至法律—制度框架；另一方面，货币交易取代物物交易，提高了交易效率和交易频度，促使分工更快、更全面地展开。因此，所谓现代经济，即市场经济，其存在和发展主要由价格机制加以维系。如上所述，全国统一货币的出现就信息上看是一种编码体系的产生，但该体系之产生并不必然意味着它必会替代既有编码系统成为决定经济个体认识经济现实和参与经济活动的主要依据；② 相反，是该编码体系在一个经济机体内各层面上的大规模统一使用

---

① 当然，这里的货币和信用标尺是就一个大的经济机体而言的，局限于特定时间和采邑之内的货币和信用倘若未能实现全国化的统一扩张，则属于采邑经济性质，这在中国表现得尤其明显。关于采邑经济的主要特征我们在后面的章节里还有详细的论述，在此不再赘述。

② 全国统一货币的产生和全国统一市场的形成远非同一的过程，前者往往比后者早得多。一个最能说明问题的例子就是中国。我国自秦统一货币以来，历代实行的货币制度不可谓不是"全国统一"的，但巨大的地区差异和根深蒂固的采邑经济性质限制了商品化的过程和跨地区的商业自发流动，这就使得已经存在的货币制度这一信息编码体系的实际扩散始终受到极大限制，无法在实际经济生活中发挥其固有潜力。

才具有这样的效力。换言之，是全国统一价格的产生而非全国统一货币的产生标志着该信息编码体系主导地位的确立。统一价格①一旦确立，一切商品的重要属性就从其有用性转向可售性②：生产者关注的不再是商品是否具有实用性，而主要着眼于其在市场上的销售绩效；③ 消费者受此影响，必然逐渐发生观念上的渐变，从对实用性的更多关注而转向对价格的关注。"商品拜物教"转而成为"货币拜物教"，于是，对经济体现状和未来信息不完全就主要表现为对价格的现状和未来变化的不确定性，外生性风险于是主要"数目字化"为金融风险（见图3－1）。

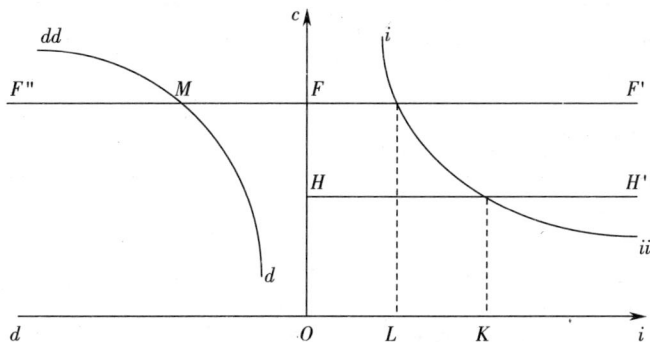

图3－1 金融的编码和秩序的扩散示意图

如图3－1所示，作为"数目字化"的编码体系的金融一旦"操纵"了经济各要素，则它将成为经济机体运行和经济个体进行决策的主要依据，经济编码程度于是从 HH' 上升至 FF'。但更多的信息将被视为噪音排除在知识疆域之外，由此产生的信息流失为（$OK - OL$）。原先外生性风险 Ki ④在金融编码成功之后成为外生性金融风险 Li 的一个组成部分，即外生性风险金融风险化了。

任何制度都可视为一种信息编码体系（当然，反过来说也成立），都具有自组织的特性和自行扩散和自发演进的特点。一旦金融因素"操纵"了经济社会的各内部因素,其秩序的扩展就是不可阻挡的了。金融秩序的扩展在外延方面表现为其对实体经济因素操纵的加强,这方面带来的金融风险化效应如上文分析的是使一般意义上的外生性风险表现为金融风险,而其内涵方面则表现为金融体系本身的演进。这一演进过程使金融体系本身呈现出日益复杂的特性,将其转变为一门进入门槛很高的专业知识,于是专业人员的信息优势日益扩大,成为"制度精英";而普通个体的信息劣势越来越严重,沦为"制度平民"。金融的自发演进速度是十分惊人的,当代经济条件下国际金融交易的总量已远远超出了实物交易,金融交易成为国际经济往来的主体。作为一种高编码程度的编码体系,金融领域又是制度精英和制度平民对立最为严重的领域之一,其迅速积累的编码知识是如此复杂费解,以至于除极少数专家之外绝大多数经济个体只能居于绝对的信息劣势。由此看来,金融一旦成为现代经济的核心,不仅使内生性风险转化为金融风险,而且使这一风险被大量创生出来并极大地放大了,以至于纯粹的金融风险(即内生性风险)以绝对压倒性的量值超过了基于实体经济的金融风险(外生性风险),[①] 而成为风险世界的中心。

3.3.3 金融风险的特征

相比一般意义上的风险,金融风险具有如下特征:[②]

1. 量值巨大。如前所述,当今世界金融交易的总额已远远超过实物交易。经济的虚拟化程度日益提高,金融风险因之加速积累。在一个金融发达的经济机体中,金融风险的量值几乎没有上限。

2. 技术性强。随着金融的不断演化,金融知识成为一门十分复杂并且与现实金融交易联系异常密切的学科,它要求人们投入大量的时间和精力进行学习与实践,才有可能成为制度精英、掌握信息优势。鉴于其这么高的技术性要求,最终能成为制度精英的经济个体与制度平民相比总是不成比例的极少数。

3. 操作周期短。这一特点直接与技术性相联系。一项金融资产的价格波动在一个工作日甚至短短几分钟内就可以经历一个完整的涨跌周期,这在以实

---

① 或以另一种表述方式表述:因金融演进导致的风险在量值上远远超出了因金融扩展导致的风险。

② 王江:《转轨经济中商业银行制度变革与风险控制》,厦门大学博士论文,1999。

物交易为基础的一般风险领域内是难以想象的。

4. 潜在性。由于金融知识的技术性要求高，金融机构和其融资者间总是存在着极大的信息不对称，因此金融风险具有很大的潜在性，并易于在各金融机构中不断累积。进一步，金融市场的经常性波动令金融专家个体也难以如其预想的那样迅速、及时地把握波动，从而使自身的金融风险量值往往在不知不觉中远远超出其风险偏好边界。

5. 突发性和加速性。这一特性由潜在性决定。只要一部分制度精英倾向于投机行为，在精英和平民信息高度不对称的条件下，一般经济个体是无法去辨别稳健型精英和投机性精英的，因此两类精英能得到无差异的市场资金支持，这就为倾向于投机行为的金融精英提供了存在和发展的温床。随着他们的发展，整个金融体系将日益呈现出行为投机化特点。于是，金融风险具有加速累积的特点，金融泡沫越吹越大。更危险的是，经济机体金融风险的积累是在潜在中进行的，这意味着即使是制度精英也无法控制其不超过临界值。一旦风险累积超过一定的临界值，随着某一具体金融事件的发生，社会个体的"信用幻觉"被打破，潜在风险于是突发为现实风险；个体的投机化行为模式再次起到加速器的作用，金融—经济危机最终形成。

6. 扩散性和传染性。在一个统一的金融市场上，各种金融资产、各类金融机构密切联系，相互交织成一个复杂的体系，金融资产价格波动固然相互影响传递，不同种类的金融机构也基本上呈现出一荣俱荣、一损俱损的网络系统特性。① 特定的金融资产价格或金融机构运营出现纰漏引发的局部挤兑风潮往往会扩散到整个金融体系中去。另外，由于国际金融交往日益频繁，一国的金融风险往往会通过各种渠道实现跨国"传染"，一旦一国风险突发，酿成金融危机，很快就会传染给其他国家，于是形成所谓的"多米诺骨牌效应"。这一特征在金融全球化成为趋势的今天显得尤其突出。

---

① 同类金融机构则一方面存在着业务上的相互竞争关系，另一方面也存在因业务往来而产生的共生关系。一旦金融风险突发，金融危机到来，市场预期发生逆转，则后一种关系会占据主导地位。

4

金融风险的跨国分摊（上）：静态模型

本章和下一章致力于将金融风险的跨国分摊机制进行模型化，从而为我们的分析提供一个数量化的理论体系；而通过模型得出的若干重要结论，还将延伸、拓展上面章节的理论分析。

4.1 基本模型

本节笔者构建一个基本模型，并找出其均衡。该模型的原型是威廉姆森和莱特（Williamson & Wright, 1994）的物物交易模型，但笔者对参数设定进行了若干修正，并且将之作为分析金融风险分摊的模型基础，此后进行的模型的拓展工作与 W&W 的模型原型并无关系。

4.1.1 模型设定

假定有一群同质的、数量尽可能（但非无穷）大并且可无限存活的经济个体，其数量以 1 表示。在这一经济体中有两类潜在标的可供交易：好商品（以 g 表示）和坏商品（以 b 表示）。所有个体都可以生产它们，但生产成本是不一样的，以效用的损失来表示生产成本，则设生产好商品的成本为 γ（$\gamma > 0$），生产坏商品的成本为简单起见设定为 0。两种商品都是不可分割

的和可自由处置的，并且储藏成本为0。消费由其他个体生产的好商品带来的
效用增量为 $U > 0$，消费由自己生产的好商品带来的效用增量为 $0 < u < U$。令
$p(p \in [0,1])$ 为持有好商品的个体比例，将之名为 A 群，则 $(1-p)$ 为持有
坏商品的个体比例，名为 B 群。在每个继起的时期中，个体以随机概率相互遭
遇，并决定是否交易。由于商品具有不可分割性，边际上的交易于是被排除，
交易通常是两交易者一对一的商品互换，当且仅当双方都同意交易时才得以发
生。又由于个体数量非常大，在一个时段相遇的两个个体在另一个时段再次相
遇的概率可设置为0，因此任何个体之间不存在任何形式的私人信用合议。

令 θ 为个体能够辨认另一个个体持有的商品性质的概率，由于信息不对称是不
可避免的，有 $0 \leqslant \theta < 1$，这一参量与具体的个体遭遇无关。个体并不知道其他个
体是否能够辨认自己商品的性质，对其他个体的交易历史也一无所知。当两个交易
者相遇时，他们只是各自独立地对对方商品的性质进行一个判断，再同时宣布他们
是否愿意交易。如同时宣布交易，则双方互换商品，就此分离，商品的性质则在双
方分离后才得以揭晓。此时，个体可选择直接消费持有的商品，从而使该商品就此
退出流通；也可选择将之储存起来，直至下一个时段用于与其他个体交易。如个体
选择消费掉当期他持有的商品，则他将即时再根据相应的成本生产出一个或好或坏
（取决于其此时的生产决策）的新商品。总之，个体进行生产、消费、处理和交易
的策略选择，以最大化其效用预期，该效用预期为消费效用减去生产成本后的净值
预期的当期贴现。在进行这些决策的过程中，他们将其他个体的策略以及遇见持有
某种特定性质商品的个体的概率视为给定。现在在个体相遇概率为时间非连续、个
体预期为理性的条件下考虑纳什均衡，相遇概率由 m 描述。如上面设定的，如相
遇的两交易者都辨认出对方持有的商品是好商品的话，则双方将总是愿意交易；持
有坏商品的交易者也总是愿意交易，因为他交易的最差结果也不过是换回另一个带
来 0 效用的坏商品而已。于是，真正具有意义的决策考量只有如下两项：是否生产
好商品（生产决策）、在个体持有好商品且不能辨认对方持有的商品是好是坏的条
件下是否交易（交易决策）。令 $\sum$ 表示一个个体相信其他交易者在不明交易对方
商品性质的条件下仍愿意交易的概率；令 σ 表示个体的最佳反应。易知在任何可能

的均衡中 $\sum > 0$。① 令 V_j（$j = g,b$，表示好商品和坏商品）表示持有商品 j 的个体在每期期末的回报函数，$r > 0$ 为贴现率。令 $W = \max (V_g - \gamma, V_b)$ 表示个体在没有存货的情况下进行生产决策、以确定生产的新商品是好商品还是坏商品的生产决策函数。根据定义，在任何有效的均衡中，至少应有若干好商品被生产，这隐含了 $p > 0$，并且 $W = V_g - \gamma \geq V_b$。

于是，最佳反应问题可由以下两个方程来描述：

$$rV_g = \theta p [\theta + (1 - \theta) \sum](U - u + W - V_g)$$
$$+ (1 - \theta) \max \sigma \{ p [\theta + (1 - \theta) \sum]$$
$$(U - u + W - V_g) + (1 - p)(W - V_g) \} \qquad (4.1)$$

$$rV_b = p(1 - \theta) \sum (U + W - V_b) \qquad (4.2)$$

方程（4.1）描述了持有好商品的流动性回报 rV_g 主要由两项构成：第一项是该个体能够对对方交易者进行准确鉴别的情况。此时显然他只和那些好商品持有者交易，他的回报是他能对对方作出鉴别的概率乘以好商品持有者比率 θp，乘以对方也愿意交易的概率 $\theta + (1 - \theta) \sum$，再乘以从交易中的获利 $U - u + W - V_g$。第二项是该个体不能够对对方交易者进行准确鉴别的情况。此时他可能与那些坏商品持有者交易，是否交易取决于其最佳反应函数，他的回报就是他不能对对方作出鉴别的概率 $1 - \theta$ 乘以其根据最佳反应函数作出接受交易决策的概率 σ 所带来的收益。与之相似，方程（4.2）描述的是坏商品持有者的流动性回报 rV_b：该个体遇见好商品持有者，并且该持有者对对方商品性质不了解且愿意交易的概率 $p(1 - \theta) \sum$，乘以从交易中获得的收益 $U + W - V_b$。

4.1.2 均衡讨论

均衡取决于 p 和 $\sum$ 的值。另外，以下几点隐含成立，不再证明：第一，$V_g - \gamma > V_b$ 意味着 $p = 1$；$p < 1$ 意味着 $V_g - \gamma = V_b$。第二，给定 p，$\sigma = \sum$ 应

---

① 反证法：设 $\sum = 0$，则未被辨认的商品将永远不被接受，于是坏商品就不会被生产；但在所有商品都是好商品的情况下，显然交易者会接受任何未辨认的商品，这就与 $\sum = 0$ 相矛盾。

能解决方程（4.1）的最大化问题。于是我们有三类潜在均衡：A 类均衡是 $p = 1$。这意味着 $\sum = 1$，在这种情况下，坏商品就根本不会被生产，因此个体即便在无法鉴定商品质量性质的情况下也总是愿意进行交易。B 类均衡是 $0 < p < 1$ 且 $\sum = 1$。在这种情况下，一些坏商品被生产，但个体还是总愿意进行交易，即便他们不能对对方的商品性质进行判定。C 类均衡是 $0 < p < 1$ 且 $0 < \sum < 1$。在这种情况下，一些坏商品被生产，并且个体对其不能判定性质的商品随机选择接受或拒绝。以下我们分别对之进行深入讨论。

A 类均衡：$p = 1$，$\sum = 1$。此时市场中不存在坏商品，并且私人信息不再成为问题，因为不拥有私人信息的个体其回报与那些 $\theta = 1$ 的个体相等；因此，在 $\theta < 1$ 时均衡仍成立，这就要求 $V_g - \gamma \geq V_b$。将 $p = \sum = \sigma = 1$（此式成立是显然的）代入方程（4.1）和方程（4.2）进行转化，可知 $V_g - \gamma \geq V_b$ 成立，当且仅当 $\theta U \geq (1 + r)\gamma + u$。于是我们得出：A 类均衡存在，当且仅当 $\theta > \theta_1$，其中

$$\theta_1 = (u + \gamma + r\gamma)/U \tag{4.3}$$

B 类均衡：$0 \leq p < 1$，$\sum = 1$。此时存在坏商品，但100% 交易仍存在。如 $V_g - \gamma = V_b$，则生产好商品和坏商品的收益相等，于是以随机概率生产好商品就是最佳反应。[①] 将 $\sigma = \sum = 1$ 代入方程（4.1）和方程（4.2），解 $V_g - \gamma = V_b$ 得

$$p = \frac{\gamma(1 - \theta + r)}{\theta(U - \gamma) - u} = p_b \tag{4.4}$$

注意到 $p_b > 0$，当且仅当 $\theta > \theta_1$ 时 $p_b < 1$，θ_1 值见式（4.3）。于是我们只需要考虑 $\sigma = 1$ 是最佳反应，当且仅当 $pU - \gamma - u \geq 0$。根据式（4.4），此式将成立，当且仅当 $\theta_3 < \theta \leq \theta_2$ 或 $\theta_2 \leq \theta < \theta_3$，其中

$$\theta_2 = \frac{U\gamma(1 + r) - u(u + \gamma)}{\gamma(2U - \gamma) + u(U - \gamma)} \tag{4.5}$$

---

① 在连续经济体中使用大数近似法则，持有好商品的个体比率等于一个一般个体持有好商品的概率。相应地，我们可以假设经济体中有一个固定比率 p 的个体永远生产好商品，其余个体永远生产坏商品，因为无论生产的是好商品还是坏商品，其回报相等，因此都是最佳反应。

$$\theta_3 = \frac{u}{U - \gamma} \qquad (4.6)$$

显然最佳反应取决于 u、U 和 r。当 u 接近于 U，如 $r > \frac{\gamma}{U - \gamma}$，我们有 $\theta_1 < \theta < \theta_2$；如 $r < \frac{\gamma}{U - \gamma}$，我们有 $\theta_3 < \theta \leqslant \theta_2$；当 u 接近于 0，我们有 $\theta_1 < \theta < \theta_2$。

C 类均衡：$0 < p < 1$ 且 $0 < \sigma < 1$。此时存在坏商品，并且一些交易不能成功。同 B 类均衡，如 $V_g - \gamma = V_b$，则任何 $p \in [0,1]$ 均为最佳反应。如某个体在接受和拒绝未判定性质商品间无差异，则任何 $\sigma \in [0,1]$ 对他均为最佳反应，将式（4.1）代入，有

$$p = \frac{\gamma}{\gamma + [\theta + (1 - \theta) \sum](U - u - \gamma)} = \pi(\sum) \qquad (4.7)$$

注意到对所有 $\sum \geqslant 0$，有 $0 < \pi(\sum) < 1$。根据 $p = \pi(\sum)$，我们现在可以解出令 $V_g - \gamma = V_b$ 成立的 $\sum$ 的值

$$\sum = \frac{\theta(U - u - \gamma) + (1 - \theta)\gamma - (1 - \theta + r)[\gamma + \theta(U - u - \gamma)]}{(1 - \theta)[\gamma + (1 - \theta + r)(U - u - \gamma)]}$$

$$(4.8)$$

令 $p_c = \pi(\sum_c)$，可得 $0 < \sum_c < 1$。因此，当 u 接近于 0 时，C 类均衡存在，当且仅当 $\theta_4 < \theta < \theta_2$，其中

$$\theta_4 = 0.5r + \frac{0.5}{U - \gamma}\sqrt{r^2(U - \gamma)^2 + 4r\gamma(U - \gamma)} \qquad (4.9)$$

当 u 接近于 1 时均衡不存在。

以上讨论显示，均衡依赖于 θ 与四个重要变量 θ_1、θ_2、θ_3 和 θ_4 的相对关系，而这四个变量又取决于其他参量。

对三类均衡还可作进一步的考察：

首先，就技术上看，总会存在接近于 1 的 θ 值能使 A 类均衡存在，这意味着极小量的私人信息也能保证最优结果（所有商品都是好商品）仍为均衡。但在一个动态的视角下，不难发现这样的均衡是不稳定的。对一个商品的制造者/销售者而言，在这样的条件下其最佳反应显然就是生产坏商品，因为 $\sum = 1$，坏商品与好商品一样会被市场和交易对方接受；人同此心，于是市

场上坏商品的数量就会日益增多。面对日益增多的坏商品，个体在一段时间后将会对未确定性质的商品怀疑程度日益增加，从而导致 $\sum <1$，于是 A 类均衡将转化为 C 类均衡（如仍能实现均衡的话）。关于此点直觉上也是很明显的：一个自私"邪恶"的念头就足以摧毁一个完全的乌托邦。

其次，总存在接近于 0 的 θ 值使得任何积极均衡不存在，这意味着足够多的私人信息将导致所有经济行为终止。并且，当 u 接近于 U 时，即便 θ 能有一个较高（但不等于 1）的值，积极均衡也将不存在，这意味着对任何均衡而言，一定程度的专业化是必需的，以保证交易的必要性或交易的净回报足够高。

再次，B 类均衡几乎不可能存在，除非市场交易意愿强烈到所有个体愿意买下任何商品，即便他们不能确定商品的性质。即使在这样的情况下，大多数 B 类均衡也不会是动态存在的，因为逆向选择效应将开始发挥作用，好商品生产者会被市场逆向淘汰，从而导致 p 值的日益下降，直至降为 0，所有商品都是坏商品。因此，我们获得唯一一个动态的 B 类均衡：$p=0$，$\sum =1$，在这种情况下，市场上所有商品都是"柠檬"，同时，这些坏商品将被无障碍地交易。从我们的基本设定看，这样极端的情形显然不可能长期存续；不过其在一段时间内存在倒也并非全无可能。例如，我国在 20 世纪 70 年代末至 80 年代初，在经历了一段长时期的短缺经济之后陷入消费饥渴，那时即便是次品也会被巨大的消费潜力迅速消化掉；另一个可能的场景是高通货膨胀的环境，人们对货币价值表现出负向预期，类似情形也可能出现。尽管如此，无论是在哪种情形下，$p=0$ 和 $\sum =1$ 同时并存显然不可能长期持续。

最后，C 类均衡是在 θ 值很低的条件下唯一可能存在的均衡，并且其存在与否取决于一个较低的 r 和 $U-u$（以保证 $U-u-\gamma \geq 0$）。C 类均衡在私人信息问题比较严重时具有最大的存活几率，因为 $\sum <1$ 为坏商品持有者提供了一个最严格的约束机制：他们不仅要正好面对的是未明他们产品性质的交易对方，而且对方还必须愿意承担风险在未明产品性质的条件下和他们交易，这个概率只有小于 1 的 $\sum$。显然，$\sum$ 值越低，生产坏商品的动机也会越低；而这一动机如果不受此制约，将会因 θ 值很低而非常强烈。不仅如此，交易的好

处还应足够大，以使个体消费自己生产的产品的效用相对于消费他人生产的商品带来的效用降至接近于 0，这同样意味着一定程度的专业化分工是必需的。

4.2　制度与制度化

本节将制度因素引入模型，将之视为一种有助于在个体之间建立起稳定预期的信息机制。

4.2.1　制度

令 I（$I \in [0, 1]$）为个体中接受某种制度作为其交易规范的比例；令 ϑ 为制度信息，$\vartheta = \vartheta(I)$；当 $\vartheta(0) = \theta$ 时制度不存在，当 $I > 0$，$\vartheta(I) > \theta$ 时，意味着在制度的规范下信息状况得到了改善，因为制度提供了进一步的信息通道，交易者得以加深彼此了解。进一步，我们有 $\frac{\partial \vartheta}{\partial I} > 0$，意味着越多个体接受制度为其规范，这一信息渠道越顺畅，信息问题越缓解。ϑ 和 θ 的关系如图 4-1 所示。

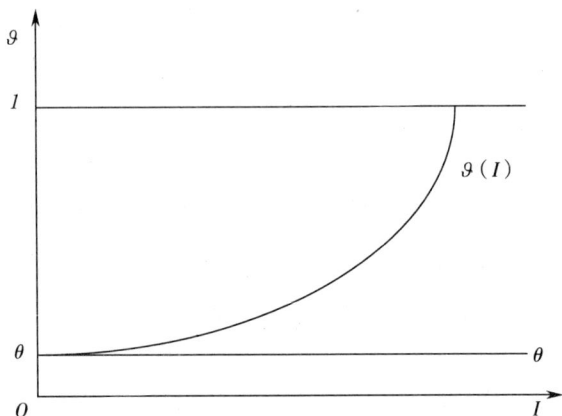

图 4-1　具体信息 θ 与制度信息 ϑ 间的相互关系示意图

经济个体可以制度为标尺分为两个群体：群体 A 接受制度为其行为规范，群体 B 不接受制度。在缺乏制度约束的条件下，群体 B 中个体的行为模式与上一节一样，因此我们只需要分析群体 A 中的个体以及跨群体交易的状况。

任何制度都是作用于其规范者的一系列规范，因此其接受者一旦不能遵守规范就将受到相应惩罚。这样的违规惩罚在一个积极有效的制度框架下其严厉程度将能对个体形成足够的威胁，使其不敢故意违规。令 $Q > U$ 为违规被发现后的惩罚，在这一外在的有效威胁的保护下，个体在未明对方产品质量时进行交易将感到足够安全，因此此时 $\sum = 1$。令 λ 代表坏商品持有者以坏商品与好商品持有者交易一次并被发现且接受惩罚的概率。于是我们可以写出此时好商品持有者 g 和坏商品持有者 b 的最佳反应方程：

$$rV_g{}' = \vartheta p(U - u + W - V_g{}')$$
$$+ (1 - \vartheta) \max_\sigma \sigma [p(U - u + W - V_g{}')$$
$$+ (1 - p)\lambda(W - V_g{}' + V_g{}')$$
$$+ (1 - p)(1 - \lambda)(W - V_g{}')] \tag{4.10}$$
$$rV_b{}' = \lambda p(1 - \vartheta)(U + W - V_b{}' - Q)$$
$$+ (1 - \lambda)p(1 - \vartheta)(U + W - V_b{}') \tag{4.11}$$

重写两式：

$$rV_g{}' = p(U - u) + (1 - \vartheta)(1 - p)V_g{}' \tag{4.12}$$
$$rV_b{}' = p(1 - \vartheta)(U + W - V_b{}' - \lambda Q) \tag{4.13}$$

据此可作出若干基本判断：

首先，当 ϑ（I）接近 1，即制度的信息功能得到很好发挥以至于基本上成为一种公共知识时，只要 $U - u - \gamma > 0$ 成立，均衡将总是存在，而上述条件将总是成立，否则好商品将从一开始就不会被制造出来。这一显而易见的结论意味着一项制度如能被所有个体所广泛了解和接受并成为他们进行决策的基础，则信息问题将就此得到解决。

其次，当 $\vartheta(I)$ 接近 0，即制度的信息功能未能得到发挥，以至于个体在该制度环境下与在没有制度环境下景况几乎没有区别时，当且仅当 $\lambda Q > U + \dfrac{r\gamma}{p} - \dfrac{r(U - u)}{r + p - 1}$，均衡仍有可能存在。这意味着即便在制度的信息功能失效的情况下，一个足够严厉的惩罚措施也将能保证均衡的实现。在此种情况下，制度更类似于一种惩罚威胁而非信息渠道；个体不是因充分了解制度的运行而提供好商品，而是因严峻的惩罚而不敢提供坏商品。这一结论充分验证了一句中国古代格言：治乱世必用重刑。然而，要有效惩罚那些敢于供给坏商品的个体，要求有一个很高的 λ 值，这就要求制度执行者的及时而适当的行为。因此，尽管对普通个体不要求其对制度的运行有充分的了解，而对执法者而言，则必须充分掌握所有个体的行为。如果说这在经济规模较小的农庄经济或采邑经济尚有可能的话，那么，一旦社会交易规模的扩张超越了一定的界限，显然就将成为不可能的任务。因此，在专制制度下经济规模总是受到很大的限制，无论这种限制是来自于专制者的有意识压制还是无意识引导。

最后，随着制度的信息功能逐渐增强，继续保持过分严厉的惩罚系统就显得没有必要；相应地，执法者也就没有义务去充分掌握所有个体的信息了。因此，由专制向民主政体的转轨不仅仅是政治层面的需要，而且也是经济规模扩张的需要，因为在超越了固有的极限后，经济规模的进一步扩张必须以制度能够良好发挥其信息职能为前提条件。

4.2.2 制度化

现在笔者集中考察群际交易。

为简单起见，我们先假设群体 A 中所有个体均为好商品持有者。考察群体 A 中的一个个体 a 遭遇群体 B 中的一个个体 b；此时 a 不知道 b 持有的商品类型，而 b 则知道 a 受某项制度的约束，因此是好商品持有者。于是我们有 $\theta_a = 0$，$\theta_b = 1$，$p_a = 1$，$p_b \in [0, 1]$。令 $p = p_b$ 为群体 B 中持有好商品者的比例，则 $(1-p)$ 为坏商品持有者比例。进一步，因为 a 知道 b 知道他是好商品持有者，有 $\sum_a = 1$；而对 b 而言这一"相信—接受"问题仍然存在，因此 $\sum_b = \sum \in [0,1)$。重写方程（4.1）和方程（4.2），并且只考虑群际交易，我们有 a、bg（当 b 是好商品持有者时）和 bb（当 b 是坏商品持有者时）的最佳反应方程：

$$rV_a = p(U - u + W - V_a) + (1 - p)(W - V_a) \tag{4.14}$$

$$rV_{bg} = \sum (U - u + W - V_{bg}) \tag{4.15}$$

$$rV_{bb} = \sum (U + W - V_{bb}) \tag{4.16}$$

比较方程（4.14）和方程（4.15），显然 bb 将总是优于 bg，这意味着对 B 中的个体而言，供给坏商品将总是占优策略。在这种态势下，逆向选择机制发生作用，好商品持有者被逆选出局。个体a在充分考虑到这点后显然将不会冒被违约的风险与任何b交易，而将只和同样受制度约束的个体交易。于是，群体A和群体B被完全隔绝为两个世界，群际交易不会存在。

　　放松群体A中所有个体都是好商品持有者的假定，考虑当 θ 很小并且 $\vartheta(I) > \theta$ 或者 λQ 足够高的情况，即群体B中均衡不存在而群体A均衡存在的情况。在这种情况下，由于群体B中只存在坏商品、群体A中存在一定比例的好商品，并且这一状况个体a和b都充分了解，显然对任何b而言要获得好商品只有一种选择：接受制度约束、加入群体A，并且让群体A中所有个体都知道这一点。通过此种途径，个体b被"制度化"了。越多b作出这样的选择，群体A就变得越大，制度的扩展速度也就越快。如我们上面证明的，在有制度（不管是通过其信息职能还是通过其惩罚职能）约束下均衡总是比没有制度下有更大的存活几率，因此这样的制度化机制将总是可行的，这意味着制度一旦出现，就将具有自发扩展的倾向，并且制度化的进程不可能发生逆转。

4.3　风险分摊的两国模型

　　假设世界上只有两个国家，各自的制度分别为 α 和 β，α 的编码程度高于 β。一般说来，发达国家制度的编码水平会高于发展中国家，因此可以粗略地将 α 视为发达国家，将 β 视为发展中国家。我们现在开始考察跨国交易。[①]

　　令 N 为世界经济个体总数量，在时点0时，$N_{\alpha 0} = \dfrac{N_0}{N}$，接受 α 为其制度，则 $N_{\beta 0} = 1 - \dfrac{N_0}{N}$，接受 β（如上节证明的，制度化是必然的进程，不接受任何制度的个体最终不会有）。令 Δt 代表该时期跨度，令 $w_{\alpha\beta}(\Delta t)$ 代表制度 β 的获得项，即 $\alpha \to \beta$ 的转化项，意味着在时间 Δt 内有 $N_\alpha(t-1) w_{\alpha\beta}(\Delta t)$ 个 α 制度接受者同时也接受了 β。同理定义 $w_{\beta\alpha}(\Delta t)$。由于双制度接受者在本模型中

---

　　① 以下模型主方程的基本思路受到群体演化理论中的弗赫斯特方程（Verhulst equation）与马尔可夫过程的启发。关于弗赫斯特方程与马尔可夫过程的介绍参见附录1和附录2。

是允许的，因此两制度的损失项都为 $0^{①}$。最后，令 $E_{\alpha}(\Delta t)$ 和 $E_{\beta}(\Delta t)$ 为描画两制度在时间 Δt 内的扩展速度，则我们有

$$E_{\alpha}(\Delta t) = \frac{dN_{\beta}(t)}{dt} = N_{\beta}(t - \Delta t) w_{\beta\alpha}(\Delta t) \qquad (4.17)$$

$$E_{\beta}(\Delta t) = \frac{dN_{\alpha}(t)}{dt} = N_{\alpha}(t - \Delta t) w_{\alpha\beta}(\Delta t) \qquad (4.18)$$

由于制度与信息是同一枚硬币的两面，作为一个 α 接受者，在 Δt 后接受制度 β，事实上就等同于习得 β 的编码信息。进一步，β 对 α 的获得项在统计意义上即为 α 中所有成员对信息集 β 中的信息的平均掌握比例，在微观层面上则为任何一个随机选择的 α 接受者所拥有的 β 的信息量。简言之，作为 β 的获得项，$w_{ij}(\Delta t)$ 不仅是 α 成员中完全接受 β 规则的成员比率，同时还是 α 所有成员对 β 的平均信息水平，也是随机选择的 α 成员对 β 的信息水平。于是我们有

$$w_{\alpha\beta}(\Delta t) = \vartheta_{\beta}(\Delta t), w_{\beta\alpha}(\Delta t) = \vartheta_{\alpha}(\Delta t) \qquad (4.19)$$

其中，$\vartheta_{\beta}(\Delta t)$ 是随机选择的 α 成员经过 Δt 后对 β 的信息量，$\vartheta_{\alpha}(\Delta t)$ 是随机选择的 β 成员经过 Δt 后对 α 的信息量。如 $w_{\alpha\beta}(\Delta t) = \vartheta_{\beta}(\Delta t) = 1$，任意随机选择的 α 成员对 β 有完美信息，则 β 对 α 的获得项为 1，这意味着所有 α 成员在 Δt 后都成为双制度接受者；如 $w_{\alpha\beta}(\Delta t) = \vartheta_{\beta}(\Delta t) = 0$，任意随机选择的 α 成员对 β 有 0 信息，则 β 对 α 的获得项为 0，这意味着所有 α 成员在 Δt 后都继续保持单制度接受者。

根据方程（4.17）、方程（4.18）和方程（4.19）我们可以写出在时间 1 时的 N_{α} 和 N_{β}：

$$N_{\alpha 1} = \frac{N_0}{N} + E_{\alpha}(\Delta t) = \frac{N_0}{N} + \left(1 - \frac{N_0}{N}\right) \vartheta_{\alpha}(\Delta t) \qquad (4.20)$$

---

① 损失项之所以为 0，是因为在两制度之间不存在二择其一的两难选择。一个 α 接受者完全可能在继续接受本国的 α 规范的同时，在国际交易过程中同时接受 β 为其规范，从而成为双制度接受者。这一点也是本模型有异于马尔可夫过程的关键之处。马尔可夫过程如此模拟两系统 l 和 k 的转换概率：$\frac{\partial P(k,t)}{\partial t} \sum_{t} w_{lk} P(l,t) = \sum_{l \neq k} [w_{lk} P(l,t) - w_{kl} P(k,t)]$。参见 Nicolis & Prigogine (1977), *Self-Organization in Nonequilibrium Systems, from Dissipative Structures to Order through Fluctuations*, pp. 223 – 232, John Wiley & Sons。

$$N_{\beta 1} = (1 - \frac{N_0}{N}) + E_\beta(\Delta t) = (1 - \frac{N_0}{N}) + \frac{N_0}{N} \vartheta_\beta(\Delta t) \qquad (4.21)$$

要检验长期的制度竞争性，我们只需要比较时间 0 和时间 1。如 α 接受者的扩张速度高于 β 接受者，我们就可以说 α 扩张的比 β 快，或者在扩张性方面 α 对 β 占优：

$$\alpha > \beta \text{ 当且仅当 } w_{\beta\alpha}(\Delta t) = \vartheta_\alpha(\Delta t) > \vartheta_\beta(\Delta t) = w_{\alpha\beta}(\Delta t) \qquad (4.22)$$

这显然取决于 $\vartheta_\alpha(\Delta t)$ 和 $\vartheta_\beta(\Delta t)$。

令 C 为编码水平，根据假设我们有 $C_\alpha > C_\beta$。令 ϑ_β 为单个 α 成员对 β 的信息量，为获得这一信息量他需要花费成本 T_α 进行学习。我们有 $\frac{\partial T_\alpha(C_\beta)}{\partial C_\beta} < 0$，意味着制度编码性越高，对外部者的学习成本就越小。再次放松制度内所有成员均为好商品持有者的假定。令 $p(\vartheta_\beta)$ 为一个 α 成员在与 β 成员交易时遇见好商品持有者的概率，$p(\vartheta_\beta)$ 取决于 ϑ_β，并且，他对对方制度的了解越多，就越能据以判断对方的行为，被对方欺骗的概率也就越低，因此有 $\frac{\partial p(\vartheta_i)}{\partial \vartheta_i} > 0$。为简单起见，我们设 $p(0) = 0$，$p(1) = 1$，这意味着同一制度的内部者之间互相绝对不欺骗，但绝对欺骗制度的外部人。

于是产生了不同的系统风险量值：（1）当同一制度内的两个个体相互交易，则他们之间关于制度实现信息对称，因此不存在内生性风险（在此我们暂不考虑同一制度下不同个体因对制度的掌握程度不同而产生的内生性风险，将这一问题留待下一章讨论），此时只有因信息不完全而产生的外生性风险有待在二者之间实现分摊。至于具体风险分摊比例如何，则不再与制度本身有关，而与更为具象的具体因素相关。从全球化的宏观角度看，同一制度下的外生性风险分摊问题显然不再涉及跨国风险或利益转移，与本书论题无关，在此不再讨论。（2）当不同制度下的两个个体相互交易，则他们之间关于制度信息完全不对称，因此存在一个最大值的内生性风险；而外生性风险无法避免，因此此时风险分摊客体就包含了两部分的风险量值。进一步，我们可以考察内生性风险分布状况与其分摊结果之间的关系。直观地看，显然对对方的制度约束了解得越多，对对方最可能采取的行为就会有更好的预测，其行为也将更接近于完美信息下的反应函数，其对自身内生性风险分摊量值的选择也将更具有主动性；相反，对对方的制度性信息了解得越少，在内生性风险的分摊方面就越处于被动地位。回到模型中来，设 R（·）为风险函数，$R_{I\alpha}$ [（p（ϑ_β），ε_α] 为 α 国成员所承受的内生性风险量值，它由该成员在与 β 成员交易时遇见好商品持有者的概率 p（ϑ_β）及他面临的其他因素 ε_α 决定，$R_{0\alpha}$（·）为 α 国成员所承受的外生性风险量值；$R_{I\beta}$ [p（ϑ_α），ε_β] 与 $R_{0\beta}$（·）有类似的定义。显然，p（ϑ_β）越大，意味着他的交易对方是好商品持有者的概率越大，其内生性风险的量值就越小，因此有 $\dfrac{\partial R_{I\alpha}}{\partial p_\beta} < 0$，又据上面推导出的 $\dfrac{\partial p（\vartheta_i）}{\partial \vartheta_i} > 0$，所以有

$$\frac{\partial R_{I\alpha}[p_\beta(\vartheta_\beta)]}{\partial p_\beta(\vartheta_\beta)} = \frac{\partial R_{I\alpha}(\vartheta_\beta)}{\vartheta_\beta} < 0 \qquad (4.23)$$

同理有

$$\frac{\partial R_{I\beta}(\vartheta_\alpha)}{\vartheta_\alpha} < 0 \qquad (4.24)$$

根据第 2 章的分析，编码程度越高的制度就越容易被翻译，这意味着它可以被外部者以更低的成本习得。为简化起见，假设所有个体——无论是 α 接受者还是 β 接受者——的学习能力都相同，于是他们有相同的成本函数 T（·），且 $\dfrac{\partial T（C_i）}{\partial C_i} < 0$。又根据初始假设 $C_\alpha > C_\beta$，当 $\vartheta_\alpha = \vartheta_\beta$ 时，T_β（C_α）$< T_\alpha$（C_β），即当目标信息量相等时，花费在获得编码水平高的制度性信息 α 的成本会比花费在获得编码水平较低的制度性信息 β 的成本为低。相应地，当成本约束相等时则有

$$\vartheta_\alpha(\Delta t) > \vartheta_\beta(\Delta t)，当 T_\beta(C_\alpha, \Delta t) = T_\alpha(C_\beta, \Delta t) = T(\Delta t) \qquad (4.25)$$

对比方程（4.22）和方程（4.25），有

$$\alpha > \beta，当 T_\beta(C_\alpha, \Delta t) = T_\alpha(C_\beta, \Delta t) = T(\Delta t) \qquad (4.26)$$

这意味着给定一定的学习成本（预算约束），编码水平更高的制度 α 的扩张性将比编码水平较低的制度 β 强。[①]

4.4 结论与推论

总结本章模型，我们有如下两个基本结论：

---

① 同样的结论也可由微观层面的推导得出，参见附录 3。

结论4.1：制度的编码水平高低决定了其扩张性强弱，编码水平越高、扩张性越强，即

$$\alpha > \beta > \phi, if\ C_\alpha > C_\beta > 0 \tag{4.27}$$

结论4.2：当跨国交易发生时，如其他一切条件相同，则内生性风险的分摊由交易双方掌握的对方制度性信息多少决定，掌握对方的信息越多，分摊的风险越小，即

$$\begin{cases} \dfrac{\partial R_{I\alpha}(\vartheta_\beta)}{\vartheta_\beta} < 0 \\[3mm] \dfrac{\partial R_{I\beta}(\vartheta_\alpha)}{\vartheta_\alpha} < 0 \end{cases} \tag{4.28}$$

将这两个基本结论推演到时间 n 之后，我们有以下推论。

推论4.1：根据结论4.1，当 $N_{\alpha 0} > h$（$h < \dfrac{1}{2}$）时，总存在时间点 n，使得所有经济个体 N 全都成为 α 接受者，并且至少有一人为非 β 接受者（α 的单制度接受者），即只要初始的 α 接受者在总个体的人数比例中高于一个临界值（这个临界值小于1/2），则 α 将成为唯一的全球性制度。并且，在 n 之后，β 的进一步扩张失去意义，因为在 α 下已实现了制度性信息的全球性对称，α 成为全球公共知识，其作为信息—制度结构体的基本职能得到了完美的实现，于是任何其他未实现全球对称的制度信息的扩张在这一点后都失去了根本动力。

推论4.2：根据结论4.2，在时间点 n 之后，所有经济个体在制度 α 下交易——包括跨国交易——都将不产生内生性风险；而在制度 β 下进行的至少一部分跨国交易仍会存在内生性风险，并且在对此风险的分摊中，如其他所有条件相同，双制度接受者（β 国个体）比单制度接受者（一部分从未进行过 β 国制度学习的 α 国个体）分摊的内生性风险要小。对 α 国的单制度接受者而言，将跨国交易置于 α 下比置于 β 下明显占优，而对 β 国的任何经济个体而言，由于他们都是双制度接受者，因此将跨国交易置于哪种制度下对他们而言无差异。因此最终结果是，在 n 之后，跨国交易都将被置于 α 下，α 成为跨国交易的唯一规范。

推论4.3：综合两个结论及上述两个推论，一旦 $N_{\alpha 0} > h$（$h < \dfrac{1}{2}$）成立，则在 $[0, n)$ 的任何一个时点上，在内生性风险的压力下，任何 β 国理性经

济个体都将学习 α，因为他们能预见到时点 n 后 α 将成为唯一的跨国交易规范。作为理性经济个体，与其等到最后一个时点 n 再学习 α，从而使自己在 $(n-1)$ 期里都承担一定量值的内生性风险，显然最优选择是在第一期就投入学习。相反，对任何 α 国理性经济个体而言，则不花费任何成本学习 β 显然是占优策略。于是，最终的博弈过程将只有一期，两国个体回报如下：

α 国个体

学习　　　　　　　　　　不学习

β 国个体
学习　　$[-T_\beta(C_\alpha, n\Delta t), -T_\alpha(C_\beta, n\Delta t)]$　$[-T_\beta(C_\alpha, n\Delta t), 0]$

不学习　　$[-R_{I\beta}, -T_\alpha(C_\beta, n\Delta t)]$　　　　$(-R_{I\beta}, 0)$

据此，不学习是 α 国个体的占优策略；而对 β 国个体而言，则还要比较学习成本 $T_\beta(C_\alpha, n\Delta t)$ 和不学习的情况下在跨国交易中所承受内生性风险所带来的损失预期 $R_{I\beta}$；当 $T_\beta(C_\alpha, n\Delta t) < R_{I\beta}$，纳什均衡是（α 国成员不学习 β，β 国成员学习 α）。在这一过程中，内生性风险的分摊状况与推论 2 相比发生了逆转。对 α 国成员而言，根据我们在模型初始设定的"与制度外个体交易必受骗"的假设，他们将只和 α 接受者交易；于是，对 β 国成员而言，要实现跨国交易，就只能在 α 下进行。于是，在这种情况下，α 国成员拥有完全的制度性信息；而 β 国成员要么必须花费一定的成本先期学习 α，要么只能单方面承受内生性风险。或者更确切地说，在绝大多数情况下，是两种情况同时发生：通过承受、消化单方面的内生性风险，在边干边学的机制下去学习 α。

推论 4.4：对 β 国个体而言，仅仅考虑学习成本 $T_\beta(C_\alpha, n\Delta t)$ 和不学习的损失预期 $R_{I\beta}$ 显然是不够的，它们不仅仅构成了跨国交易中的收益抵减项，而且还将影响到跨国交易中的收益项。在学习的条件下，因跨国交易的开展，一方面，自身的比较优势得以发挥，将能提高自身的获利水平；另一方面，交易潜在空间得到扩展，包括搜索成本和信息成本在内的交易费用也将下降，双方面共同形成了一个跨国交易收益 P。然而，在不学习的情况下，个体完全承担了内生性风险，而且将无法通过比较优势或交易空间拓展获得跨国交易收益，于是，对 β 国个体而言，实际上还存在着是否参与跨国交易的选择，于是我们可以写出一个 β 国个体在两重选择下四种混合策略的回报：

	参与跨国交易	不参与跨国交易
学习	$P - T_\beta (C_\alpha, n\Delta t)$	$- T_\beta (C_\alpha, n\Delta t)$
不学习	$- R_{l\beta}$	0

据此，对发展中国家 β 的经济个体而言，要么参与跨国交易，并在交易过程中积极学习国际规则；要么采取封锁政策，不参与跨国交易，也不学习国际规则。后一选择将被证明是不可能的（详细论证见下一章结论 5.7），因此对发展中国家经济个体而言，只存在唯一选择。

5

金融风险的跨国分摊（下）：动态模型

上一章的模型是在静态和比较静态的基础上考察金融风险在发达国家和发展中国家的分摊问题，笔者将发展中国家成员对国际规则的学习简单地视为一个 0~1 选择，忽略了整个学习过程，即发展中国家成员对制度性信息的掌握在区间（0，1）时的所有情况；另外，还将国际规则视为一个静态的标的，忽略了主要来自发达国家的对推动国际规则演进的激励。本章将这两方面动态因素重新置于模型内，试图在过程考察中进一步完善风险分摊模型。

5.1　两市场模型

如笔者在第 2 章中论述的，在制度产生之后，所有人对所有人的战争就将演化为信息平民对信息精英的战争。根据他们各自对制度性信息的占有状况，我们可以构建一个两市场模型。

假设存在两个市场——商品市场和信息市场；存在两种类型的经济个体——信息平民 c 和信息精英 e。为简化起见，假设只有平民 c 能进入商品市场，精英 e 专职向平民有偿提供制度性信息，只能进入信息市场。令 P_i 为时期 i 内的信息价格，平民愿意以一定数量的商品来换取信息，因为这些信息可以帮助他们减少在商品市场中受骗的几率。在此我们沿用上一章的假设 $p = p(\vartheta)$，$\frac{\partial p}{\partial \vartheta} > 0$，上述的两类交易者就都可以用一个向量来概括其产品特征：平民是 (g_i, ϑ_{ci})，精英是 $(0, \vartheta_{ei})$，并且 $\vartheta_{ei} > \vartheta_{ci}$。精英更高的 ϑ_i 来自于前期更高的沉淀学习成本，即 $T_{i-1}(\vartheta_{ei}) > T_{i-1}(\vartheta_{ci})$。在此我们同样假设所有个体有相同的学习能力，以使学习成本 $T(\cdot)$ 只取决于制度性信息量 ϑ。

令 N 为经济个体总数，时期 i 时假设 N_{ei} 为精英数量，N_{ci} 为平民数量。为减少参数，写为 $N_{e0} = N_0$，$N_{c0} = N - N_0$。于是在时期 1 我们有平民在商品市场的最佳反应函数：

$$rV_{c1} = \max_{\sigma}\sigma\left[p(\vartheta_{e1})(U - u + W - V_c - P_1) + p(\vartheta_{c1})(U - u + W - V_c)\right]$$

$$(5.1)$$

另外还可写出平民和精英时期 1 在信息市场的各自利润预期：

$$EP_{c1} = \sum_{\Delta t} rV_{c1} - T_0(\vartheta_{c1}) \tag{5.2}$$

$$EP_{e1} = \sum_{\Delta t} rP_1 - T_0(\vartheta_{e1}) \tag{5.3}$$

均衡时应有 $EP_{e1} = EP_{c1}$，比较方程（5.1）、方程（5.2）和方程（5.3），有

$$P_1 = f\left[T_0(\vartheta_{e1}), T_0(\vartheta_{c1}), p(\vartheta_{e1}), p(\vartheta_{c1})\right] = f(\vartheta_{e1}, \vartheta_{c1}) \tag{5.4}$$

更一般化的方程如下：

$$P_t = f(\vartheta_{et}, \vartheta_{ct}) \tag{5.5}$$

这意味着制度性信息的价格取决于精英和平民的信息集。显然，当 $\vartheta_{ct} \to \vartheta_{et}$，有 $P_t \to 0$，此时据方程（5.3），精英群体将因无利可图而趋于消失；当 $\vartheta_{ct} \to 0$，信息价格达到上限，记为 $P_t \to \overline{P_t}$，此时精英群体达到其规模上限。设均衡在时期 t 实现，$EP_{et}^* = EP_{ct}^*$，均衡价格为 P_t^*，方程（5.6）定义了此时精英和平民的信息量关系：

$$\vartheta_{ct}^* = m\vartheta_{et}^*, m \in (0,1) \tag{5.6}$$

比较方程（5.5）和方程（5.6），有

$$P_t^* = f(\vartheta_{et}^*, m\vartheta_{et}^*) = f^*(\vartheta_{et}^*) \tag{5.7}$$

P_t 和 $(\vartheta_{ct}, \vartheta_{et})$ 的关系参见图 5-1。无论 P_t 方程取 $f^1(\cdot)$、$f^2(\cdot)$ 或 $f^3(\cdot)$，都能得到均衡点 $(m\vartheta_{et}^*, P_t^*)$。

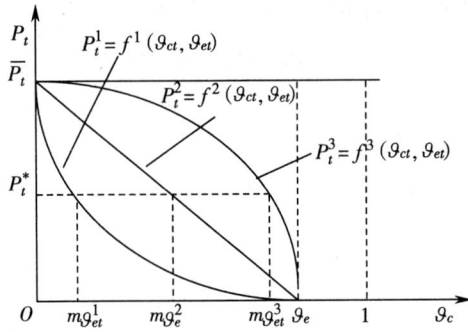

图 5 - 1 信息价格 P_t 和平民、精英的信息占有量（ϑ_{ct}，ϑ_{et}）的关系示意图

这样的过程可以用一个"出生—死亡"模型[1]来模拟。

假设长期来看在两个群体之间不存在转移障碍，则当 $EP_{ct} < EP_{et}$ 时，一些群体将改变其身份，在时期 t 提高投资于制度性信息的沉淀成本 $T_t(\vartheta_{e(t+1)})$，从而使自己在时期 $t+1$ 成为精英。于是在时期 t，根据 Markov 过程的主方程有

$$N_{et} = N_{e0} + \frac{\mathrm{d}N_e(t)}{\mathrm{d}t} = N_0 + \sum_{i=0}^{t-1} w_{ce}^i N_{ci} \tag{5.8}$$

$$N_{ct} = N - N_0 + \sum_{i=0}^{t-1} w_{ec}^i N_{ei} \tag{5.9}$$

其中，w_{ce}^i 代表精英群体在时期 i 因发生了 $c \rightarrow e$ 的转化而实现的净获得项，即在该时期将有 $N_{ci} w_{ce}^i$ 平民转化为精英。假设在 t 期转化之后两群体实现均衡，即此时 $w_{ec} = w_{ce} = 0$，于是我们有

$$w_{ec} = w_{ce} = 0 \quad \Leftrightarrow \quad P_t = P_t^*, EP_{et}^* = EP_{ct}^* \tag{5.10}$$

N_{et}^* 和 N_{ct}^* 取决于 P_t^*，根据方程（5.5）、方程（5.6）和方程（5.7）我们有

$$\begin{cases} N_{et}^* = g(P_t^*) = g[f^*(\vartheta_{et}^*)] = g^*(\vartheta_{et}^*) \\ N_{ct}^* = 1 - N_{et}^* = 1 - g^*(\vartheta_{et}^*) \\ \vartheta_{ct}^* = m\vartheta_{et}^*, m \in (0,1) \end{cases} \tag{5.11}$$

由此可有两个基本结论。

---

[1] Nicolis & Prigogine (1977), *Self - Organization in Nonequilibrium Systems, from Dissipative Structures to Order through Fluctuations*, chapter 10, pp. 239 - 272, New York: John Wiley & Sons.

结论 5.1：当且仅当 $\vartheta_{ct} = m\vartheta_{et}$ 时，制度内有唯一的长期均衡。

结论 5.2：在这个唯一的长期均衡点，精英群体和平民群体的规模取决于 ϑ_{et}^{*}，不管其具体的相关函数关系如何。

N_{et}^{*}、P_t 和 $(\vartheta_{ct}, \vartheta_{et})$ 的相互关系参见图 5-2。注意，在图中 $P_t^{*} = f^{*}(\vartheta_{et}^{*})$ 和 $N_{et}^{*} = g(P_t^{*})$ 曲线只是一个例证，并非确定。

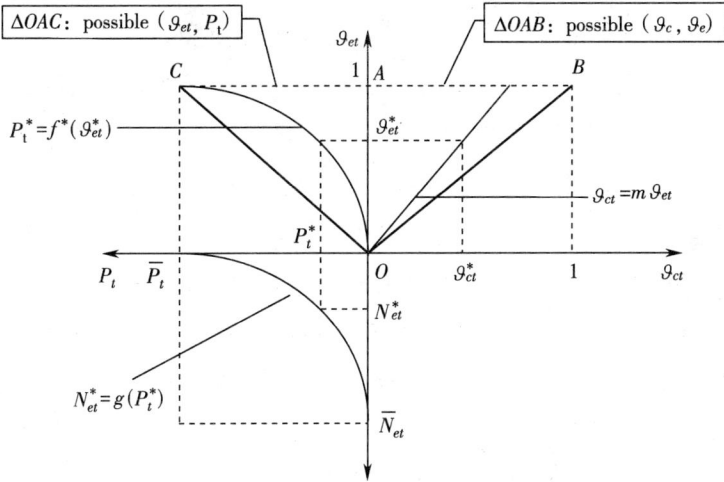

图 5-2 长期均衡点上精英规模 N_{et}^{*}、信息价格 P_t 和信息分布 $(\vartheta_{ct}, \vartheta_{et})$ 的相互关系

5.2 两市场模型下的风险跨国分摊

一般说来，微观层面上的平民、精英的划分和其信息特点与宏观层面上的发展中国家、发达国家大致相似；最大的一个区别在于发达国家并不仅仅限于在信息市场上出售制度性信息，而是同时参与了商品市场，并且，其制度性信息租金的获得主要是通过商品市场上的商品溢价实现的，而商品溢价之所以能够实现，则又归因于两国在风险分摊过程中所处的地位不同。因此，我们可以使用两市场模型来分析发展中国家和发达国家在风险分摊过程中的各自不同特点。

同样设 $R(\cdot)$ 为风险函数，α 国为发达国家，β 国为发展中国家，α 的制度是跨国交易规则。暂时设定在随机选择的第 t 期，两国的制度性信息 ϑ_{α} 和

ϑ_β 为外生给定，前期的学习或开发成本成为沉淀成本，不影响当期决策；又设这是个一次性博弈，α 和 β 的决策都只以当期的成本—收益为依据作出，而不考虑纵向外溢效应。

先看信息市场。为简化起见，我们排除了在信息市场上可能存在着的提供、出售虚假信息等背德行为，设定所有发达国家提供的据以获得租金的跨国交易制度性信息都是真实的，则在该市场只存在外生性风险：对发达国家而言，R_α^i 取决于外部不可预期因素，因此不可避免；对发展中国家而言，R_β^i（ES_β）则除外部不可控因素外，还取决于将购买来的信息商品使用于商品市场的实用性问题 ES_β。对此我们作如下设定：当制度性信息完全适用于当次商品市场交易，即它能帮助 β 国个体确保其跨国交易对方的商品为好商品时，$ES_\beta = 0$；当制度性信息对当次商品市场交易完全无用，即它完全无助于 β 国个体辨析其跨国交易对方持有的商品质素时，$ES_\beta = 1$；因此，$ES_\beta \in [0, 1]$。显然，R_α^i 与 R_β^i（ES_β）并不对称，其间也并没有什么关系，因此不涉及风险分摊的问题，对我们模型有意义的参量只有 ES_β。由于信息市场内生性风险在我们模型中有意义的决定因素只有 ES_β，为简化起见，下面我们直接将之视为信息市场内生性风险参量。

再看商品市场。在此我们仍将只关注 α 与 β 间的第 t 期跨国交易。

对 β 而言，如选择不购买信息商品，则其回报为 $p(\vartheta_\beta)(U - u + W - V_\beta)$；如选择购买信息商品，则其回报还取决于 ES_β：当 $ES_\beta = 0$ 时，回报为 $p(\vartheta_\alpha)(U - u + W - V_\beta - P_1)$；当 $ES_\beta = 1$ 时，回报为 $p(\vartheta_\beta)(U - u + W - V_\beta - P_1)$；当 $0 < ES_\beta < 1$ 时，回报介于二者之间，并且显然随 ES_β 递减。因此，可建立函数 $p_t(ES_\beta)$：

$$p_t(ES_\beta) \in \{\vartheta_\beta \leqslant p_t \leqslant \vartheta_\alpha \mid 0 \leqslant ES_\beta \leqslant 1\} \tag{5.12}$$

于是 β 在第 t 期的最佳反应函数是

$$rV_{\beta t} = \max_\sigma \sigma[p_t(ES_\beta)(U - u + W - V_\beta - P_t) + p(\vartheta_\beta)(U - u + W - V_\beta)] \tag{5.13}$$

它在商品市场上的内生性风险量值 $R_{\beta 1}$ 也可分两种情况讨论：

如它选择不在信息市场上购买信息，则此时风险量值由两国制度信息间的差距所带来的 p 值差距程度决定。我们以上标来表示不购买—购买之间的 0 ~ 1

选择，则有

$$R_{\beta t}^0(\cdot) = R_{\beta t}^0[p(\vartheta_\alpha), p(\vartheta_\beta)] \tag{5.14}$$

如它选择在信息市场上购买信息，则此时风险量值由方程（5.12）决定，即

$$R_{\beta t}^1(\cdot) = R_{\beta t}^1[p_t(ES_\beta)] \tag{5.15}$$

再设 β 在信息市场上购买的概率为 $\mu(\cdot)$。$\mu(\cdot)$ 由当期制度性信息价格 P_t、β 对信息市场风险评估 ES_β 及当期两国间因信息差距而带来的 p 值的差距程度决定，因此有

$$\mu(\cdot) = \mu(P_t, ES_\beta, \vartheta_\alpha, \vartheta_\beta) \tag{5.16}$$

综合方程（5.14）、方程（5.15）、方程（5.16）和信息市场风险，我们可以写出 β 在两市场的内生性风险量加总：

$$R_{\beta t} = R_{\beta t}^i(ES_\beta) + [1 - \mu(P_t, ES_\beta, \vartheta_\alpha, \vartheta_\beta)]R_{\beta t}^0[p(\vartheta_\alpha), p(\vartheta_\beta)]$$
$$+ \mu(P_t, ES_\beta, \vartheta_\alpha, \vartheta_\beta)R_{\beta t}^1[p_t(ES_\beta)] \tag{5.17}$$

它与四个参量 ES_β、P_t、ϑ_α、ϑ_β 的关系分别为

$$\frac{\partial R_{\beta t}}{\partial ES_\beta} > 0 \tag{5.18}$$

$$\frac{\partial R_{\beta t}}{\partial P_t} > 0 \tag{5.19}$$

$$\frac{\partial R_{\beta t}}{\partial(\vartheta_\alpha - \vartheta_\beta)} > 0 \tag{5.20}$$

ES_β 与 ϑ_α、ϑ_β 的关系已由公式（5.12）给出，易知两国制度差异性越大，β 在信息市场上购买的信息在商品市场上的适用性就会越高，因此有

$$\frac{\partial ES_\beta}{\partial(\vartheta_\alpha - \vartheta_\beta)} < 0 \tag{5.21}$$

现在我们进一步考察 P_t 与 ϑ_α、ϑ_β 的关系。显然，制度性信息 P_t 要能保持一个正的价格，其前提条件是在 α 为跨国交易制度的背景下两国制度信息之间存在差异，即 $\vartheta_\alpha - \vartheta_\beta > 0$；并且，这个差异性越大，价格就可以越高。据此我们可以进一步设定在 P_t 和 $\vartheta_\alpha - \vartheta_\beta$ 之间同样存在递增倾向的——映射关系：

$$(\vartheta_\alpha - \vartheta_\beta) \sim P_t: [0, \vartheta_\alpha] \to [0, \overline{P_t}] \tag{5.22}$$

$$\frac{\partial P_t}{\partial(\vartheta_\alpha - \vartheta_\beta)} > 0 \tag{5.23}$$

根据方程（5.12）、方程（5.22）重写方程（5.17），有

$$R_{\beta t} = R_{\beta t}(\vartheta_\alpha - \vartheta_\beta) \tag{5.24}$$

$$\frac{\partial R_{\beta t}}{\partial(\vartheta_\alpha - \vartheta_\beta)} > 0 \tag{5.25}$$

这意味着 β 在跨国交易中的综合内生性风险量值最终只与其与 α 间的制度差异有关，差异性越大、风险量值越高。我们可以考察极点的情况：当 $\vartheta_\alpha - \vartheta_\beta = 0$ 时，两国制度等同，或 β 国交易者已完全掌握了国际交易准则 α，在这种情况下，在信息市场中 β 不再需要向 α 购买信息，$P_t = 0$；同时也就不存在信息在商品市场的适用性问题了，$ES_\beta = 0$；于是 $R_{\beta t} = 0$，意味着此时 β 在两市场分摊到的综合内生性风险量为 0。至于 $R_{\beta t}$ 的极大值是否存在、在哪里存在，则不能确定，因为当 $(\vartheta_\alpha - \vartheta_\beta)$ 取到极大值时，P_t 固然也取到极大值 $\overline{P_t}$，但此时不能保证 ES_β 也取到极大值 1；同理，当 ES_β 也取到极大值 1，也不能保证 $P_t = \overline{P_t}$。当然，尽管在模型里极大值和极小值的数学意义是一样的，但在真实世界里，极大值则是没有意义的，因为我们对跨国风险分摊的分析和探讨，其目的在于（特别是对发展中国家而言）寻求其最小化的方法，而不在于寻求其最大化。

对 α 而言，根据推论 4.3，它将不会花费任何成本学习或购买 β 的制度性信息，因此在信息市场他是纯粹供给商，不存在购买—不购买的选择；而其是否能获得信息的销售收入，则只取决于 β 购买的概率 $\mu(\cdot)$（我们假设只要 β 购买，α 就能提供，因为制度性信息对销售方而言显然是可再生资源）。在商品市场上，同样根据推论 4.3，α 只在 α 制度下进行交易，在 β 制度下交易量为 0。因此，无论在哪个市场，对 α 而言，都只存在唯一的占优策略，而不需要根据 β 的决策来进行决策调整，因此不存在反应函数。我们可以写出 α 在第 t 期的回报函数

$$rV_{\alpha t} = p(\vartheta_\alpha)(U - u + W - V_\alpha) + P_t\mu(P_t, ES_\beta, \vartheta_\alpha, \vartheta_\beta) \tag{5.26}$$

在静态模型中，我们只考虑当期状况，此前 α 对制度性信息的投入被视为外部条件给定，成为沉淀成本，不影响其当期决策。在排除了这个因素后，α 在信息市场和商品市场都是制度性信息占优方，因此在两市场中都不存在内生性风险。

总结本节分析，我们有以下结论。

结论 5.3：在一次性博弈的条件下，在跨国交易中，发达国家不存在内生

性风险；而发展中国家的内生性风险量值则主要由其与跨国交易规则之间的信息差距（$\vartheta_\alpha - \vartheta_\beta$）决定。一个显然的政策含义是，发展中国家要改善自身在跨国交易中的风险分摊地位，必须也只能着眼于缩小其与跨国交易规则间的信息差距。简单地说，对发展中国家而言，在实行对外开放的经济政策、加快自身融入经济全球化潮流的过程中，加速对发达国家的经济交易规则和经济制度的学习、推动其实现国际化改造是非常重要的，它直接决定了发展中国家的跨国风险分摊地位。

5.3　动态过程模拟

即便第一节的双市场长期均衡点（$\vartheta_{ct}^*, \vartheta_{et}^*, P_t^*, N_{ct}^*, N_{et}^*$）存在，这也只是一个静态均衡，其一个隐含的前提条件是平民在信息市场上购买了 $\vartheta_{et} - \vartheta_{ct}$ 信息商品并在商品市场上消耗了它之后，并未从中学到任何东西，换言之，信息商品是一种一次性消费的商品。然而，真实世界显然并不如此。在真实世界中，受"干中学"效应影响（不管是有意识还是自发性影响），即便是那些一开始对制度信息一无所知的平民，在经过了 t 个时期的购买（更重要的是使用）之后，在 $t+1$ 时期也很可能增进其知识。故此，在我们的模型中，即便均衡在时期 t 实现，$\vartheta_{c(t+i)}(i=1,2,\cdots)$ 也并不会就此固定在 ϑ_{ct}^* 上；相反地，一旦信息市场和商品市场的交易继续进行，平民在购买和使用信息后总能学到某些知识，从而使其信息量 ϑ_c 在后续的时期里继续增长。为简化起见，假设 ϑ_c 的跨期增长是线性的，令 k 代表 ϑ_c 的自然增长率，则有

$$\vartheta_{ct} = (1+k)^{t-1}\vartheta_{c0}, k \in (0,1) \tag{5.27}$$

设均衡在时期 t 实现，这意味着在该时期方程（5.10）、方程（5.11）成立。我们进而考察时期 $t+1$，此时有

$$\vartheta_{c(t+1)} = \vartheta_{ct}^* + k\vartheta_{ct}^* > \vartheta_{ct}^* = m\vartheta_{et}^* \tag{5.28}$$

ϑ_c 的变动将影响 $t+1$ 期的信息价格 P_{t+1}，使其趋于下降；这进而将改变平民和精英的利润预期，从而使得［根据方程(5.2)和方程(5.3)］$EP_{e(t+1)} < EP_{c(t+1)}$。因此，$t$ 期均衡点在 $t+1$ 期将被打破，精英开始重新思考如何决策后续期对制度性信息的投资。在 $EP_{e(t+1)} < EP_{c(t+1)}$ 的情况下，精英群体有两个选择：第一，规模收缩，使得 $w_{ec} > 0$，$w_{ce} < 0$，直至 $EP_{e(t+1)}(P_{t+1}) =$

$EP_{c(t+1)}(P_{t+1})$；第二，增加信息投资，从而增大 $\vartheta_{e(t+1)}$。最终精英们会作出哪一种选择取决于许多因素，如风险偏好、创新能力和环境等。透过这些纷繁复杂的具体因素，在时期 t 我们总是可以将精英群体划分为两个子群体：子群体 A 是那些在下一期将增大信息—制度投资的个体，子群体 B 则是那些从下一期开始停止信息—制度投资从而转化为平民的个体。

事实上，在我们的模型里，每一个经济个体无论其曾经或现在是平民还是精英，在每一期（不管是不是均衡当期）都面临着同样的精英或平民的选择。如我们所知，对理性经济个体而言，沉淀成本不影响其决策，因此，无论其曾为或现在为精英还是平民，都将对经济个体对自己将来成为精英或平民的决策没有影响。因此，我们上面为说明问题而作的精英群体内的再划分事实上也是没有必要的。我们可以直接将一个任意选择的理性经济个体放置在时期 0，去考察其跨期决策过程。

假设时期 0 是一个静态均衡，$\vartheta_c^* = \vartheta_{c0}, \vartheta_e^* = \vartheta_{e0} = \frac{1}{m}\vartheta_{c0}, P^* = P_0, N_e^* = N_{e0}, N_c^* = N_{c0}$。任意选择的一个理性经济个体 a 此时面临决策。令 T_a 为搜索新信息的成本，它取决于其风险偏好 RA_a、创新能力 IC_a、所处环境 EN_a 以及其他因素 ε_a。如 a 选择成为精英，则他将有

$$EP_{et} = \sum_{i=1}^{t} r_i P_i - T_a \geq EP_{ct} = \sum_{i=1}^{t} r_i V_i \tag{5.29}$$

$$T_a = T(RA_a, IC_a, EN_a, \varepsilon_a) \tag{5.30}$$

$$\vartheta_{at} = f(T_a), \vartheta_{at} = \{\vartheta_{et}, \vartheta_{ct}\} \tag{5.31}$$

$$\vartheta_{c0} = m\vartheta_{e0}, m \in (0,1) \tag{5.32}$$

重复方程（5.1）～方程（5.11）的推导，在时期 t 对精英个体 a 将有 $\vartheta_{et} \geq \frac{1}{m}\vartheta_{ct}$。根据方程（5.27）和方程（5.32）有

$$\frac{\vartheta_{et}}{\vartheta_{e0}} \geq (1+k)^{t-1} \tag{5.33}$$

又如我们一开始设定的，任何个体的信息量 $\vartheta \in [0,1]$，因此有

$$\vartheta_{e0} = \frac{\vartheta_{et}}{(1+k)^{t-1}} \leq \frac{1}{(1+k)^{t-1}} \tag{5.34}$$

由此可以得到若干基本结论。

结论 5.4：当 $\vartheta_{e0} \leqslant \dfrac{1}{(1+k)^{t-1}}$ 时，$I(\vartheta)$ 将保持不变，制度演变不发生。

这种情况一般对应于那些新建立的制度，它们即便对精英而言也尚留有大量未开发的信息空间可供其在后续的 t 期里去进行信息发掘。精英不需要花费创新成本 T_a，而只需要花费前期学习成本 $T_{e(t-1)}$ 就可以获得足够的运行中的制度性信息，从而保证其在信息市场的利润。此时方程（5.6）和方程（5.7）成立，动态均衡实现。

结论 5.5：当 $\vartheta_{e0} \geqslant \dfrac{1}{(1+k)^{t-1}}$ 时，$I(\vartheta)$ 将发生改变，以实现一个新的均衡；否则精英群体规模将大幅缩减到对信息的垄断性定价成为可能。一般说来，一个开放的经济体发生的是前一种情况。当运行中的制度已高度发展，对平民而言可供学习的空间固然不多，对精英而言可供发掘的潜在信息空间更小，此时该制度就面临演化：要么被一种完全的制度创新所替代，要么被一种由外部翻译进来的制度所替代；哪一种形式的演化将发生则取决于方程（5.30）。尽管无法精确模拟出 T_a，但根据上一章的静态模型和其结论方程（4.26），那些制度的编码水平低的国家，或更确切地说，是这些国家的精英群体将更倾向于采取翻译引进的方式来推动本国制度更新、提高本国制度的编码水平；而那些制度的编码水平本就较高的国家将没有这样的成本较低的备选项，它们将不得不采取自主创新的方式，花费更多的成本和更长的时间去推动本国制度更新。这也解释了为什么通常发展中国家的制度（通常具有较低编码水平的制度）变更会比发达国家剧烈得多。

结论 5.6：回到微观层面，给定平民知识的自然增长率 k，对精英而言，积极发掘运行中的制度的信息空间或通过翻译/创新的方式来推动制度变更，从而保证 $\vartheta_{et} \geqslant \vartheta_{ct}$，就是非常必要的了。因此，尽管对精英而言并不要求其每一期的信息增量 $\Delta\vartheta_e$ 都大于平民的信息增量 $\Delta\vartheta_c$，但他们必须保证其长期的各期平均信息增长率高于 k，这就要求其有一个长期持续的创新（广义意义的，包括既有制度的潜在信息发掘、翻译引进和自主创新）冲动。这种冲动——一般被称为企业家精神（entrepreneurship）——使经济系统避免了低水平的简单重复、不断跃迁到更高的发展层面。或如熊彼特所说的："没有创新，就没有企业家；没有企业家成就，就没有资本回报和资本主义的发展。"

5.4　动态过程中的风险跨国分摊

同 5.2 节相似，我们可以将 5.3 节中微观层面的精英和平民概念替换成宏观层面的发达国家和发展中国家，从而借助 5.3 节中的动态过程模拟模型来考察在一个发达国家的创新—发展中国家跟随的全球性机制作用下，金融风险的跨国分摊会呈现出什么样的新特点。

在 5.2 节中，我们设定发达国家和发展中国家之间存在的是一次性博弈：初期制度性信息是外生给定的，不涉及风险考量；决策中的成本—收益考核也只限于当期，而不考虑到纵向外溢效应。于是，就发展中国家而言只在信息市场存在着购买—不购买的选择，并且信息商品的消费也是即时性的：β 国成员要么通过购买—使用制度 α 而成为 α 国成员，从而消除了此后的内生性风险根源；要么在后续交易中继续在信息市场购买制度信息 α，并承担与 $R_{\beta t}$ 等值的综合内生性风险。在现实世界里，发展中国家经济个体在不断延续的跨国交易中，总是通过实践不断累积、加深对跨国交易规则的了解和认识，因此，其信息集的扩充（粗略地说，就是 $\vartheta_\beta \rightarrow \vartheta_\alpha$ 的转变）就是一个跨期渐进的过程，伴随这一过程的则是在信息市场的购买成本 P 的逐步下降和在双市场的综合内生性风险 R_β 的逐步降低。随着发展中国家在信息市场的信息购买意愿下降和在商品市场的内生性风险降低，发达国家的信息占优和风险分摊占优地位逐渐受到威胁，这又给它们发掘制度潜力或进行制度创新的压力和激励。在这些活动中就不可避免地会产生风险：无论是制度潜力的发掘还是制度的翻译/创新，都要求有较大的前期成本投入；即使创新成功了，能否有效地在信息市场上出售这些新的信息产品也仍存在不确定性；再退一步，即使信息产品的出售不成问题，它能在信息市场上出售多少期，也仍取决于发展中国家的学习进度。因此，对发达国家而言，进行信息—制度的开发，同样是一项高风险投资行为。事实上，对 α 而言，每一期都面临着同样的博弈角色选择，去选定充当制度开发者还是制度跟随者。简言之，在序贯博弈的框架下，在信息市场中，β 每期都要选择的是购买还是不购买信息商品，是成为还是不成为"制度跟随者"；而 α 每期都要选择的则是开发还是不开发信息商品，是成为还是不成为"制度开发者"。在这种"开发—跟随"的制度发展机制作用下，发达国家和发展中国家的跨国风险分摊也将呈现出不同层面上的类对称性，从而使得动态均衡有可能实现。

同样，设发展中国家的两市场综合内生性风险为 R_β，发达国家为 R_α。

先看 R_β。其单期的量值已由方程（5.17）给出，现在考察跨期的情况。由于其信息量 ϑ_β 以固定速率 k 增长，即

$$\vartheta_{\beta t} = (1 + k)^{t-1} \vartheta_{\beta 0} \qquad (5.35)$$

如果 ϑ_α 继续保持不变，则二者之间的差额将日渐缩小。根据方程（5.24）、方程（5.25）可知，其分摊的综合内生性风险 R_β 也将日渐减少。当然，β 要获得一个固定的信息增长速率 k，就应每期都向 α 购买信息；随着二者信息差距的缩小，根据方程（5.23），在信息市场上 α 能获得的信息价格 P 也会越来越低。设在第 0 期 β 开始向 α 购买信息，与 5.3 节相似，设此时 ϑ_α 与 ϑ_β 的关系为

$$\vartheta_{\beta 0} = m\vartheta_{\alpha 0} \qquad (5.36)$$

则根据方程（5.24）在第 t 期 $R_{\beta t}$ 有

$$R_{\beta t} = R_\beta \left[\vartheta_{\alpha 0} - m (1 + k)^{t-1} \vartheta_{\alpha 0} \right] \qquad (5.37)$$

此时 $R_{\beta t}$ 的绝对量值只与参数 m，k，t 和 $\vartheta_{\alpha 0}$ 有关。易得：

$$\frac{\partial R_{\beta t}}{\partial m} < 0 \qquad (5.38)$$

$$\frac{\partial R_{\beta t}}{\partial k} < 0 \qquad (5.39)$$

$$\frac{\partial R_{\beta t}}{\partial t} < 0 \qquad (5.40)$$

这意味着发展中国家的内生性风险将与参数 m，k，t 呈反向变动关系：与发达国家的初始信息差异越小（m 越大），跨期信息增速越大（k 越大），期数越多（t 越多），风险量值 $R_{\beta t}$ 越小。由此我们可以得到以下结论。

结论 5.7：在跨国风险分摊中，发展中国家所承担的金融风险与其对国际规则的学习状况直接相关；只有积极寻求对外开放，加紧学习国际经济规则和惯例，才有可能改变其与发达国家在跨国风险分摊中的不对称地位。与通常认为的不同，采取封闭经济的措施并不能使发展中国家免于跨国金融风险的冲击；在经济封闭期间内，由于国内交易者无法与国外交易者进行频繁的自由交

易，干中学机制无从发挥作用，因此就宏观上看发展中国家制度与发达国家和国际制度间的信息差异将会日益扩大，这就使得其在单笔的经济交易中所承担的跨国风险日益扩大；所以，即便发展中国家采取特殊的限制措施以保持其跨国交易规模不变，其分摊到的跨国风险也是逐渐增大的。不仅如此，由于制度性信息差异在封闭经济期间内进一步扩大了，一旦经济封闭措施停止，跨国交易回到微观经济主体自发决定的基础上，则此时跨国风险将因交易规模的迅速扩张而在一个极短的时间内急剧积累，从而可能突破一个经济体的风险承受上限，酿成金融—经济危机。因此，在由封闭经济向开放经济转型的过程中，保证开放的渐进性就是决定一个发展中国家的经济前景的重要因素了：那些遵循循序渐进原则、适当规划其开放尺度的国家，通常能有一个稳定的经济增长、平稳的经济运行状况和相对确定的经济前景；而那些在短时间内迅速加大开放尺度的国家，则一般会有一个短期的经济腾飞，与之相伴随的则是迅速积累的金融风险和经济隐患，在一段时间的经济快速增长后，后者将可能以金融—经济危机的形式爆发，从而使宏观经济增长呈现急剧回落，经济运行状况陷于动荡，经济前景开始模糊。对这一结论我们不难在现实世界中找到可供验证的实例，譬如 20 世纪 90 年代末的东南亚国家就是后一种情况的典型，在此不赘述。

再看 R_α。如上所述，在多期动态过程中，发达国家在每一期都面临着是否要开发新的信息商品的决策。一旦它选择了不开发，则它将在下一期成为跟随者 β，此后任一期其风险分摊状况由方程（5.37）决定。如它选择的是开发，则它在当期和此后若干期则将面临开发成本回收的不确定性；尽管在此后的每一期，当期的开发成本成为了沉淀成本，不再是影响其进一步决策的因素，但在当期决策作出之前，对开发成本的大小及回收预期仍构成了 α 的风险量值。根据方程（5.29）和方程（5.30）我们有

$$EP_{\alpha t} = \sum_{i=1}^{t} r_i P_i - T(RA_a, IC_a, EN_a, \varepsilon_a) \qquad (5.41)$$

于是 α 当期的风险量值 R_α 由影响其利润预期 $EP_{\alpha t}$ 的各因素决定。由方程（5.23）可知，$\dfrac{\partial P_t}{\partial(\vartheta_\alpha - \vartheta_\beta)} > 0$；又，当期两国的信息差异（$\vartheta_\alpha - \vartheta_\beta$）进一步取决于 α 在当期投入的开发成本 $T(\cdot)$，于是我们有

$$R_\alpha = R_\alpha[t, T(\cdot)] \qquad (5.42)$$

进一步，α 得以在信息市场上出售信息商品的期数 t 取决于两国的当期信息差异（$\vartheta_\alpha - \vartheta_\beta$）和 β 的学习能力。在设定经济个体开发/学习能力无差异的情况下，不难推得，t 取决于 $T(\cdot)$ 与 β 的信息增速 k。

于是，发达国家 α 所承担的风险量值由其制度开发成本 $T(\cdot)$ 和发展中国家的信息增速 k 决定：

$$\frac{\partial R_\alpha}{\partial T(\cdot)} > 0 \qquad (5.43)$$

$$\frac{\partial R_\alpha}{\partial k} > 0 \qquad (5.44)$$

这意味着在设定经济个体开发/学习能力无差异的情况下，发达国家在每一期所承担的风险就是其进行制度信息开发所面临的未来成本回收的不确定性：投入的开发成本越大、发展中国家的学习速度越快，发达国家进行信息开发的风险就越大。

结论 5.8：在动态过程中，发达国家和发展中国家的跨国风险分摊在某种程度上存在着此消彼长的关系［对比方程（5.39）和方程（5.44）］，尽管两种风险发生在不同的层面上：一旦发展中国家开放程度提高、制度性信息的学习速度加快、其与发达国家的信息差距缩小，则其当期因信息劣势而分摊到的内生性风险就将降低；而发达国家则将被迫投入更大的成本进行制度性信息的开发，从而使其当期因信息开发而主动承担的外生性风险就将提高。

结论 5.9：综合结论 5.7 和结论 5.8，我们可以这样描述发达国家和发展中国家在制度演变的动态过程中的风险分摊特征：在发达国家开发—发展中国家跟随的制度演进—扩展模型下，发达国家主要承担了制度演进阶段的成本和由此带来的外生性风险，在后续的各期里，发达国家通过信息市场出售制度性信息、以回收其当期投入的开发成本，从而在制度层面上推动了制度的扩展，而在风险层面上则构成了发展中国家单向承担内生性风险的根源；发展中国家则主要承担了制度扩展阶段的来自发达国家的制度开发成本转嫁和由此带来的内生性风险，二者量值的大小取决于发展中国家的学习速度。

就模型本身而言，可以进一步推定，当发达国家的信息开发成本净值（扣除掉已转嫁给发展中国家的部分）和发展中国家的成本被转嫁值相等，且发达国家的外生性风险量值与发展中国家的内生性风险量值相等时，制度演进—扩展模型和动态风险分摊模型将实现动态均衡，这一均衡将是本书这两章模型的最终均衡。在该均衡下，发达国家以固定的速度更新制度，发展中国家以固定的速度学习制度，风险也以固定的量值在发达国家和发展中国家分布；整个世界经济运行以一种恒定不变的形态不断重复自身。但事实上这样的均衡无论就理论层面还是就实际层面看都意义不大：就理论上看，无论是制度的创新还是制度的扩展，无论是外生性风险的决定还是内生性风险的计量，都存在着无穷无尽的模型外影响因素，而其中任何一个微小的变动就将导致模型最终均衡点的变更；换言之，本模型的最终均衡只是无穷可能状态中的一种，其理论意义主要只体现在整个推导过程以及其间的若干阶段性结论上，而非其最终均衡点。就实际上看，无论是发达国家还是发展中国家，其进行制度开发或制度学习的选择，以及其实际承担的风险性质和量值，在绝大多数情况下并非理性决策的结果，而更多地表现为特定历史阶段和空间范畴下的群体无意识选择，这就使得我们的完全理性模型只对真实世界有参照和启发价值，而不可能有精确勾勒乃至指导的意义。

6

美国次贷危机中的风险分摊：一个实例

起始于 2007 年初的美国次级贷款（subprime）危机目前已演变成一场波及全球的金融灾难。① 许多曾经叱咤美国金融界在某种程度上甚至决定着世界金融命脉的巨人，如美林（Merrill Lynch）、贝尔斯登（Bear Stearns）、雷曼兄弟（Lehman Brothers）、美国国际集团（AIG）、花旗集团（Citigroup）、华盛顿互助（Washington Mutual）、瑞士银行（UBS）等，或在危机中一蹶不振，或被收购接管，或走向破产清算；2008 年 10 月上旬，受危机影响全球股市崩溃，大摩 MSCI 全球指数一周跌幅达两成，一周损失账面资产 6 万亿美元，创造了自 1970 年有记录以来的最大单周跌幅；一些国家如冰岛、乌克兰、巴基斯坦、哈萨克斯坦、阿根廷、韩国等受危机影响已濒临"国家破产"边缘，某些国家的国债信用等级甚至被调至垃圾债券的 CCC 级别。如格林斯潘提及的，当前的这场金融危机是"百年一遇"的，它给世界金融和经济带来的震荡和影响目前还远未充分显露；而此次危机中金融风险如何在各国、各经济主体间进行分摊，也将决定着未来世界金融—经济的新格局。

---

① 本书成稿于 2008 年 11 月初，所以书中牵涉到金融危机的事件回顾和评判都截至 2008 年 10 月下旬。

6.1　美国次贷危机：一个回顾

在危机仍方兴未艾的目前回溯此次世界金融危机的发展演变过程显然还未到其时。分析此次金融危机迄今（2008 年 10 月 14 日）为止的演变过程，笔者认为，可将危机分为两个阶段：中间的分水岭是 2008 年 9 月雷曼兄弟破产事件；第一阶段可称为美国次贷危机，其实质性的冲击和危害基本上仍是发生在美国本土，并且由于美国政府和金融当局的积极施救，其给全球金融市场和金融体系带来的负向冲击在很大程度上得到了控制；而 2008 年 9 月以来，以雷曼兄弟的崩溃为标志，危机全面升级，其影响和冲击迅速波及全球，危机上升为全球性金融危机，而美国政府和金融当局也基本上放弃了对单家陷入危机的金融机构施救而更多致力于对市场的宏观稳定规划。本节仅试图将 2007 年美国次贷危机开始爆发以来至今的一些重大事件理出一个大致脉络，从而为 6.3 节的理论和模型的运用准备若干背景材料。

早在 2007 年 2 月，美国次贷风险就开始浮出水面；[①] 3 月至 4 月，美国房地产市场交易量出现大幅萎缩，单月成屋销量下降 8.4%；新世纪金融公司（New Century Financial）迅速走向破产，半数员工被裁减，并于 4 月 4 日申请破产保护，以此为标志，美国次贷危机全面爆发。延至 6 月，次贷危机的外溢效应开始显现，美国股票市场高位回调，道琼斯指数下调 1.37%，标准普尔指数下跌 1.29%，纳斯达克指数下跌 1.07%，标志着次贷危机的冲击力超越了次贷衍生证券市场而波及金融市场整体。7 月，次级抵押贷款债券（MBS）评级下降，引起市场震动，世界各国股市大跌：美国道琼斯指数跌 1.09%，德国 DAX 指数跌 1.84%，日本日经指数跌 1.11%，香港恒生指数跌 1.22%；各投资银行面临冲击，贝尔斯登旗下的对冲基金濒临瓦解。到 2007 年 8 月，次贷危机的外部效应开始全面呈现：8 月 3 日，欧美股市全线暴跌：美国道琼斯指数跌 2.1%，标准普尔跌 2.7%，德国 DAX 指数跌 1.31%；国际金融

---

① 在此期间，美国最大的次级房贷公司 Countrywide Financial Corp. 意识到市场发生逆转，开始减少放贷；另一家次贷公司 New Century Financial 则于此月发出盈利预警，称上年第四季度业绩可能出现亏损。

市场和金融体系受到冲击，欧亚各国商业银行纷纷表示因次贷危机遭受损失；[①] 8 月 6 日美国房地产投资信托公司（American Home Mortgage）申请破产保护；至 8 月 9 日至 11 日，危机的相关联想再次导致全球股市大跌：美国道琼斯指数跌 2.83%，德国 DAX 指数跌 1.27%，香港恒生指数跌 0.43%；金属原油期货和现货黄金价格大幅跳水。从 8 月 10 日开始，美国和欧洲金融监管当局开始强力介入，[②] 至 8 月 31 日的 21 天内，美联储共计向金融系统注资 1 452.5 亿美元，欧洲合计注资 6 441.55 亿美元，日本注资 467.73 亿美元，澳大利亚注资 151.39 亿美元，加拿大注资 43.68 亿美元，救援行动力度不可谓不大，然而世界金融市场的信心基础已被摧毁，这些救援行动最终也还是没能挽狂澜于既倒。8 月 31 日，又一家美国次贷公司 Ameriquest 倒闭，预示着金融危机并未因各国中央银行的介入而得到了控制。9 月，英国第五大抵押贷款机构北岩银行（Northen Rock）因次贷问题遭遇挤兑，不得不以惩罚性高利率向英格兰银行申请紧急贷款，当月股价蒸发 80%；美国破产协会公布当月申请破产的人数同比增加了 23%，接近 6.9 万人。10 月，美国证券业界巨人美林宣布在此次危机中遭受 80 亿美元损失、花旗集团（Citigroup）宣布损失约 64 亿美元、日本最大的券商野村证券宣布当季亏损 6.2 亿美元、欧洲资产规模最大的银行瑞士银行集团宣布第三季度出现近 5 年来首次亏损 8.3 亿瑞士法郎（约合 7.12 亿美元），美林 CEO Stan O'neil、花旗 CEO Charles Prince 辞职；与此同时，美国房产市场全面恶化，美国全国房地产经纪人协会声称 10 月成屋销售连续第八个月下滑，月销售率为 497 万户，房屋库存增加 1.9% 至 445 万户，房价指数创造 21 年来最大单月跌幅；为应对危局，美国三大银行——美国银行（Bank of America Corp.）、花旗集团和摩根大通（J. P. Morgen Chase）联手成立超级基金"结构性投资工具"（structured investment vehicles，SIV），筹资 800 亿美元。12 月，美国房地产市场极度低迷，统计显示，当月新屋开工数量下降 14.2%，月销售率为 100.6 万户，为 16 年最低。至 2008 年 1 月，

---

①　如澳大利亚麦格理银行宣布旗下两只高收益基金投资者面临 25% 的损失，苏格兰皇家银行股票价格下跌近 3%，我国工商银行、中国银行等也纷纷宣布在次贷危机中遭受重大损失。

②　美国联邦储备委员会在声称"将提供流动性促进市场运作秩序"的次日，一天三次向银行注资共 380 亿美元以稳定市场，世界各国中央银行则在 48 小时内共注资 3 262 亿美元；此后数日美国和欧洲中央银行逐步加大注资力度，以求尽快控制金融危机。

美国银行业协会数据显示，消费者信贷违约现象加剧，逾期还款率升至 2001 年以来最高；穆迪预测 SIV 债券持有者损失了 47% 资产，三大行联手救市行动基本上宣告失败。2 月，英国决定将北岩银行收归国有；美国第四大债券保险商 FGIC 宣布愿意分拆业务；德国宣布银行业陷入次贷危机，第二大州立银行德国巴伐利亚银行 2007 年因次贷危机遭受 43 亿欧元（67 亿美元）的冲减、第三大州立银行西德意志银行则宣布出现年度亏损；西方七国集团（G7）财政部长和中央银行行长会议声明指出，次贷危机影响加大，美联储主席伯南克更声称即使通货膨胀加速也要降息。2008 年 3 月，贝尔斯登事件爆发。贝尔斯登是美国债券市场最大的承销商和衍生品发行商，在 MBS 和衍生品市场投资过大，房地产市场的下滑使其遭受严重损失；资产大幅缩水后，随着其亏损消息在市场上的公开，客户大量撤出资金，这使高度依赖财务杠杆的贝尔斯登流动性压力持续增大，最终不堪重负。经美联储协调[①]，摩根大通出面为贝尔斯登提供为期 28 天的紧急资金援助，未能取得市场认可；[②] 于是在 3 月 16 日，摩根大通宣布以 2.36 亿美元（每股 2 美元）的总价收购贝尔斯登。收购最终于 5 月底完成，[③] 至此，美国排名第五的投资银行贝尔斯登退出了历史舞台。2008 年 7 月，在贝尔斯登事件刚刚尘埃落定之时，房地产市场进一步恶化的市场预期导致美国两大政府资助的房贷融资公司房利美（Fannie Mae）和房地美（Freddie Mac）（简称"两房"）陷入困境，数日内，两家公司的股票跌幅超过 50%，造成美国金融市场剧烈动荡。嗣后尽管美国证券交易委员会采取了空前的拯救措施，[④] 然而金融类股票市场颓势依旧，"两房"股价继续探底。延至 8 月，"两房"已濒临破产边缘。这两家机构持有或担保的住房抵押贷款

---

　　① 在贝尔斯登事件中美联储的干预力度是很大的，包括批准 300 亿美元的贷款担保促成摩根大通进行收购并承诺为其提供无上限贷款支持，在 3 月 16 日突然宣布将贴现率由 3.5% 下调至 3.25% 以配合摩根大通的收购公告，并为初级交易商创设新的贴现窗口融资工具等。

　　② 市场对此动作的判断是贝尔斯登果真陷入了困境，并迅速作出反应：3 月 14 日贝尔斯登股价狂跌 45.9%，收于 30 美元这一 9 年来的最低点；标准普尔公司将贝尔斯登的长期信用等级降低到了 BBB 级，并称还有进一步降级的可能；穆迪公司也把贝尔斯登的债券降低到刚刚高过垃圾债券的水平。

　　③ 在受到贝尔斯登大股东和员工强烈反对后，摩根大通于 3 月 24 日采取每股贝尔斯登普通股换 0.21754 股摩根大通普通股的方式将收购价格提高到约每股 10 美元，此后随着市价的变化，最终收购价在 10 美元以上。

　　④ 如 7 月 16 日发布紧急禁令，限制对主要金融公司包括"两房"（房利美和房地美公司）股票的卖空行为，18 日更发布为期 30 天的卖空禁令，范围包括"两房"及雷曼兄弟在内的 19 只金融股。

总额约为 5.2 万亿美元，占美国住房抵押贷款总额的近一半，它们的安危不仅关系到美国房地产市场的安危，也关系到全球购买美国住房抵押债券的金融机构乃至全球金融体系的安危；因此美国政府和金融监管部门竭其所能施行拯救①，最终于 9 月 7 日宣布由美国联邦住房金融局（FHFA）接管"两房"。此举阻断了次贷危机继续蔓延的一条重要途径，"两房"危机的解决部分恢复了市场投资者的信心，金融股引领全球股市大涨，次贷衍生证券引发的金融危机至此似乎告一段落。

在贝尔斯登事件和"两房"危机中，美国政府和美联储干预的力度是很大的，其所以如此作为，目的在于尽量降低因大金融机构倒闭给整个美国金融市场和金融系统带来的冲击。然而，嗣后接连发生的雷曼兄弟、AIG、华盛顿互助事件，使美国政府和金融当局意识到自己的市场干预能力有其上限，不可能一一照顾陷入危机的大型金融机构，因此将更多注意力转向战略层面上的控制危机扩大和挽救市场上。

就在"两房"危机得到暂时解决、市场出现短暂逆转，无论是美国政府及金融当局还是市场投资者都认为次贷危机告一段落的时候，9 月 14 日，美国第四大投资银行雷曼兄弟与潜在买家的并购谈判破裂，宣布申请破产保护；危机以来蒙受巨额亏损而一蹶不振的美林证券则于同日以 440 亿美元的价格被美国银行收购；两大投资银行的坍塌揭开了新一轮规模更大、影响范围更广的世界金融危机的序幕。雷曼兄弟陷入危机并不出人意料，早在次贷危机爆发之前，它就是打包发行次贷衍生证券数量最大的投资银行，自己持有的相关资产也达到 850 亿美元；随着次贷危机的爆发和发展，雷曼兄弟的亏损也渐被披露，2008 年第一季度减记资产就有 100 亿美元。出人意料的是美国政府和金融当局对雷曼兄弟的破产采取了迥异于贝尔斯登和"两房"事件的态度，美国财长保尔森（Henry Paulson）表示，鉴于雷曼兄弟危机发生时间较长，市场已经有了充分准备，而贝尔斯登事件后美联储也已向投资银行开设了特别融资渠道，因此美国政府将不会动用政府资金进行拯救。在失去政府支持的情况下，原来考虑收购雷曼兄弟的美国银行和英国巴克莱银行先后放弃了收购计

---

①　早在 7 月 13 日"两房"股价下探时，美国财政部和美联储就宣布将救助"两房"，承诺在必要情况下购入公司股份；7 月 26 日美国参议院批准总额 3 000 亿美元的住房援助议案，授权财政部无限度提高"两房"贷款信用额度。

划，雷曼兄弟走投无路，只剩破产一途。雷曼兄弟的破产并不如保尔森的乐观
预测那样已为市场所充分准备，9 月 15 日美国、欧洲、亚太地区股市迎来黑
色星期一：美国道琼斯指数暴跌 504.48 点，跌幅达 4.42%、标准普尔指数跌
4.71%、纳斯达克指数跌 3.60%，伦敦金融时报 100 种股票指数跌 3.92%，
德国法兰克福 DAX 指数跌 2.74%，巴黎 CAC - 40 指数跌 3.78%，日本日经指
数跌 4.46%，新加坡海峡时报指数跌 3.27%，印度孟买股市敏感 30 指数跌
3.35%，韩国综合指数下跌率更达 5%，以至于其证券交易所不得不暂停交易
5 分钟。作为具有全球性影响的投资银行，雷曼兄弟的倒闭本身给全球金融市
场和金融体系带来的巨大的外溢效应和冲击甚至不亚于此前的次贷危机。[①] 紧
随雷曼兄弟的是全球最大的保险巨头美国国际集团（AIG）。与雷曼兄弟不同，
AIG 的崩溃主要不是因次贷衍生证券发生的巨额亏损，而是资金周转出现问
题。AIG 旗下有一独立于其传统保险业务的金融产品部门，其主要业务是销售
信用违约掉期合同，这类合同旨在保护投资者不会因次级抵押贷款等资产违约
而蒙受损失。次贷危机爆发后这类合同急剧贬值，在之前的 3 个季度损失已达
180 亿美元，迫使 AIG 只能不断对其注入资金；而房地产市场的持续低迷和次
贷危机后续影响的继续作用使得金融产品部门对资金的需求与日俱增，致使
AIG 母公司承担越来越重的流动性压力。资金压力导致 AIG 的信用评级被下
调，而下调了的信用等级则反过来使其外部筹资更为艰难。9 月 16 日，AIG 向
私有银行筹集 750 亿美元的努力终告失败，于是走向了崩溃的边缘。此时几天
前刚放弃救援雷曼兄弟的美国政府和金融当局考虑到 AIG 遍布全球 130 多个国
家和地区的业务触角和对诸多金融子市场的巨大影响，[②] 决定对其施以援手；

---

①　仅就中国香港一地看，持有雷曼兄弟相关债券的投资者就超过 5 万人，涉及金额达到 250 亿港
元之巨。香港证监会数据显示，"香港几乎所有银行都曾参与分销雷曼相关产品。预料投资者的损失起
码达数十亿港元"。雷曼兄弟的破产在香港甚至引起了社会骚乱，9 月 20 日约 500 名雷曼迷你债券的持
有人到香港政府总部游行，22 日晚更有 800 名雷曼产品投资者向港府举行声势浩大的申诉大会。

②　有报道援引美联储资深官员称，美国拯救 AIG 而非雷曼兄弟，是因为该保险商与其他公司和
零售产品有着广泛的联系。市场对雷曼破产作了更多准备，而且美国证券交易委员会（SEC）有一套
程序来应对证券公司的倒台。与雷曼兄弟不同，AIG 被视为一家复杂的公司，在包括零售金融产品在内
的金融市场很多领域有着广泛业务联系，如保险和担保年金。美国银行总裁刘易斯表示："所有大型银
行都与 AIG 有重大交易，AIG 一旦倒闭，问题会较我们现时遇到的都要大"。伦敦法国巴黎银行策略员
奇乔内称："AIG 与金融系统以至实质经济联系太过紧密，如果 AIG 倒下，会造成多米诺骨牌效应。"
相比之下，雷曼兄弟只是小麻雀。

16 日晚，美联储批准其下属的纽约联邦储备银行向 AIG 提供 850 亿美元紧急贷款，以解决其流动性问题、帮助其摆脱倒闭厄运。为应对日益升级的金融危机，美国政府向国会提出发行 7 000 亿美元特别国债以稳定金融市场的提案，当两院还在为此争论不休时，全美最大的存款储蓄银行华盛顿互助也走到了尽头。华盛顿互助因过于激进的信贷业务扩张和巨额的房贷坏账损失早在次贷危机爆发后就面临窘境，2008 年以来股价暴跌了 88%，9 月 15 日标准普尔将其投资级别降为 BB - 级，穆迪更将其降级为"垃圾类"。随着巨额亏损的发生，华盛顿互助旗下的 2 300 家分行和 1 430 亿美元小额存款的应付利息逐渐成为其难以承担的重负，因此此前就一直在积极寻找并购者，包括花旗集团、汇丰控股、摩根大通、富国银行等都与之有过接触，但都对其自行估算的抵押贷款方面未来 2 年里即将发生的 190 亿美元的亏损望而却步。最终走投无路的华盛顿互助于 9 月 25 日被美国联邦存款保险公司（FDIC）查封接管，[①] 成为美国有史以来倒闭的最大规模银行。美国金融巨人的连续坍塌不仅意味着次贷危机上升为动摇整个美国金融市场和金融体系的金融危机，而且因其各自广布各国和各金融领域的业务范围而产生巨大的外部效应，从而使世界各国的金融市场和金融体系都受到影响；于是美国次贷危机升级为世界性金融危机，一些国家甚至走向国家破产的边缘。[②]

事态发展至此，如何平抚危机、稳定市场、稳定世界金融体系，早已不再是美国一国的任务，而成为世界各国都必须认真对待的重大课题了。因此，自 2008 年 9 月以来，世界各国普遍加大了对金融市场的干预和拯救力度。美国 7 000 亿美元特别国债议案终于 10 月 3 日在众议院通过；10 月 8 日，美联储、欧洲中央银行以及英国、瑞士、瑞典、加拿大等 11 国中央银行宣布下调利率 50 个基点以拯救狂泻的世界股市；10 月 11 日，欧元区 15 国就协同出台金融业救援措施达成一致，各国随即宣布了具体方案；10 月 13 日，以法、德、英为代表的欧洲各国政府纷纷出台相应的银行业拯救计划，总注资金额达近 2 万

---

① 素有美国市场拯救者之称的摩根大通后来以 19 亿美元的价格接手了华盛顿互助，从而缓解了 FDIC 的困境，否则，由于其向 10 万美元以下的储户提供保险，而华盛顿互助又是全美最大的储蓄银行，中小额存款数额巨大，FDIC 将不得不动用一半以上的政府保险资金以提供破产保险，这将使 FDIC 的将来运作面临困境。

② 譬如冰岛遭遇财政危机走向"国家破产"；巴基斯坦卢比贬值，国债被标准普尔评为垃圾级的 CCC + 级；乌克兰、哈萨克斯坦、阿根廷等国也将被迫拖欠到期债务。

亿美元之巨；同日，美联储更联合欧元区、英国以及瑞士中央银行宣布"无限额"向金融体系注资；10 月 14 日，美国公布其具体救市计划，其核心是暂时性的银行国有化：联邦政府将动用国会此前批准的 7 000 亿美元中的 2 500 亿美元购买银行优先股；美国联邦保险公司将"暂时性地保证"被保险的银行的大部分最新负债，扩大对所有未被列入救市计划的银行的政府保险，并将对小企业通常使用的不含息银行账户提供存款保险，保证他们的运营；美联储还将通过一个新的方案使自己成为商业票据的最终买家，发挥其最终贷款人的作用；10 月 15 日，欧洲 8 国（G8）首脑发布紧急声明称，为了改善在这场危机中暴露出的缺陷，有必要对国际金融领域作出规定和制度上的改变。这预示了这场金融危机将成为改写世界金融发展史的一个里程碑式事件。显然，无论是欧洲还是美国，都已将此次金融危机视为 20 世纪 30 年代大萧条以来最严峻的一次挑战，其各自出台的救市政策力度之大、政府介入之有力，可谓 70 多年来之最。然而危机是否将因此得到平复，欧美的这种政府强力介入甚至国有化的救市处方又是否会产生一些严重的新问题，最终起源于美国次贷衍生证券的这场金融危机是否会导致全球金融体系重构和金融版图的重新划分，这一系列问题还有待于事态的进一步发展，甚至可能需要在危机过去后的若干年后，才有可能获得比较清晰的认识。

6.2　美国次贷危机的生成机理

要了解美国次贷危机的生成机理，首先应对次级贷款及其运作机理有一个清晰认识。所谓次级贷款（subprime，又称 B 文件贷款，B – paper lending），被称为"面向穷人的贷款"，是一些贷款机构向信用程度较差和收入不高的借款人提供的主要用于房屋购买的抵押贷款。如我们所知，美国是一个个人信用体系比较完善的国家，根据个人客户信用等级，按揭贷款市场大致可以分为三个层次：优质贷款市场、"ALT – A"贷款市场和次级贷款市场。优质贷款（prime，或称 A 文件抵押贷款，A – paper lending）市场面向信用等级高（信用分数在 660 分以上）、收入稳定可靠、债务负担合理的优良客户，其主要选择是传统的 30 年或 15 年固定利率按揭贷款；次级市场主要面向信用分数低于 620 分、收入证明缺失、负债较重的客户；"ALT – A"贷款（alternative A –

paper lending）市场则是介于二者之间的庞大"灰色地带"，既包括信用分数在620～660分之间的阶层，又包括高于660分的高信用度客户中的相当一部分人（一般不能提供收入证明）。就历史上看，由于非A文件贷款人的信用等级低，且不能提供有效的收入证明文件，因此获得房屋抵押贷款的客观难度很大；而这两类贷款要求的比优质贷款高出2～3个百分点的利率也使其难以获得投资者青睐，因此，其在房屋抵押贷款市场上的占比一向很小。然而，2001年以来，美联储为摆脱经济低迷状况，持续降息至近50年来最低水平，从而极大地刺激了美国房地产业市场。在房价将持续上涨的乐观预期下，为扩大盈利，美国房贷机构不断放宽放贷标准，并进行了一系列贷款品种创新，如无本金贷款（interest only loan）、可调整利率贷款（adjustable rate mortgage，ARM）、选择性可调整利率贷款（option ARMs）等，以吸引不具有持续稳定的第一还款来源的美国人进入按揭市场购买房产。在投资者一方，这些信贷创新产品也大受欢迎，因为持续上涨的房产价格使他们相信，房产价格的上涨速度必定快于利息负担的增加，只要在房价下跌前将房产出售，就能获利退出。在供需双方的共同推动下，ALT－T贷款和次贷市场迅速发展，到2006年，美国房地产按揭贷款总额中已有40%以上属于ALT－A贷款和次级贷款产品，自2003年至2006年，这两类高风险房屋抵押贷款的总额已超过2万亿美元。当然，尽管数额巨大，但倘若市场利率继续保持低位或房地产价格继续高企，则市场仍能正常运转。但自2006年第二季度开始，房产市场大幅降温，单户住宅中间价格连续四个季度下跌，购房者难以将房屋出售或者通过再抵押获得融资；而美联储则在两年的时间里17次提息，致使市场利率大幅攀升，与此同时，大量接受创新贷款品种的客户陆续由固定利率期转入浮动利率期，大幅提升的市场利率使他们不堪重负；双管齐下，结果就是大量贷款者无法按期偿还月供。截至2008年4月，ALT－A拖欠率已达到12%，到10月，次贷拖欠率高达40%。

倘若次贷问题只是局限在房屋信贷市场内部，则其不利影响将是有限的，因为无论是次贷还是ALT－A，其损失的规模都是确定的、可控的，并且都由房屋实物作为抵押，因此也并非不可接受的；因此放贷机构承受的损失范围十分清晰；即便没有政府进行救援，也不会对整个金融市场形成冲击。然而，随着次贷市场的扩大，大量运用资金杠杆进行操作的金融创新纷纷介入，使得次贷本身形成的损失被极大地放大；而金融机构大量持有的这些金融创新又使其承受的损失不再具有可控性；一旦这些金融机构突然发生不可控制的大额损失，多米诺骨牌被推倒，整个金融市场和金融体系就都深陷其中。与次级贷款有关并且起到放大次贷损失的金融创新的源头是次级抵押贷款支持债券（mortgage-backed security，MBS）。发放次贷的公司为获得流动性、推行资产证券化，将次级贷款打包成 MBS。由于次级贷款直接形成的 MBS 难以获得信用评级公司的较高评级，其投资者十分有限，因此，抵押贷款公司将 MBS 出售给商业银行或投资银行。通过此运作，抵押贷款公司可以获得源源不断的现金流，持续发放次级抵押贷款。① 投资银行继而对 MBS 进行资产组合分割：根据偿付的优先次序将 MBS 及其他债券组合带来的现金流进行分割，发行不同级别的债务抵押凭证（collateralized debt obligations，CDO）。其中，风险最低的叫高级 CDO，大约占 80%；风险中等的叫中级 CDO，大约占 10%；风险最高的叫普通 CDO，大约占 10%。当次级抵押贷款出现一定比率违约时，正常还款带来的现金流将先偿付高级 CDO，剩余部分再偿付中级 CDO，最后则偿付普通 CDO。由于一段较长期以来的低拖欠率和其余两级 CDO 的保护作用，高级 CDO 得到评级公司 AAA 级的最高评级，被商业银行、大型投资基金和外国投资机构，包括很多退休基金、保险基金、教育基金和政府托管的各种基金竞相购买。中级 CDO 和普通 CDO 则基本为对冲基金所购买，其中大部分又作为抵押品被对冲基金用于向商业银行融资，进行杠杆操作。进而，华尔街的金融家们再对 CDO 这一二级衍生证券进行了更加复杂、信用杠杆更高的各种金融创新，从而使得信用衍生产品市场急剧膨胀。据国际清算银行统计，2004—2006 年 CDO 的发行规模分别是 1 570 亿美元、2 490 亿美元、4 890 亿美元；而同期信用衍生产品市场规模则膨胀了 15 倍，达到 50 万亿美元。在这个庞大的市场中，追求高风险—高收益的对冲基金固然是主力，以投资安全为特点的

① 这也是在《巴塞尔新资本协议》严格的资本充足率监管要求下次级住房抵押贷款市场能够快速膨胀的重要原因。根据《巴塞尔新资本协议》中的市场原则，只要商业银行等存贷机构能够通过市场获得及时、足够的流动性，则其资本充足率即便未能达到一个比较高的水平，也被视为是安全的；相反，一个缺乏流动性市场支持的商业银行，即便资本充足率达到 8% 甚或更高，也不能保证其安全。根据该原则，由于流动性市场发达，次贷公司潜在的巨大运营风险未能被《巴塞尔新资本协议》涵盖在内。由此可见，《巴塞尔新资本协议》中新增的这条市场原则，因市场变化的突然性和不可预测性，显然仍存在很大的改进空间。

一大批"保守型基金"如养老基金和保险基金也在其中占据了很大份额。

在这个杠杆放大链条上，任何微小的利润经由几个层次金融创新的放大，都能产生惊人的利润，这是美国金融家和投资者们（甚至是保守型的养老基金等投资者）青睐次贷衍生产品的重要原因。如上所述，次贷利率比优质贷款利率高 2~3 个百分点，而直到 2006 年其拖欠率又是相当低的，这就使得这 2~3 个百分点被广大市场主体视为纯粹的无风险套利良机。对这一长期（如 30 年期）的每年高 2~3 个百分点的利息收益按照一定贴现率计算其现值，这些次级贷款的市场价值可以得到大幅提升，而 MBS 及其衍生产品恰恰可以在市场上立即实现这个价值。在次级贷款运作链条上，这些收益将由中级 CDO、普通 CDO 和基于其上的创新产品来分享。2002—2006 年，受美联储长期低利率政策影响，美国房产市场持续高涨，房地产价格 5 年间翻了一番，次级贷款人可以轻松得到资金来保持月供的支付，次级贷款拖欠的比率远低于原来的估计；于是次级贷款衍生证券持有人获得了惊人的收益，许多投资于此的对冲基金收益率高达 100% 以上。这一投资业绩引诱更多的潜在投资者涌入次贷衍生证券市场，从而在进一步扩大该市场规模的条件下，蕴涵了越来越大的金融风险。如我们所知，金融创新的杠杆作用在利润产生时固然能放大利润，在亏损发生时也能以同样的倍数放大亏损。从 2004 年开始，美联储改变了货币政策方向，连续提息 17 次，将联邦基金利率由 1% 回调到 5% 以上的水平；基准利率的变动使得抵押贷款利率（mortgage rate）由 5.25% 回升至 6.75%，上升了 150 个基点。联邦基金利率的上升对房地产市场也产生了很大的影响，自 2006 年第二季度开始，美国房产价格增速急剧放缓，成交量相应大幅缩小。贷款利率的上升使原先尚能保持收支平衡、按时偿还月付的次级贷款人开始产生支付困难，而房地产市场的低迷又使其出售房产以套现投资的办法难以实施，两方面共同作用，于是，从 2006 年第二季度开始，次级贷款拖欠率开始大幅上升，坏账风险在迅速抹平其因比优质贷款高出 2~3 个百分点而带来的利润空间后，开始转化为亏损根源。这些亏损在经过 MBS—CDO—三级衍生证券三个层次的杠杆放大后，就成为惊人的亏损额。不仅如此，由于次贷衍生证券的投资者涵盖了包括对冲基金和养老基金、保险基金在内的各种类型的市场主体，其信用等级的降低和亏损的发生在使这些投资者蒙受实际损失的同时，还催生了市场微观主体的恐慌心态，这进一步影响到那些在实质上与次贷衍生产品没有什么关系的有价证券价格，从而使得包括股票市场在内的金融市场逐步走向低迷。随着金融市场整体走向低迷金融风险日益凸显，即便是那些原先并未投资于次贷衍生证券的机构投资者也开始因其他有价证券或金融创新产品的价格下滑而蒙受损失，市场陷入恶性循环怪圈，金融危机于是开始形成。一些著名的、具有国际影响力的投资银行如贝尔斯登、雷曼兄弟的崩溃，在进一步扩大危机程度和波及范围，使之成为一场世界性金融危机的同时，又加剧了市场负面联想和恐慌心态，从而使危机转向深化和恶化。在世界市场恐慌心态基本成型的条件下，即便美国政府采取了空前有力的介入动作（如小布什政府通过的 7 000 亿美元特别国债，奥巴马政府上台后又通过了 8 250 亿美元的经济刺激方案等），在短时期内显然也难以挽狂澜之既倒。

6.3　金融危机中的风险分摊

深入分析此次金融危机中金融风险的创造、转移、分摊过程，我们不难发现，它正验证了笔者在前面章节中论述的分摊模型。

先从微观层面看风险的创造。如第 5 章两市场模型描述的，在次级贷款及其衍生证券市场的创造过程中，华尔街的经纪商和贷款公司扮演了制度精英的角色。早在 20 世纪 80 年代初美国利率和金融自由化的浪潮中出台的《存款机构解除管制与货币控制法案》就允许贷款公司收取更高的利率和费用，从而为次级贷款的创造奠定了法律基础；1982 年的《可选择按揭贷款交易平价法案》允许贷款公司使用浮动利率抵押贷款（ARMs）和大额尾付贷款（也称气球贷款，Balloon Payment），从而为后来的次级贷款创造提供了技术性手段；1986 年的《税务改革法案》规定消费者贷款利率不得下调，而住房抵押贷款的利率则可随市场进行上下调整，这大大增加了住房抵押贷款的市场需求。这些法案为次级贷款及其衍生证券在 20 世纪 90 年代的迅速发展铺平了道路。1993 年后，随着以电脑网络和高新技术为代表的新经济的发展，美国迅速走向一个经济高峰，市场利率随之水涨船高，优质贷款的规模和数量相应缩减，这对贷款公司造成越来越大的经营压力，它们于是开始利用 20 世纪 80 年代的这些相关法案，放低房屋抵押贷款门槛，大规模地开发 ALT‑A 和 B 文件贷款，从而充当了第一级的制度开发者。然而，ALT‑A 和次级贷款往往采取的低首付甚至零首付的贷款方式给贷款公司带来越来越大的流动性风险和压力。如果说，在一个房地产市场处于上升态势的市场背景下，ALT－A 和次级贷款的信用风险暂时还处于隐而不发的状态，那么，日益增大的流动性风险就成为当时制度精英所急需转嫁出去的主要风险形式了。于是华尔街的投资银行家成为第二级的制度开发者：他们采取资产证券化的手段，将各种来源的不同种类的抵押贷款以及隐含其中的不同级次的金融风险打包成金融产品，从而创造了第一级次的次贷衍生证券 MBS（抵押贷款支持证券），并通过资产分割的方法使 MBS 转化为由不同还款担保和不同信用等级组成的 CDO 系列，使大部分拥有两级还款缓冲的 senior CDO 获得一个相当理想的信用等级，从而为次贷衍生证券创造了一个二级市场。在这个制度创造过程中，显性的贷款机构的流动性风险经由资产证券化和 CDO 二级市场的创造而得到了分摊：从集中性地由贷款公司独立承担转化为分散式地由 CDO 市场投资者共同承担，这对降低风险的集中程度、增进风险的市场化处理显然是有好处的。然而与此同时，隐性的信用风险也随资产的市场化过程转嫁给了 CDO 的投资者。并且，由于 senior CDO 良好的信用等级，以及 MBS、CDO 两个层级的资产打包和转换，使投资者对此风险难以作出准确的评估，这就为将来的信用风险爆发埋下了伏笔。进一步，作为最具信息优势和利益驱动的投资银行家，显然不会满足于在资产证券化和 CDO 二级市场中发挥中介和包销的作用，几乎在 CDO 二级市场创生的同时，他们就使用其在衍生证券方面的先期知识优势开始了新的金融工具的创造过程，利用财务杠杆创造出种类繁杂的 CDO 衍生证券，从而在 CDO 市场外再派生出一个规模庞大的虚拟证券市场。如果说 CDO 二级市场的创生是一个通过市场化转嫁的方式寻求固有的流动性风险和信用风险分散化的举措，那么，CDO 衍生证券市场的创生，则是一个纯粹的金融风险创造的过程；在这个市场中，巨大的金融风险完全是人为创造出来的，它虽然有 CDO 为其附着物，但由于 10 倍以上的财务杠杆作用，绝大比例量值的风险是没有实体附着的，是第 3 章描述的"纯粹的金融风险"。

再从宏观层面看风险的分摊。随着 2008 年 9 月雷曼兄弟的倒闭，"短板效应"开始显现，原先主要影响力还局限在美国的次贷危机，迅速升级为世界性金融危机。在此过程中，金融风险的跨国分摊机制和结果如何，是每个国家都必须关注的问题。笔者认为，尽管目前危机还处在发展过程中，但仍可判断最终新兴市场国家将承担此次危机的相当比例的损失，从而验证第 5 章动态模型描述的发达国家—发展中国家①的风险转移和分摊机制。当然，如结论 5.9 所言，发达国家与发展中国家对风险的分摊无论就时间上看还是就量值上看都是不对称的，当前的危机是发达国家外生性风险的一次集中爆发，许多新兴市场国家在此过程中受到的冲击可能未必十分巨大；但危机过后的相当长一段时间内，当外生性风险被内生化后，发展中国家将成为风险的主要转嫁和分摊对象而逐步承担相应的风险、承受甚至比当前发达国家遭受的更为巨大的风险损失。以下我们试从外生性风险的创造和外生性风险的内生化两个过程来剖析发达国家—发展中国家的风险分摊机制。

根据第 5 章的结论 5.8，自 20 世纪 80 年代以来，随着新兴市场国家经济全球化和金融市场（特别是亚太地区金融市场）的快速发展，发达国家原先所拥有的在金融市场和金融产品上的信息优势开始逐步消失，其在信息市场中的垄断性卖家的地位也开始受到动摇，这种压力迫使发达国家金融市场的主宰者们愈加积极地开发新产品，以求通过制度性开发而再度占据信息优势，包括次贷衍生证券在内的金融衍生产品正是在这样的机制下被大规模地创生出来的。早在 20 世纪 90 年代次贷衍生证券市场迅速发展起来后，一些较有远见的学者和官员就开始意识到其间蕴藏的巨大金融风险。如索罗斯（George Soros）就曾表示过他从不接触金融衍生产品，因为"我们并不知道这些产品是如何运作的"；巴菲特（Warren Buffett）早在 2003 年就称金融衍生产品为"大规模杀伤性金融武器"（financial weapons of mass destruction），隐藏着长期致命性风险。1997 年美国商品期货交易委员会（CFTC）开始着手规范金融衍生品，时任委员会主席的波恩（Brooksley Born）认为这些不受控制的不透明的金融衍生产品将危及金融市场乃至整个经济体系，因此在国会听证会上呼吁制定法

---

① 为论述方便起见，笔者在此仍沿用发达国家—发展中国家这样的简单两分法处理方式。在当前的现实世界中，发达国家和发展中国家的界限已不再像过去那样分明，许多 20 世纪 70 年代后经济和金融市场崛起的国家和地区如日本、韩国、新加坡、中国台湾和香港等，按一般标准已可归入发达国家（地区）行列。但就金融风险的跨国分摊角度考察，金融产品和金融工具的主要创造者是美国市场和欧洲市场，其他国家甚至包括许多欧洲国家，都只是其跟随者，也就是说真正占用制度性信息优势并且主要开发新的制度性信息的国家只有美国和欧洲少数几个国家。因此在下面的论述里，发达国家仅指美国和欧洲国家，而发展中国家涵盖了除美国和欧洲国家之外的所有各国，包括经济上已可称为发达国家的亚太地区各国。

规让交易商披露更多交易细节和风险准备金情况。然而，一旦以华尔街的投资银行家为代表的金融产品市场开发者踏上不断创生新的金融产品以继续掌握、扩大制度性信息优势的寻租道路，即便他们自身也充分意识到其中隐含的巨大风险，不断增大的信息压力和垄断性利润诱惑也使他们骑虎难下、欲罢不能。如针对波恩发起的监管提议，美联储前任主席格林斯潘（Alan Greenspan）就持强烈反对的态度，并在 1998 年 6 月对国会施压，要求其否决波恩的严格监管提议；甚至在 1998 年秋季长管基金（Long Term Capital Management）破产引发一场金融动荡，从而验证了波恩的担忧和提议并非没有根据之时，格林斯潘仍坚持其放任自流的主张，甚至为此说服国会冻结了主张监管的 CFTC 的监管权力达半年之久，导致波恩去职；长管危机后，格林斯潘继续坚持放任立场，并在 2003 年的一次听证会上称"多年市场实践证明，进一步监管这些金融工具是一种错误"①。随着金融衍生产品市场规模几何级数式的发展，其间积累和蕴藏的金融风险与其创生者所掌握的信息优势同步增长。在华尔街的投资银行家利用其信息优势攫取惊人利润的同时，巨量的蕴藏风险被转移给金融产品市场机构投资者如对冲基金、保险基金、退休基金，进而转嫁到这些基金的广大持有者头上。当然，由于对冲基金等的主要持有者仍以欧美市场投资者为主，风险至此还未实现跨国分摊，而仍是在其国内市场的内部分摊，就这个意义看，格林斯潘在 2004 年的一次演讲中提及的衍生证券实现了各行业企业对华尔街金融风险的"摊薄"也不无道理。综合上述，我们不难看到，正是在继续保持信息优势地位的压力下，华尔街的投资银行家们走上了不断创造金融衍生产品，从而不断创生新的外生性金融风险的不归路；在发达国家开发、发展中国家跟随的金融市场国际分工中，发达国家及其金融市场作为一个整体扮演的正是外生性风险创造者和初期承担者的角色。

尽管发达国家如美国和欧洲的金融市场现阶段正面临外生性金融风险爆发而引起的巨大的亏损压力，而包括我国在内的广大的发展中国家受到的直接冲击并不算很大，但这并不意味着这些国家就能置身事外静等"国际金融体系的重构"。根据第 5 章结论 5.8 和结论 5.9，发达国家作为制度开发者在首期

---

① 以上引文引自 2008 年 10 月 12 日《纽约时报》（*The New York Times*）评论员古德蔓（Peter S. Goodman）的署名评论文章 "Greenspan's Legacy Questioned Amid Crisis"。

博弈中独自承担的外生性风险将在后续的各期博弈中通过各种方法转嫁给作为制度追随者的发展中国家，从而完成金融风险的跨国转移和分摊过程。在正常状况下，这一风险的跨国转移和分摊只需经由微观层面上的跨国投资者就能完成，其机制大致如下：某种金融产品在创设之初的一段较短时间里，其隐藏的金融风险还未为人们所广泛认识，而其盈利绩效则经投资银行的市场宣传而广为人知，在全球流动性泛滥的今天，必然吸引大量来自其他国家的逐利资本。然而，金融产品本身运作技巧的复杂性（甚至连大投资家索罗斯都称对衍生产品一窍不通）形成的庞大的制度性信息集，使来自发展中国家的许多机构投资者不可能在短时期内掌握该产品的投资技巧，因此在与其开发者的博弈中必然处于信息劣势，在金融风险的不对称分摊机制中往往成为市场亏损的主要承担者。此次金融危机中因持有次贷衍生证券或雷曼兄弟相关证券而蒙受大额亏损的投资者如中国银行、汇丰银行等，就是通过此种途径参与到金融风险的跨国分摊机制中去，成为风险的被转移者和承担者的。在危机爆发之后，经由市场逐步转移金融风险的渠道基本上被堵死（危机中发展中国家机构投资者承担的亏损只是其前期分担的金融风险的爆发，而非新增的金融风险），于是只能采取政府介入的半强制性手段来完成风险跨国转移。以此次危机的官方介入为例，在 2008 年 10 月 11 日召开的 G20 会议中，美国就敦促中国购买其发行的 7 000 亿美元特别国债中的一部分，美财长保尔森此前更发表声明称"美国会和拥有美国国债最多的国家即中国和日本紧密合作，化解金融危机"，在会中布什总统更特别强调："无论富国还是穷国，发达国家还是发展中国家，我们都身陷其中。"种种举措表明，美国将包括中国在内的广大发展中国家拉入金融风险分摊阵营的意图是十分明确的。会后 20 国集团发表一项联合声明，承诺共同"克服金融动荡、深化合作，以改善全球金融市场的规范、监督和整体运行状况"，尽管具体的合作规则并未出台，但发达国家和发展中国家共同承担金融风险的格局基本由官方确定了下来。从风险跨国分摊的角度看，购买美国国债、协助美国度过金融危机，其实质就是将我国储备的美元资产重新注入美国市场，以我国的国际储备来转移、分摊、消化美国的金融风险，因此一些研究者认为从我国金融安全角度考虑不应对美国的压力让步。然而，是否拒绝购买特别国债就能使我国置身于金融风险的分摊机制之外呢？显然并非如此。事实上，无论此次的 7 000 亿美元国债最终由谁购买，最终结局都只能是世界各国共同为美国危机"买单"，共同分摊、消化这7 000亿美元为抵补金融亏损而"无中生有"多出来的世界货币。这是因为，在美国经济衰退难以避免、财政预算不灵活的情况下，7 000亿美元债务将几乎全部转化为美元增发的压力。由于美元是迄今为止世界各国最为主要的储备货币，美元增发必将引起的美元贬值，一方面将导致各国储备资产缩水、各国政府蒙受损失，另一方面将引发全球性通货膨胀、各国民众蒙受损失。以我国为例，如我们所知，我国拥有5 187亿美元美国国债，是美国的第二大债权国，人民币与美元的汇率问题更是近三年来世界关注的一个焦点，无论从官方角度还是从民间角度，事实上我国已被美国绑上同一辆战车上。无论我国是否购买美国特别国债，7 000亿美元债务产生的巨大的美元发行压力和美元贬值压力首先将使我国的巨额美元储备（包括5 187亿美元官方储备，也包括数额巨大的民间美元资产）大幅缩水，形成直接冲击；其次，还将使人民币汇率走向处于两难，形成间接也是更长期的经济冲击：如与美元一同贬值，则相当于向国内输入通货膨胀，在我国2007年以来的高通货膨胀率刚刚得到控制的目前显然是难以接受的；而如相对美元升值，则一方面将导致大量美资和其他外资涌入，增加货币供给，难以避免通货膨胀输入，另一方面还将对我国出口产生负面影响，使目前已面临空前困难的外向型经济部门形势更加严峻。简言之，无论包括发展中国家在内的世界各国在此次危机中采取什么样的应对策略，最终都必将以外汇储备缩水、国内通货膨胀的方式来分摊美国的金融风险和金融损失；而美国也凭借美元的中心储备货币地位实现其外生性风险内生化、国内风险国际化分摊。

6.4 小结

综合上面论述，笔者认为，此次金融危机中各国的金融风险分摊状况很好地验证了本书前面几章描述的金融风险跨国分摊模型。就此次危机看，尽管在各国政府和金融当局空前强力的合作和干预下，危机可能在一个较短的时间内被平抚下来；但在今后相当长的一段时期里，包括我国在内的世界各国都将继续受到危机的后续影响：在一个以美国和美元为核心的国际金融体系中，各国都将以美元储备缩水、国内通货膨胀的方式分摊目前主要集中在美国的金融风险和金融损失。当然，随着此次危机及其后续影响的发生，当前这个以美元为核心的金融体系也必将面临来自多方的挑战，新的、更为公平合理的国际金融秩序有可能因此次危机而得以催生，从而打破美国在金融信息市场上的绝对垄断地位，改变美国开发、世界各国跟进的金融制度演进路径，改变美国创生、世界各国分摊的金融风险分配模式。就这个角度看，此次危机对我国、对广大的发展中国家而言，也未尝不可以是一个改变自身风险分摊地位的较好的契机。

7

我国经济结构与金融风险分摊地位考察

　　我国自改革开放以来的市场化经济建设一向被冠以"转轨"、"过渡"的名称，甚至诞生了以"转轨经济学"、"过渡经济学"为名的学术分支。但关于"转轨"、"过渡"的具体指代，则被普遍认为是一个不答自明的问题：改革开放前是计划经济，改革开放的目的是建立市场经济，所谓"转轨"、"过渡"，自然是由计划经济转轨、过渡到市场经济。然而，笔者认为这样的观点即便不是毫无根据的，至少也是犯了"一刀切"、将问题简单化的毛病。倘若我们将视角放到更长期的时间尺度上、将考察重点深入到经济组织形式乃至社会组织形式上来，不难发现，所谓"转轨"和"过渡"，绝不仅仅是 1949 年或 1953 年到现在的计划经济向市场经济的简单切换。从某种意义上看，新中国成立以来的经济组织形式的变迁，甚至不是割裂的计划—市场两分法，而是互为因果、互相依存的一个历史时期；而所谓的"转轨"和"过渡"，不仅是经济组织形式向市场经济体制的转变，更是我国在面临"数千年未有之变局"时突破既有信息空间上限，实现"从身份到契约"的根本性转变；这一转变将从根本上改变我国的经济结构和社会结构，重塑我国的微观经济主体和宏观经济制度。因此，要考察我国目前及将来在世界金融风险分摊中的地位，首先就必须对我国目前所处的经济"转轨"阶段有一深切的认识。

7.1　采邑经济的再认识

在一个经济机体内，将市场微观主体连接在一起的最基本的活动是交易。通过持续不断的相互交易，各种商品的价格及关于交易者的其他编码性信息（如信用状况）得以产生并不断随供求变化，从而使这些编码信息成为反映经济结构状况的"晴雨表"及后续交易继续进行的信息基础。然而，在前市场经济条件下（以区域内自给自足为主要特征的小农经济或庄园经济，我们统称其为采邑经济），受交通条件和信息编码水平限制，编码体系的扩散能力受到阻碍，交易并不是时时刻刻不断发生着的，商品的潜在供给方或需求方经常遇到的一个问题是找不到交易对方，交易对方的缺失使交易无法进行，于是具有交易需要的那一方的交易意愿得不到实际体现，其中（交易意愿中）包含的供或求的信息也就无法实现顺利编码，并反映到宏观经济背景上去，这就使以价格为代表的编码性信息作为供求"晴雨表"的功能无从发挥。

在采邑制度下，交易规模和信息编码水平表现出强烈的正反馈特征：交通通讯条件和信息编码水平限制了制度半径（制度的作用范围，即属于该制度体系特有的编码系统的群体认同范围），而制度半径又限制了编码性信息的形成和其供求反映功能。充分反映市场供求状况的价格信息编码就无法形成，则在每次新的交易达成之前，通常总要再经历一个议价阶段，这就大大增加了每次交易的成本，阻碍了跨采邑交易实现频度的增大。跨采邑交易频度受到限制一方面直接体现在采邑结构交易规模有一个偏低的上限上，另一方面更影响了信息编码水平的变迁方向：由于交易主要在采邑之内进行，因此采邑内个体没有有效激励去推动既有编码体系编码程度的提高和体系的更大扩散，从而使制度编码体系表现出很强的路径依赖特性，诸多默示规则于是产生并上升为文化传统；文化传统的跨代承袭和体系化进而对跨采邑交易规模进行更严格的限制。于是正反馈就此形成（见图7-1）。在这一正反馈作用下，交易规模始终无法得到大的扩张,[①] 制度半径于是始终局限在采邑内无法得到有效扩展。[②]
无论是欧洲中世纪的农庄经济, 还是中国王朝时期的所谓小农经济,[③], 都具
有很大的封闭性特点, 其根本原因在此。

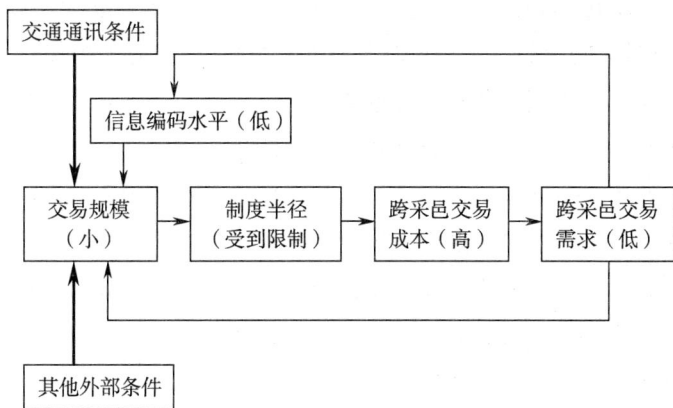

图7-1 采邑制度下正反馈的形成示意图

在这样的条件下, 市场主要由人格化交易[④]维持。在采邑内, 通过反复不
断的日常接触和反复交易, 市场微观主体之间逐渐建立起熟稔的个人关系;由

---

① 正反馈环的破坏(演变分岔的实现)只能通过改变外部因素, 即实现交通通讯条件的大大改
进, 或外部给采邑一个极大的干扰, 从而使采邑内个体有足够的激励去突破制度外延性风险寻求与采
邑外交易的更大可能。前者有待于生产方式的飞跃和分工的演进, 后者则来源于采邑与外部的作用关
系突变, 如被殖民化、因对外界的更加了解而产生忧患意识等等。

② 小区域与外界的交易并非没有, 但只是偶尔发生, 带有很大的随机性和不确定性, 因此不能纳
入制度半径的范围之内(因为这些交易给编码性信息体系带来的只是瞬间的干扰, 在交易之前和交易
之后, 编码体系不因交易的发生而受到大的影响)。

③ 中国王朝时期的经济特色用小农经济来概括也许并不是在什么时候都是恰当的。如我们所知,
在一个王朝建立之初, 由于原先大农庄所有者作为一个阶级在改朝换代的斗争中被消灭(他们通常代
表原来王朝的既得利益, 因此大多会维护原先的王朝统治者, 这导致在改朝换代成功之后他们随旧王
朝被埋葬)、人口因战争而大大减少, 于是大批自耕农出现, 他们拥有属于自己的、面积不大的耕地。
当然, 随着一个王朝统治结构的确立和制度体系的稳定, 土地兼并将不可避免地发生, 重新造就大的
农庄主。因此, 中国几乎任何自发演变(不被外来侵略打断)的王朝在经济上都大体可划分为自耕农
主导的王朝前期和大农庄主导的王朝后期。我们知道, 一个王朝的主要兵源是自耕农, 因此一个王朝
的任何时期(哪怕是农庄占据较大比重)都必须保证一个较大数量的自耕农群体的存在。在这个意义
上, 把中国的王朝时期统称为小农经济时期应该也不是不恰当的。

④ 所谓人格化交易, 系指"建立在个人之间相互了解基础上的"交易, 参见诺思:《制度变迁理
论纲要》, 载《经济学与中国经济改革》, 3页, 上海, 上海人民出版社, 1995。

于在这种封闭型经济形式下，个体的迁徙是比较少见的，[①] 因此市场的范围也是比较稳定的。在一个微观构成成员比较稳定、规模又相当小的市场中，在一个"每个人认识每个人"的社区环境下，交易者之间逐渐建立起一个彼此心照不宣（也很难化为言辞或文字）的共同信息体系，在这个体系中，几乎所有共同信息都是"具体的、未编码的、未扩散的"，[②] 为每个体系中成员所心领神会；并且个体的具体身份极其重要，甚至可以说，正是个体的具体身份使他获得被纳入这个信息体系的资格和能力。由这一共同信息体系出发，采邑内逐渐形成一种共同的价值和对彼此的信任；通过这种途径，采邑内相互交易的成本大大下降了、交易规模得到了扩大，采邑内的社会信用也得到了构建。

在采邑内，与交易的特点相适应，信用的维持也主要通过人格化的方式实现。换言之，并没有有形的契约规定或严格的法律规范对背信行为进行惩罚性制约；但在采邑之内，一旦背信，事实上的成本将是大得无法估量的：由于在采邑市场里，"每个人认识每个人"，因此其背信行为将迅速为所有市场主体获悉，不会再有人愿意与这样的背信者进行交易，于是他将被视为不可信任的人而被采邑内群体共同摒弃，被排除在采邑市场之外。如上面分析的，在以封闭型经济为特征的采邑体系下，个体的迁徙和融入新的采邑的成本十分巨大，因此，一旦市场主体被所在采邑市场列为不受信任的人，他将处于这样一种尴尬境地：既不能留（为本地社区成员所共同唾弃），也不能走（作为异乡人无法取得外地人的信任）。一次背信导致交易主体被永远逐出市场，甚至是被永远逐出社会，这样巨大的背信成本显然不是个人所能够承受得了的。因此，尽管没有成文契约条款和有效法律措施（如一般市场经济条件下那样）对背信

---

① 除非遇到天灾人祸或出现荒年不得不背井离乡外出逃荒。在封闭型经济下，微观个体之所以具有很大的地域附着性，一方面固然因为农业用地对他们的牵制性作用，另一方面（也是更为重要的原因）在于其迁移成本是十分高的：在一个市场半径很小的区域内，市场的建立和个体间信任的形成几乎纯粹是通过人格化交易实现的，而这需要一段很长的相互磨合时间，有的甚至要耗时数十年，由几代人来共同完成。而这种人格化环境一旦形成，一方面具有相当大的稳定性，另一方面又具有很大的排外性，外来个体在一段较短的时间内根本无法融入并为市场所接受；于是，在一个既有的市场和社会群体中，异乡人就成为可悲的孤独者，这就使得微观主体的地域迁徙成本变得非常高。我国以及与我国经济条件类似的国家之所以乡土观念特别浓厚，根源在此。

② 布瓦索：《信息空间——认识组织、制度和文化的一种框架》，中文版，381 页，上海，上海译文出版社，2000。

行为进行约束，在采邑市场内，社会信用的维持却仍是十分成功的。[①] 有一个有趣的现象可以作为我们结论的注脚：在几乎一切封闭型经济体内，诚实守信都被视为一个社会个体所必须具备的最基本的素质之一，在个体刚刚懂事时就被反复教导、一再强调；而在封闭型经济存在发展时间较长的国度，诚实守信甚至成为国家或民族的一项重要的优良传统被代代相传，成为民族性的一个重要侧面。对个体而言，正是在经济上的重要地位使得这一品质得到这么大的重视。

7.2 我国的经济转轨：从采邑到市场

我国的采邑经济（小农经济）源远流长，其对经济组织演变的实际影响和在长期发展中形成的意识形态对社会演变的间接影响之大是难以估量的。鸦片战争以来，我国自给自足的采邑经济开始受到来自外部的冲击，经济组织形式因国家的安全受到严重且持久的外来威胁而面临不得不变革的处境（正反馈系统被打破）；嗣后的社会变更，就经济意义上看都可视为经济体寻找更适合时代和自身发展的组织形式的尝试历程。这一尝试历程又是在一种学习—试错机制下进行的，是在路径依赖与路径歧异效应间不断调校的过程。简言之，无论是新中国成立后"计划经济"[②] 下的社会化大生产改造，

[①] 当然，也并不是每一次交易总是能得以顺利履行，客观条件的改变或一些不可抗因素的出现常常使履约成为不可能，从而个体信用的维持不能实现。这样的个案尽管并不罕见，但它并不动摇社会整体的信用基础。对于那些不得不选择背信的个体，其他个体也会给予适当的谅解和宽容；而作为回报，背信者则通常会在事后通过其他方式对其背信行为造成的对方损失进行适当的弥补。这样，社会整体信用基础不但不会遭到破坏，反而会因此得到加强。

[②] 一个常见的错误认识是我国在 1949 年新中国成立到 1978 年正式推行改革开放之前长达 30 年的时间里，实行的都是所谓的"计划经济"。这一观点之所以是错误的，是因为它忽视了这样的事实：在这 30 年中至少有 20 年，由于各种各样的原因，对经济进行计划性管理其实并不存在：1949—1953年继续之前的"土地改革"，将地主的土地交给佃农，这实行的事实上是之前几乎每一个王朝在建国之初都会推行的"耕者有其田"的土地再分配措施；在此期间，城市工业和手工业继续自主经营；政府并不对农业、工业和手工业制订计划，因此计划经济在这一时期是不存在的；1958—1961 年毛泽东发起"大跃进"运动，从而引发经济灾难，此时虽有计划，但绝大多数计划只存在于浮夸严重的书面报告中，对微观经济主体事实上不起任何作用；1966—1976 年是史无前例的"文化大革命"时期，既有的党政机关几乎全被推翻，其中也包括了经济计划部门，因此这一时期就经济层面上看同样是混乱而无计划的。据此看来，所谓的计划经济时代，事实上只包括了 1953—1957 年的第一个五年计划时期，以及 1962—1966 年的"调整、巩固、充实、提高"时期这大概 10 年的时间。

还是改革开放以来建立全国统一市场的努力，在信息意义上看具有相同的本质，即推动经济组织形式和社会组织形式突破采邑制度下的固有正反馈，实现信息空间上的向上突破。

7.2.1　转轨的条件准备

1953—1957 年是我国的第一个五年计划，在此期间全国范围内首次推行计划经济、进行"社会主义三大改造"。在这一特殊的历史时期里，我国试图以全国统制性的计划体系来统筹经济发展。在这一努力过程中，试图摒弃的不是市场经济体制——因为在这之前，我国的市场经济体制远远未曾作为经济体的主要模式被建立起来①——而是采邑经济。具体而言，是试图通过全国性的、集中、统一的中央计划作为突破人格化交易基础的武器，以政令和规制强制性地破除采邑之间的壁垒，作为推动全国性经济资源流通的依据。这一努力从信息空间角度看，其性质相当于以政治强权强制性地推行信息空间的向上突破。然而，由于缺乏具有广泛基础的信息编码体系，这一努力不可避免地必然走向失败。如布瓦索所说的，"和西方关于中国是一个有 10 亿人口的庞大单一市场的流行看法相反，也许把它描绘作百万个市场，每千人一个市场也许会更恰当一些。"② 由分工演变而逐渐形成的工业生产在我国国民经济中并未占据主导力量，相反，以采邑内经济资源为唯一生产资料、自给自足为主要生产方式的农业生产则无论在人口上，还是在经济比重上都占据着十分重要的地位，这就使得整个制度缺乏内在的扩张动力，这又反过来限制了信息编码体系进一步发展的可能。③ 简言之，在新中国成立之初并未获得实质性的、足以导致反

---

① 尽管在极少数的殖民化大城市如上海，以洋行为代表的国外资本和以"民族资本家"为代表的国内资本在某种程度上建立起了以价格为标尺、以供求为基础的市场，但市场交易的维持仍非纯粹意义上的非人格化契约；而治外法权如所谓领事裁判权的存在，则使关涉洋行的经济交易，甚至不被置于本国法制范围之内，法制作用尚且因经济个体的身份而异，非人格化契约自是也属画饼。至于广大的乡村，自鸦片战争以来，具体的生产和交易方式与战争前并无显著差异。

② 布瓦索：《信息空间——认识组织、制度和文化的一种框架》，中文版，523 页，上海，上海译文出版社，2000。

③ 新中国成立以来（甚至可以上溯至新中国成立之前）社会主义理念乃至对领袖的个人崇拜思想的灌输，从信息意义上看即等同于以一种政治信息编码乃至宗教信息编码来统一纷繁复杂的各采邑编码，然而由于这种编码体系与个体谋利的天性相悖，尽管它在短期内确实能起到作用，但不可能真正成为一个成功经济机体的信息编码体系基础。

馈过程断裂的外在冲击，这就使得任何人为的、强制性的对采邑经济的"穷过渡"最终都将趋向失败。

然而，简单割裂"改革前"和"改革后"为两个经济时代，将问题全归于改革前的政治强权式经济体制，将经济成就全归功于改革后的市场经济关系的构建努力，无疑仍是片面而肤浅的。事实上，改革后经济建设成就的取得，更重要的是，改革后正反馈环的逐渐突破、经济体制在信息空间中的向上发展，与改革前的"社会主义改造"存在密不可分的关系。从这个角度看，所谓"社会主义改造"又不失为成功的：它虽然未能就此摒弃采邑经济，但它为最终信息编码程度的突破准备了必不可少的先决条件。当时的国家计划委员会主任李富春说："社会主义不能建立在小农经济的基础上，它必须有一个大规模的工业和集体化的农业的基础。"[①] 这句话事实上概括了所谓"社会主义改造"的根本意义之所在，只需要将"社会主义"四字改为"市场经济"。

如我们所知，要推动经济组织形式实现从身份到契约的根本转变，一个先决条件就是必须有足够大的交易规模需求；而交易规模需求的扩大又是与社会分工的深化和细化相关的，显然分工越细，交易需求越大；进一步，要推动社会分工的深化和细化，社会化大生产的产业格局就必须建立起来，原先自足式地运用采邑内经济资源进行生产的劳动力就应当被转化为社会化大生产链条下的工人。[②] 新中国成立之初面临的是一个现代化产业狭小、恶性通货膨胀延续

---

① 《1953—1957年中华人民共和国经济发展的第一个五年计划的报告》（1955年），转引自费正清、麦克法夸尔主编：《剑桥中华人民共和国史：1949—1965》，中文版，100页，上海，上海人民出版社，1990。

② 西方世界花费上百年的时间，由微观经济个体的自发推动实现所谓"资本的原始积累"来完成这一过程，这尚且是在社会、政治、经济、科技、宗教等各方面因素相互配合的环境下完成的。以此求之于20世纪50年代建国之初的中国，历史显然并未给予同样的机遇。

的经济局面，①，要在此基础上推进现代产业的发展和社会化大生产格局的形成，舍苏联的国家资本主义模式外并无其他道路可走。"一五"计划以社会主义改造为目标的事实上实现了国家对农业和工业生产的控制：个体农业和手工业产出在全国总产出的比例由 1953 年的 2/3 降低到 1957 年的不足 3%。政府对在国民经济中占据主要地位的农业的完全控制，使它能够通过计划投入的倾斜性差异来实现其优先发展生产资料生产部门（特别是钢铁和机械工业）的产业战略：在此期间，农业虽然创造了一半以上的国民收入，拥有的劳动力占总数的 4/5 以上，但获得的投资不到总投资的 8%；一半以上的投资用于工业，其中近 90% 用于生产资料生产部门，如冶金、机器制造、电力、煤炭、石油和化工。② 在工农业投入剪刀差的产业布局下，"一五"计划期间，工业产出以每年 18.7% 的速度递增，工业总产值提高了 130%，其中生产资料生产部门增长超过 140%，铁路线总长度伸长了一倍多，原先隔绝于其他地区的新疆、青海、宁夏和四川等省至此通过这些新建的铁路与其他地区真正联结在一起。不仅如此，中央计划的实行和"社会主义改造"的推进，还使得资金和人才的大规模调拨成为可能，③ 这就为扩大工业在国民经济中的影响力、推动全国范围内的产业格局优化提供了财力和人力的支持。"一五"计划结束后，如费正清等所评论的："仅一个五年计划不可能改变过去 50 年的发展格局，但毕竟已经有了开端。"作为社会化大生产基础的重化工业得以建立、国民经济占比中工业开始超过农业、交通通讯条件逐渐成熟，而所有条件加总，就意味

---

① 虽然抗日战争前的 30 年工业年增长率（不包括手工业）达到 7.5% ~ 9.4%，现代工业和运输业资本增长较为迅速，但工业的高速增长只局限在某些地区，并未能导致整个国民产出的持续增长，这是因为其规模过于狭小，与其他经济地区和部门的联系薄弱，难以刺激经济的全面增长。经过 8 年抗战，再加上 1945 年苏联搬走东北工业资本的一半，到 1949 年各种主要工业品产量只有 20 世纪 30 年代最高水平的 15% ~ 80%。至于农业，受战争影响，1949 年全国灌溉面积实际上还低于清末水平，仅占 1924—1929 年平均灌溉面积的 60%。至于通货膨胀，更是以骇人听闻的速度增长，在 1948 年 8 月法币崩溃前夕，上海物价批发指数为 1937 年的 660 万倍。参见费正清、麦克法夸尔主编：《剑桥中华人民共和国史：1949—1965》，中文版，157 ~ 159 页，上海，上海人民出版社，1990。

② 费正清、麦克法夸尔主编：《剑桥中华人民共和国史：1949—1965》，中文版，167 页，上海，上海人民出版社，1990。

③ 一个明显的例子是，"一五"计划前夕上海工业产量占全国工业总产值的 1/5，但占有国家投资仅 2.5%；上海还为其他地区的工业化提供了大量人才：到 1957 年有 25 万人被调离上海，到其他有工业建设项目的地区安家落户，其中 28 000 人是专业技术人员，17 万人是熟练工人。参见费正清、麦克法夸尔主编：《剑桥中华人民共和国史：1949—1965》，中文版，177 页，上海，上海人民出版社，1990。

着突破图 6-1 正反馈环的准备条件开始具备，即便是中间发生了许多政治大
动荡，并由此带来了一系列经济上的冲击。表 7-1 和表 7-2 显示了自 1957
年至 1975 年改革开放前夕的各项主要工业指标。

表 7-1　　　　　 1957—1975 年工业产量指数（以 1966 年为 100）

项目 ＼ 年份	1957	1962	1965	1966	1967	1969	1975
电力	23	56	82	100	94	114	237
钢	35	44	80	100	67	87	156
煤	52	87	92	100	82	106	191
石油	10	40	78	100	95	149	530
水泥	34	30	81	100	73	91	230
化肥	6	19	72	100	68	73	218
机床	51	41	74	100	74	156	319

资料来源：《中国统计年鉴 1981》。

表 7-2　　　　　　　　 1957—1975 年运输业指数

项目 ＼ 年份	1957	1962	1965	1966	1967	1970	1975
航空运输（10 亿吨公里）	181.0	223.6	346.3	390.1	305.0	456.5	729.7
铁路运输（10 亿吨公里）	134.6	172.1	269.8	301.9	226.9	349.6	425.6

资料来源：《中国统计年鉴 1981》。

7.2.2　转轨的实现

中国共产党十一届三中全会以来，经济政治上实现了拨乱反正，经济组织
形式的演变也回到其长期轨道上；然而，此前准备的突破正反馈环的各种条件
开始发挥作用，它们改变了制度变迁和经济组织方式变迁的长期趋势，从而使
采邑向市场的过渡成为此时的一个必然走向。值得玩味的是，这一走向的体现
却是以一种近乎倒退的方式实现的。

如我们所知，中国共产党十一届三中全会后实施的两个最重要的改革措施
是农业上的联产承包责任制与工业上的企业管理权下放（先下放到省市一级
行政机构，再下放到企业经理）。就经济组织形式看，这两大措施看似是对采

邑经济的一种现代意义上的回归，是对此前通过政治强权的方法进行的强制性偏离的一次回归。如上文论及的，此前计划经济时代通过政治强权对产业结构进行了根本意义上的重塑，从而使得传统采邑经济所蕴涵的自给自足的生产方式这一基本条件已基本上被破坏：以社会分工为基础和发展前提的现代意义上工业体系的建立，给予社会分工的不断发展与深化以第一推动力；在此框架下，原先自给自足的各采邑间因跨采邑交易需求微弱而形成的天然屏障已被拆除，相互依存、共同发展的新型关系开始建立，这就使得跨采邑交易需求不断膨胀，图7-1的正反馈链条于是被打破。然而，政治强权式的计划经济体制在建立起这一分工演进起点的同时，又以政治压力、严格的中央计划和规制限制住了分工演进的真实开展，这就使得刚刚建立起来的现代意义上的产业格局和工业发展受到这一方面越来越大的束缚，源于微观经济个体逐利天性的分工演进和（跨采邑）交易需求无法转化为信息编码程度进一步提高的动力，进而也就无法形成制度半径扩大的真实动力；于是，在我国从采邑向市场转轨的长期趋势中，出现了与之前截然相反的状况：如果说之前是基本经济条件的缺乏使得采邑制度的正反馈无法突破，20世纪70年代中后期面临的情况则是基本经济条件已具备，其自发性作用却被人为的经济制度和政治制度所禁锢住了。以中国共产党十一届三中全会为标志的经济体制改革最终解除了这一制度性桎梏，从而使我国经济结构正式进入从采邑向市场转轨的真正转轨道路上：联产承包责任制将生产和交易的决策权重新赋予农民，在短短的几年里取得了惊人的发展速度，改变了新中国成立以来长期依靠粮食进口来维持农产品市场供需平衡的局面。① 农村改革的成就和农业生产的迅速繁荣使我国得以继续新中国成立以来就开始了的工业化进程，并能腾出手来解决工业中的制度性问题，于是，从1980年开始，以国有企业改革为标志的工业制度化改革正式被提上日程，这一改革延续到了30年后的今天。

如图7-2所示，社会主义改造从无到有地建立起了我国的现代工业体系，这使得社会化大生产开始走入研究视界。与社会化大生产直接关联的便是社会分工的细化要求，显然，工业越发展，专业化生产的比重越大，对分工的要求

① 20世纪80年代正式实行家庭联产承包责任制后，农业生产以年均9%的高速度增长，在1985年我国开始成为粮食的净出口国。

也就越精细。分工精细化的发展使得不同专业化生产者之间互相交易的需求同比例上升。然而，原先的计划体制在政令上禁止了市场交易的存在，从而在制度上压抑住了交易的需求。一旦经济体制改革开始启动，既有交易桎梏被破除，则良性正反馈环也就开始形成了：交易需求得到释放，这在真实经济体内就表现为交易规模的扩大、交易半径的扩张；交易半径的扩张使得原先局限在采邑之内的默示规则失去其效力，不再适宜充当交易决策依据，于是对经济信息进行更加抽象化编码的动力就增加了；微观经济主体在持续的相互博弈过程中逐渐建立起彼此都能接受的共同编码信息，并以之作为自己将来进行交易决策的依据，这一过程就推动了编码体系向右上方的前进，从而突破了采邑制度的信息编码上限。编码体系的演进使得专门的制度性知识产生并不断发展，从而推动社会分工进一步细化、交易需求进一步扩大。交易需求的不断扩大一方面使得交易半径继续扩大有了一个持续的内在推动力，另一方面则对经济体制改革提出越来越高的要求；两方面的合力使得交易半径的继续扩大成为现实，从而给采邑向市场的继续转轨施加动力。

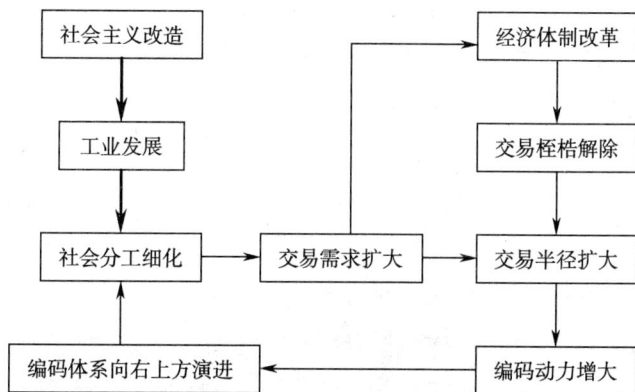

图7－2 从采邑到市场的转轨：初始推动和正反馈环示意图

因此，在一个更抽象的层面上考察中国经济结构的演变，我们发现，新中国成立以来经济结构演变本身具有深刻的内在逻辑，所谓"改革前"和"改革后"也并非如一般观点所认为的那样是截然分开、完全对立的两段历史，相反，它们在从采邑向市场的转轨过程中、在推动信息编码体系向右上方前进上，更多体现为相辅相成、互为依据的关系。正是这两个时期经济演变的合力，才使中国经济结构获得了突破采邑经济正反馈环的动力。另外，从图7-2的分析中，我们还可以看到，经济体制改革（市场化取向的改革）具有不可逆转的特点，一旦启动，它本身就将催生出促使改革继续深化的动力。也正因为体制改革的动力是在继续演进的正反馈环中不断得到自我强化，从而体现出持续增强的特点，而不是一种一次性的推动作用，所以我国的经济体制改革才必然也只能采取渐进转轨的方式进行。

7.2.3　转轨的前景

改革开放以来30年的恢复和发展，我国经济取得了举世瞩目的成就；建设社会主义市场经济的目标也被适时提了出来；交通通讯等基础设施条件比以前得到了长足发展；普通话的推广运动成效斐然，为克服交流中的语言障碍[①]扫清了道路。尽管如此，实现一般意义上的市场制度目标对我国而言仍存在如下障碍：（1）我国目前的市场半径虽然比以前有了很大的扩展，但一个全国统一的大市场仍未真正形成。经济体制改革以来向地方放权的措施形成的地方保护主义和地方既得利益集团的影响，将在一段相当长的时间内持续存在并对跨地区经济交易的顺畅扩大产生负面影响；（2）非人格化的契约化交易虽然日益发展成为社会交易的主体形式，但社会信用的缺失极大地限制了交易的规模，而基于契约化交易的社会信用维持机制的建立并不可能一蹴而就；[②]（3）缺乏一个完善、高效的法律体系对市场进行有效保护和规范，经济组织仍介于人治和法治之间。这三者又是紧密地联系在一起的：法律体系的不完善和易变特点一方面使它在实际的权衡中往往让步于地方保护主义或为地方保护主义所用，成为全国统一市场的阻力，无法为跨地区契约化交易提供有力的保障；另一方面，也使其对违约者的制约和惩罚无法及时、适当、准确，从而社会信用的维持也就缺乏稳固的法律依据；在信用体系无法被有效维持的条件下，交易规模自然难以顺利扩张，进而市场半径也就难以得到有效扩大。在这三个阻滞因素作用下，我国的转轨最终实现的市场化组织方式和编码方式将呈

---

① 各地方言的存在曾是我国经济交易突破采邑间界限、成为一个统一经济体的重大障碍之一，其间理由不证自明。

② 对此许文彬、陈炜（2008）有详尽的论述，参见许文彬、陈炜：《中国信用体系转轨的经济史视角考察》，载《当代经济科学》，2008（2）。

现出与西方发达国家截然不同的前景。

如我们所知，中国 30 年的经济体制改革并非以西方国家如美国的典型市场制度作为自己的目标模式，而是寻求建立起有自己特色的"社会主义市场经济体制"；在实际操作中，最典型的做法就是渐进式的经济转轨和市场化，这是中国区别于苏联和东欧国家的一个特点，也是中国经济体制改革取得重大成就的根源。之所以采取这一转轨方式，其经济学机理我们上文已作过详尽的分析。再就现实的制约条件看，如上所述，即使在交通通讯障碍和语言障碍在很大程度上已被消除的今天，我国要实现一般意义上的市场化仍面临着若干难以逾越的障碍，何况是小农经济和计划体制的影响仍占统治地位的改革初期。[①] 因此，立足于本国国情和社会信息结构状况，稳步推进信息的编码程度和扩散速度，才是实现经济恢复和发展的最优途径。我国经过改革开放三十年来的努力，事实上开辟了"另一种"市场经济道路：对地方和国有企业放权，是适应采邑制度的一些必要措施，通过这些措施，地方积极性被调动起来，从而为经济的复苏提供了基础；在产权和价格改革孰先的争论中选择了价格改革优先的策略，这在信息意义上是将具体的未编码的交易信息进行一次统一编码的过程，尽管该项改革耗时甚长、代价甚大，但其最终的成功却使我国在信息空间区域内实现了一次向右上方的重大飞跃；而在社会规范方面，则将礼俗社会（传统）和法理社会（现代）的文化秩序混合起来，建立起一些比较稳定的理性法律体制，对位居支配地位的带有个人特点的价值则促进其储存补充带普遍性的价值。简言之，中国的市场化道路在信息意义上是这样的："先将一些制度投资传播到信息空间的上部，然后让编码—扩散规律自然地发展，并逐步带来建立现代经济所必要的分散性。"[②]

一方面，这样的转轨道路必然是渐进式的，而其结果则是"网络式"市

[①] 意识形态的因素也是一个关键性要素，但诚如布瓦索分析的，"意识形态似乎并不构成市场在共产党国家存在的不可逾越的障碍，只要它起一种明显的辅助作用，并对仍然起支配作用的、以等级制组织起来的官僚秩序不构成威胁。它被看成仅仅起一种润滑作用，促进经济的效率"。后来我国提出在坚持共产党领导下发展"社会主义市场经济"的口号，对布瓦索的议论起到绝好的注脚。参见布瓦索：《信息空间——认识组织、制度和文化的一种框架》，中文版，522 页，上海，上海译文出版社，2000。

[②] 布瓦索：《信息空间——认识组织、制度和文化的一种框架》，中文版，588 页，上海，上海译文出版社，2000。

场经济的出现：体制外部门（包括集体、乡镇、家庭企业和纯粹民营企业）在利润刺激下继续增长，而体制内部门则因利润刺激的缺失而继续停滞不前；此消彼长，就使得越来越大比例的农业和工业产出由"体制外的"、自我调节的经济活动所生产，这些经济活动日益频繁，慢慢发展为小的地区市场网络。另一方面，如上文所述，能够使商品和信息在全国范围内大规模自由流动的法律框架和物质基础设施的缺少则继续阻碍着市场一体化的努力，这就使得我国的经济交易在很大程度上带有采邑制度的痕迹：即使在私有部门之间，交易所依据的信息仍是极为地方性的、个人化的和未（完全）编码的。总结"网络式"市场经济的特点，主要有如下四点[①]：（1）小企业构成主体，在家庭、乡镇和集体企业的推动下，同密集的分布安排网络相联系；（2）交易关系是合作性而非竞争性的，建立在比一般市场契约更广泛的共同责任的基础上；（3）经济增长更多由"体制外"因素促动，体制外发展—体制内跟进模式将长期存在，双轨并存将是长期现象；（4）经济规范在很大程度上通过个人关系、共同的价值观念、社会舆论等传统因素维持，不确定性是通过逐步建立信任关系来加以化解的，而非通过签订文本契约来减少，换言之，人格化交易占据主导地位，这就要求参与交易的各方共享价值观和信念，并意味着必须以对面对面（face to face）的关系做可观的事前投资。鉴于此种形式的市场经济制度在东南亚海外华人中运行并先于我国取得可观的成效，一些研究者将之称为"中华资本主义"（Chinese capitalism），以与西方以美国为代表的一般意义上的市场经济体制相区分。

　　网络化市场经济是否就是一般市场经济[②]的一个"中转站"呢？关于此点，布瓦索有过含混的讨论。[③] 笔者认为，鉴于两种经济组织形式在信息空间的相对位置（相对而言，一般市场经济是编码程度、抽象程度更高，因此扩

---

　　① 布瓦索：《信息空间——认识组织、制度和文化的一种框架》，中文版，591～592 页，上海，上海译文出版社，2000。

　　② 以美国为代表的所谓一般市场经济，其交易特点、信息—制度体系的基本特点和信用维持机制，一向被作为市场经济的典范为人们所认识和熟知，笔者在正文中不再描述，关于该经济组织形式的一些基本的论断参见附录4。

　　③ 他得出以下结论："由现代信息技术的传播而带来的信息扩散曲线的改变有利于经济关系的进一步分散化……但这样的分散化很可能至少既对网络资本主义的传播有利，也对市场资本主义有利"，从而，"这些制度形式很可能既是互相竞争的，又是互相补充的"。换言之，布瓦索本人对网络市场经济的前景没有明确预见。

散潜力也更大的一种制度结构），鉴于实行一般市场经济的经济体更强大的经济实力（意味着更强大的风险抵抗力），根据我们的结论4.1（制度的编码水平高低决定了其扩张性强弱，编码水平越高、扩张性越强），在长期的并存互相竞争和互相补充的作用下，一般市场经济将占据优势，从而网络化市场经济也将通过其向信息空间右上方的拓展而逐渐趋向于一般市场经济。在一个网络式市场与全球化的市场经济并存的局面下，金融风险的分摊势必因双方各自的编码信息特征所决定。简言之，我国目前及将来相当一段时期内在全球金融风险分摊中的地位，从根本上说，就是由我国所处的信息地位所决定的。

7.3 我国的跨国金融风险分摊地位：两个基本判断

如上文分析的，我国目前处于由采邑向网络式市场化渐进转轨的过程中，就经济组织结构所蕴涵的信息编码程度而言，与以美国为代表的西方发达国家之间存在着相当大的差距，这决定了我国在跨国金融风险分摊中的地位。

先就静态的视角看。根据结论4.1，与更高编码程度的市场经济组织形式相比，无论是采邑经济还是网络式市场经济，其扩张性都较弱。在经济全球化的趋势下，跨国交易正以前所未有的速度扩张，这得益于以非人格化契约为核心的市场经济组织方式在全球范围的扩张。时至今日，一系列市场运作规则和仲裁规范已成为被绝大多数跨国交易者所普遍接受的并且具有唯一性的国际规则。简言之，推论4.1和推论4.2中的跨国交易唯一规范 α 已成为全球公共知识。在这种情况下，显然结论4.2所隐含的跨国交易双方制度和信息背景对等的设定就不复存在了；取而代之的是推论4.3：对任何发展中国家（或确切地说，本国制度规则与国际规则存在差异的国家）而言，要实现跨国交易只能在国际规则 α 下进行，在此过程中承受内生性风险，并且通过干中学的机制进行制度学习—信息扩充。根据这一基本结论，我国在寻求经济对外开放的过程中，在微观主体的跨国交易实践中，必然与来自发达国家的经济个体处于风险不对等的地位，制度背景的差异和制度性信息的不充分，将使我国的经济主体成为内生性风险的被转嫁者；而就宏观层面上看，微观风险的积累和加总也将使我国承担的宏观风险量值远大于发达国家；并且，根据结论5.3，该风险量值的大小取决于我国制度性信息与国际规则 α 之间的信息差距（$\vartheta_{\alpha} - \vartheta_{\beta}$）。

当然，即便单笔跨国交易中我国承担的风险量值（加权平均值）是固定的，宏观层面上的风险量值的衡量还受到交易规模大小的影响，而交易规模的大小可由国家对外开放的尺度来加以控制。简单地说，宏观风险就是微观风险均值与交易规模的倍数 $TR_{\beta t}=\overline{R_{\beta t}}S_t$，当 $\overline{R_{\beta t}}$ 很大时，应控制开放尺度，以获得一个较小的交易规模 S_t，从而使宏观风险被控制在可承担的范围之内；而随着本国市场制度建设的开展，本国制度与国际规则间的信息差距（$\vartheta_\alpha-\vartheta_\beta$）缩小了，此时将有一个比较小的 $\overline{R_{\beta t}}$，则 S_t 也就相应地扩大；不仅如此，随着本国市场制度建设的开展和经济增长的实现，本国的风险承担能力也将相应地提升，此时 TR_β 的上限将提高。据此看来，改革与开放二者本身就是相互依存、相互促进的：对既有经济组织方式进行趋近于国际规则 α 的改革，是经济对外开放的前提，只有通过改革不断缩小（$\vartheta_\alpha-\vartheta_\beta$），对外经贸往来中承担的风险均值才会日益降低，对外开放的尺度也才有可能逐步扩大；也只有打开国门、逐步放松跨国交易的制度性管制，才能给改革的持续进行提供持久的压力和动力，并且，许多"翻译"性质的改革措施，也只有在开放政策提供的"干中学"的环境下才有可能以一个较低的成本实现。另外，值得着重指出的是，改革与开放的均衡渐进性是至关重要的：只有与渐进改革相适应的渐进开放措施，才能保证 S_t 的扩大速度不至于太快，进而保证 TR_β 不会越过当期能够承担的风险上限。

我国自推行改革开放以来，与体制改革的渐进性相对应，在经济开放尺度上也始终贯彻了渐进性原则，无论是对外贸易还是资本流动，都经历了或正在经历着一个尺度逐渐放大的过程。这在金融领域的开放中体现得尤其显著。如外汇体制，如我们所知，早在 1993 年我国就宣布人民币可自由兑换是我国外汇体制改革的最终目标，但直到 1996 年底才实现经常项目下的可自由兑换；直到 2006 年底加入世界贸易组织过渡期结束后，金融机构和金融市场开始走向对外开放的背景下，资本与金融项目的开放仍在等待更合适的时机。再如金融机构和金融市场的开放，即便在 2001 年我国就已加入世界贸易组织，但仍制定了一个 5 年的过渡期；在过渡期结束后，开放仍以审慎而稳健的速度推进。正是得益于这一稳健渐进的开放进度安排，我国才避免了几次大的金融冲击，如 20 世纪 90 年代末的亚洲金融危机，我国就是得益于在资本流动方面的管制措施，才避免了一次区域性的金融—经济灾难；又如 2007 年的美国次贷危机，引致的西方金融—经济的巨大动荡迄今仍方兴未艾，而得益于我国金融机构和金融市场开放的缓步渐进，我国在此次动荡中受到的冲击被控制在了可承受的范围之内。

再就动态的视角看。根据结论5.8与结论5.9，在动态过程中，发达国家与发展中国家的跨国风险分摊在某种程度上存在着此消彼长的关系：在发达国家开发—发展中国家学习的制度演进与扩展过程中，发达国家承担的是制度演进阶段的成本和由此带来的外生性风险，而发展中国家则承担制度扩展阶段来自发达国家制度开发成本的转嫁和由此带来的内生性风险；一旦发展中国家的学习进度加快，则二者间的信息不对称程度将加速降低，就会给发达国家越来越大的压力和动力去寻求推进制度演进，从而去承担演进成本和外生性风险，此时整体风险的跨国承担中发达国家将分摊较大的份额；相反，倘若发展中国家学习进度放慢，则二者的信息不对称境况将不会有本质的变更，发达国家因推进制度演进而承担的外生性风险也就相应降低，而发展中国家则继续在跨国金融风险承担中分摊较大的份额。因此，就动态的视角看，发达国家和发展中国家各自对金融风险的分摊，归根到底取决于发展中国家是否能尽快推进经济组织形式的改革和发展，使其逐渐趋近于并融入国际经济环境中去。有趣的是，近十年来发生的两起具有全球性影响的金融危机，正是上述两种不同类型的金融风险的积累所导致的。20世纪90年代末的亚洲金融危机，是东南亚国家在国内经济制度和金融制度尚未完成翻译—学习进程、还未构建起与西方发达国家相似或趋近的信息结构和市场条件的情况下，过快推进金融开放，从而使跨国金融交易规模扩张过快，加总风险超过本国风险承受能力上限所导致的内生性金融风险的集中爆发。2007年至今的美国次贷危机，则是发达国家（包括始作俑者美国，也包括最快的跟进者欧盟各国）在推动金融创新、推进金融—经济制度演进的过程中所承担的外生性金融风险的一次集中爆发。由此我们也就不难理解，为什么在亚洲金融危机中以美国为代表的西方发达国家受到的负面冲击微乎其微，而在此次次贷危机中以我国为代表的发展中国家受到的负面冲击也难与西方国家相提并论。当然，如上一章论述的，随着时间的推移，欧美各国将通过向广大的发展中国家兜售国债、推动本国货币贬值等方法将初期承担的外生性金融风险内生化，并将金融损失逐步转嫁给发展中国家。此次美国的7 000亿美元援救打包和8 250亿美元经济刺激方案，无论我国是否承诺购买其中的一部分，都将是我国分摊美国国内金融风险和金融损失之始。

如果说上文对静态视角我国金融风险分摊地位的判断论证了我国对外开放进程应保持与经济体制改革相对称的渐进性特征的话，那么，对动态视角跨国金融风险分摊机制的分析则说明了，要改善我国的金融风险分摊地位，应尽快推进经济体制改革，建设、完善真正意义上的市场制度和市场环境。在经历了三十年市场化导向的经济体制改革和对西方经济组织方式的翻译性学习之后，目前我国经济的市场化程度已经达到一个相当高的水平，这就为制度性信息编码程度的全面提高提供了一个几乎由全体经济个体所共享的原始激励基础。然而，受长期的采邑经济形式的影响（计划经济时代形成的经济官僚主义进一步加深了这一影响），要推动我国从网络式市场经济走向全国统一的市场经济，并最终融入世界经济环境中去，显然还需要一个比较长的时期。因此，在加快推进市场建设的同时，还应清醒地认识到，我国在一段较长的历史时期里，在跨国金融风险分摊中，都将继续扮演发展中国家的角色，并且根据此消彼长的基本原理，将处在与以美国为代表的西方发达国家相对立的地位上。换言之，在此期间，我国宏观层面所面临的主要金融风险将是由发达国家转嫁来的内生性金融风险。在推动我国经济融入全球化浪潮的同时，如果对这一点缺乏清醒认识和警惕，盲目追求金融领域上的"与国际接轨"，将会使我国成为国际金融风险的集散地，从而给我国的经济建设和金融建设进程带来难以估量的祸患。

8

若干政策构想（上）：经济层面

　　本章和下一章将以上一章获得的两个基本判断为依据，讨论我国在从网络式市场向全国统一的、以非人格化契约为普遍基石的市场渐进的这一段历史时期中，如何采取恰当的政策措施来有效防范国际金融风险的转嫁，并逐步改善我国在跨国金融风险分摊中的地位。如上文分析的，一国金融风险分摊量值的大小取决于三方面基本因素：由制度性信息地位所决定的风险分摊地位、由本国参与的跨国交易规模所决定的风险分摊份额，以及由本国经济—金融实力所决定的风险承担能力上限。进一步分析表明，制度性信息地位是在经济、金融全球化背景下，一国经济—金融制度与国际通用的经济—金融规则之间的对称程度，这对发展中国家如我国而言，大致等价于以经济体制改革为手段的市场经济体系①建设的实现程度；本国参与的跨国交易规模则自然是由本国经济和金融的对外开放尺度所决定的，而本国的经济—金融实力强弱显然最终由经济的长期增长和金融业的不断发展决定。因此，就我国而言，在一个经济、金融全球化和已成为时代潮流的背景下，要在融入世界经济的同时提高自身在全球金融风险分配中的地位、降低分摊到的跨国金融风险量值，从而充分保障自身

---

①　在此有个隐含的但为学界所共同认可的设定：所谓的市场经济体系是布瓦索信息空间意义上的那种"作为社会秩序"的市场，它在信息上的特点是"依赖于抽象的编码信息的迅速和广泛扩散，高效率的市场成为经济交换的范式"，在现实中则是以美国为样板的并且目前已扩散为全球性经济规范的那种经济组织形式。参见布瓦索：《信息空间——认识组织、制度和文化的一种框架》，中文版，337～347页，上海，上海译文出版社，2000。

的金融安全和经济安全，就必须改变以往就金融论金融、就金融风险论金融风险的狭隘思路，从以上三个更为宏观的层面着手，寻求一个合理的、动态的宏观政策规划。本章将集中探讨宏观经济层面上影响我国跨国金融风险分摊地位的三个重要方面，即体制改革、对外开放和经济增长；下一章则主要探讨如何通过促进金融业的发展来实现金融风险承担能力的提高。

8.1 经济改革的阶段式提升

我国的经济体制改革，如果以 1978 年中国共产党十一届三中全会为起点，迄今已 30 余年了。如今，计划经济体制对市场的影响除大量的国有企业坏账这一存量因素外，已不再是人们广泛关注的问题。① 如果说，前一阶段的改革体现出"以立图破"的基本特点（以突破计划经济体制的条条框框限制为目的，对市场经济体制的摸索只是为突破既有体制而进行的"另一种选择"的尝试），那么，在计划经济体制的影响已逐渐减弱的今天，经济改革就应回到从采邑向市场、从网络式市场到一般意义上的市场经济过渡的长期路径上来。在这种情况下，改革的对象不再只是或主要不是具象意义上的计划经济体制下的某些经济部门或经济举措，而成了抽象意义上的"中国特色"的经济交易方式和组织方式；改革的目标也不再是建立起"有中国特色的"市场经济，而应是在真正的非人格化契约基础上构建全国统一的市场体系。具体而言，笔者认为应在两个方向同时着手：存量的市场化改革、全国统一市场的构建。

8.1.1 存量的市场化改革

目前我国仍存在比较明显的二元经济特征，相对于主要受市场规律影响的"体制外"经济成分，仍有相当比例的部门和行业是主要由政府计划或行政体制控制的"体制内"成分。因此，今后改革的重点应从增量改革转向存量改

① 一般归咎于计划体制贻害的许多问题（如政府对经济的干预力度过大、腐败经济、裙带资本主义现象严重、官僚主义导致经济运行效率不高等）其实是一个强政府所必然导致的现象，与计划经济体制不必定有因果关系。换言之，即便是在市场经济体制条件下，强政府同样会导致类似问题，远如法国、近如日本、我国台湾地区以及许多东南亚国家，或多或少都存在这些问题。另外，计划经济的影响与公有制经济成分在国民经济中所占的比重也是两回事：前者是经济体制层面，后者是产权结构层面；公有制经济主体如实现了市场导向性的生产经营方式，则它本身也构成了市场经济的主体。

革，推动体制内成分的市场化生产经营方式的转变。

　　表8－1、表8－2和表8－3描述了第一次全国经济普查（2005年12月）反映的我国经济构成中公有经济和非公有经济成分的若干数据对比。

表8－1 　　　　　　　　　　　　　法人单位的所有制构成对比

项目 企业类型	单位数（万个）	比重（%）	
国有企业	17.9	5.5	
集体企业	34.3	10.5	
股份合作企业	10.7	3.3	
国有联营企业	0.3	0.1	
集体联营企业	0.6	0.2	
国有与集体联营企业	0.3	0.1	
其他联营企业	0.5	0.1	
国有独资公司	1.0	0.3	
其他有限责任公司	34.5	10.6	
股份有限公司	6.1	1.9	
私营企业	198.2	61.0	
其他内资企业	5.4	1.7	
港澳台商投资企业	7.4	2.3	
外商投资企业	7.8	2.4	
合计	325.0	100.0	

表8－2 　　　　　　　　主要就业部门公有制经济就业人数统计

项目 行业	国有经济 （万人）	比重 （%）	集体经济 （万人）	比重 （%）	合计比重 （%）
工业	1 282.6	13.3	733	7.6	20.9
建筑业	485.7	17.4	360.1	12.9	30.3
批发零售业	276.5	20	175.6	12.7	32.7
住宿餐饮业	88	20.5	42.5	9.9	30.4
合计	2 132.8	14.9	1 311.2	9.2	24.1

表 8 – 3　　　　　　　　　　　企业实收资本来源构成

单位:%

实收资本来源 企业类型	实收 资本	国家 资本	集体 资本	个人 资本	港澳台 资本	外商 资本
国有企业	100	98.9	0.7	0.3	0	0.1
集体企业	100	3.3	88.2	7.8	0.5	0.2
股份合作企业	100	12.1	24.9	62.1	0.6	0.3
国有联营企业	100	93.3	3.6	2.9	0.1	0.1
集体联营企业	100	5.5	74.2	19.8	0.3	0.2
国有与集体联营企业	100	45.6	50.2	4.2	0	0
其他联营企业	100	19.8	26.9	48.4	1.2	3.7
国有独资公司	100	98.5	0.7	0.3	0.3	0.2
其他有限责任公司	100	36.2	15.1	47.2	0.5	1.0
股份有限公司	100	52.0	8.4	32.5	2.6	4.5
其他内资企业	100	10.7	27.1	57.6	2.7	1.9
私营企业	100	0.4	1.8	97.3	0.3	0.2
港澳台商投资企业	100	10.3	3.8	3.7	73.9	8.3
外商投资企业	100	7.6	4.3	3.2	14.5	70.4
合计	100	48.1	7.9	28.0	7.3	8.7

观察以上 3 个表,就表面上看,非公有经济已成为国民经济主角:从法人单位数的所有制构成看,非公有成分占比超过 6 成,而公有经济仅占 2 成;从就业人数角度看,绝大多数就业于非公有制经济单位或为个体户,在单位就业人员中我们从国民经济几个主要就业行业来看,在国有经济和集体经济中就业的仅为 24.1% ,其余的都在非公有制经济中就业,加上个体经营人员 9 422.4 万人,非公有制经济已成了我国就业岗位的主要提供者。但就实质上看,公有经济对我国国民经济的影响仍超过非公有经济,具有实质意义的数据来自资本来源构成:公有制经济实收资本占全部实收资本的 56% ,非公有制经济只占 44% 。显然,就资本形成角度看,公有制经济仍是国民经济的主体力量。当然,不应忽视的一点是,庞大的公有资本是 50 多年积累而成的,而非公有制资本仅是 30 年来改革开放中引进或生成的;同时经济生活中还有大量的个体经营户的资本无法统计,倘若把这部分资本形成考虑在内,则公有制经济的主

体地位可能就未必成立。

通过以上比较，我们发现，尽管改革开放 30 年来，非公有经济已有了长足的发展，其对经济增长的长期贡献更是有目共睹，但就存量结构上看，公有经济仍在国民经济中占据着相当重要的地位。尽管上文提及，评判一个经济主体的市场化导向如何，仅依据其产权特征来进行是根据不足的。公有制经济固然可能因其所有者缺位而导致较大的代理人问题，非公有制经济——尤其是有限股份制公司——也可能因股东和经理之间的激励不兼容而同样产生代理人问题；但不可否认的一点是，对比非公有制经济，公有制经济成分的经济效率相对较低。这可以从省际经济发展和经济结构的对比中看出：经济越发达的地区，公有制经济所占的比重越小，相反，经济越落后的地区比重越大（见表 8 - 4 与表 8 - 5）。当然，造成一些省份经济总量较小、产权改革和多种经济成分共同发展的局面难以打开的原因是多方面的，不能完全甚至不能主要归咎于所有制结构比重；但就经济效率和市场竞争的关系还是不难看出：在多种经济成分并存并且非公有制经济占比较显著的情况下，公有制经济成分会面临更为激烈的市场竞争，这促使它们不得不寻求更为市场导向性的生产经营方式以提升自身的经济效率，二者形成相互促进、相互提升的态势，最终就将使整体经济效率提高；而在非公有制经济不足以构成对公有制经济生存发展威胁的情况下，显然公有制经济主体自身的市场化改革将动力不足，其经济效率也就难以得到有效提升。

表 8 - 4 　　　　　　　　　几个省份法人单位数比重对比

单位:%

经济成分＼省份	全国	云南省	四川省	河北省	湖北省	江苏省	天津市	新疆维吾尔自治区	福建省
国有经济	6	8.4	5.3	7.41	10	2.45	7.05	10.35	5.2
集体经济	14	17.3	14.8	18.6	17.12	10.24	15.2	6.98	12.9
有限公司	12.5	14	21.3	12.9	18.4	7.85	12.39	—	11
私营经济	61	57.6	57.4	56.82	49.8	72.58	52.71	63.41	58
其他内资	1.8	1.3	—	2.29	2.57	1.58	5.2	0.7	1.9
港台、外资	4.7	1.4	1.2	1.92	2.17	5.31	7.45	0.75	10.7

表 8-5　　　　　　　　　几个省份实收资本比重对比

单位:%

资本类型 ＼ 省份	云南省	河北省	湖北省	全国	天津市	福建省
国家资本	57.5	48.06	52.9	48.1	48.42	27.6
集体资本	10.1	7.98	7.5	7.9	5.49	3.9
个人资本	25.4	34.44	28.7	28	23.62	32.1
港台资本	2	2.87	2.9	7.3	5.46	20.2
外商资本	5	6.65	8	8.7	17.01	16.1

通过上面的数据对比分析，笔者认为，当前的存量改革应根据具体的省份（经济区）实情分为两种类型：（1）外部促动为主。对公有制经济仍占据绝对主导地位的省份和地区，应仍延续"以立图破"的基本原则，加大对非公有制经济的支持力度，促进其尽快成长，以给低效运行的公有制经济形成改革压力。（2）内部促动为主。非公有制经济已占据较大比重、体制内外经济市场竞争已进入良性循环的省份和地区，则应致力于公有制经济主体内部的机制改革，增强其市场敏感度和市场反应速度，推进其实现经济效率的提高；至于产权本身的改革，则并非必然与以增效为目的的机制改革相一致。[①] 大致说来，广大的中西部地区基本上适用第一种类型，而东部地区则应转向第二种类型的改革。

8.1.2　全国统一市场的构建

既有的经济基础、文化基础和风俗习惯的差异使我国各省份发展呈现较大的不平衡状况；1978 年改革开放以来，中央为增强地方政府改革积极性而采取的向地方分权让利的战略措施又催生了新的地方保护主义，从而进一步加大了这种不平衡。大致说来，东部、中部、西部以及东北地区是我国的四大经济区域，其经济总量和经济发展速度呈现出较大的差异（见表 8-6）。进一步分析则不难发现，地方保护主义和地区封锁在省份之间，甚至在县市之间，都是

---

①　一个值得深思的数据：从 2001 年的第二次单位基本普查到 2005 年底的第一次全国经济普查期间，在全国平均资本构成方面，公有资本占实收资本的比重由 54.49% 升至 59.9%。作为全国经济风向标的上海和广东，该数据也是上升的，上海由 43.95% 升至 48.3%，广东由 38.57% 升至 39.4%。2001—2006 年正是我国经济从低迷走向重新繁荣的一个关键阶段。通过这一数据对比再次证明，所有制结构比重与市场经济体制、经济增长速度没有必然联系，一个较高的公有制经济占比，未必就意味着较低程度的市场建设进度。

十分普遍的。① 客观和主观两方面原因共同作用，遂使中国的市场始终难以形成一个无障碍的全国统一市场，市场分割、市场断裂现象广泛存在，跨地区市场交易成本较大，网络式市场经济的特征初步显现。如上文论述的，相比一般意义上的市场经济，网络式市场经济具有信息劣势，在经济全球化的背景下，要改善我国金融风险的分摊地位，首先就应致力于推进我国经济由网络式市场向一般意义上的市场演进，而要实现这一演进，关键显然在于打破地方保护主义桎梏、清除地域性市场障碍、构建全国统一市场。

表 8-6　　　四大经济区域的国民经济各项指标对比表（2006 年底）

区域\指标	全国总计	东部 绝对数	东部 占比（%）	中部 绝对数	中部 占比（%）	西部 绝对数	西部 占比（%）	东北 绝对数	东北 占比（%）
GDP（亿元）	210 871	128 593.1	55.7	43 218	18.7	39 527.1	17.1	19 715.2	8.5
人均 GDP（元）	16 084	27 567	—	12 269	—	10 959	—	18 277	—
固定资产投资总额（亿元）	109 998.2	54 637.1	50.5	20 896.6	19.3	21 996.9	20.4	10 520	9.7
外贸总额（亿元）	17 604	15 795.9	89.7	539.8	3.1	576.7	3.3	691.6	3.9
CPI（上年 = 100）	101.5	101.3		101.5		101.7		101.5	
社会消费品零售总额（亿元）	76 410	42 591.5	54.4	15 197.5	19.4	13 335.8	17.0	7 108.2	9.1
城镇居民可支配收入（元）	11 759	14 967	—	9 902	—	9 728	—	9 830	—
农村居民人均纯收入（元）	3 587	5 188	—	3 283	—	2 588	—	3 745	—

资料来源：《中国统计年鉴 2007》。

---

① 地区封锁状况在各省市均有不同程度上的体现，并且随着地方分利集团力量的日益壮大而呈现出愈演愈烈之态，主要表现为：保护的内容上，由限制资源流出进而限制外地商品进入当地市场竞争；保护的范围上，由封锁商品市场扩大到封锁服务和要素市场；保护的手段上，由过去设关设卡，演化为采取制定地方性法规、设置"技术壁垒"等更加隐秘的方式排挤外来企业；有些地区甚至通过制定专门的地方性法规来进行地区封锁。事实上，地方保护主义和地区封锁已经成为目前阻滞我国整体经济增长的一大要素。商务部 2004 年进行的对全国 22 个省、自治区、直辖市的一次调查显示，有 20 个省市均有产品或服务遭受地区封锁的侵害，有的十分严重；国务院发展研究中心对近 4 000 家企业的问卷调查显示，2/3 的企业认为地方保护对企业的生产经营有影响。

消除地方保护主义、建立统一市场，首先在于立法。关于这个问题，近年来有关部门已采取了一系列行动。如 2004 年商务部、国务院法制办、监察部、财政部、税务总局等七部门联合发出的《关于清理在市场经济活动中实行地区封锁规定的通知》，要求各地对县及县以上人民政府所属商务、财政、交通、国税、地税、质检等部门制定的属于排斥外地产品和服务、对本地产品和服务予以特殊保护的各种分割市场的规范性文件以及其他文件进行清理；要求省级人民政府商务、法制、监察等部门成立清理工作领导机构，负责统一组织、协调、指导本地区清理工作，督促检查地（市）、县（市）及省级各有关部门的清理工作。2007 年 8 月通过、2008 年 8 月开始实行的《中华人民共和国反垄断法》第五章第三十二条至第三十七条专门针对禁止地方保护主义和地方封锁行为进行了规定。就立法层面上看，统一市场的建设有了较完整的法律基础，此后的法制建设更多应落实在司法层面，可考虑设立垂直管理的司法体系，负责对跨地区贸易纠纷进行司法裁决，以保证司法公正。

然而，单从法制建设上着手并不能从根本上消除地方封锁行为的根源。应该看到，目前的地方保护主义有其存在的经济基础：地方政府担负经济发展的职责，客观上有争取财权、扩大财源的需要；而目前我国的财税体制又仍按隶属关系划分，中央企业所得税归中央、地方企业所得税归地方，在此体制下，地方政府显然有很大的动机去推行地方封锁政策、保护地方产业和本地企业，以扩大自身财源。因此，要从根本上消除地方保护主义动机，还应从两方面入手：首先，应加快政府职能的转变，建立更合理的地方干部政绩考核体系；减轻政府的财政开支压力，特别应加大对经济欠发达地区转移支付的力度，保证这些地区政府履行基本行政职能和提供基本公共服务及产品所需经费，减轻其财政压力；同时应加强政府的信息服务功能，促进全国范围内的商品流通和生产要素自由流动的信息传输，促进商品在全国范围内自由流通。其次，应推进财税制度改革，① 建立、完善分税制度，厘清各级政府的财权和事权，力争实现财权与事权相匹配、地方财力与其公共建设义务相对称。

---

① 关于财税制度改革，林毅夫（2006）认为应把握以下四条原则：（1）厘清政府和市场的关系，（2）分清各级政府的财权和事权，（3）转移支付规则透明化、制度化，（4）赋予地方政府部分税收自主权。参见林毅夫：《财政体制和财税体制改革建议》，中国宏观经济信息网中宏特稿，http：//www.macrochina.com.cn/zhtg。

8.2 经济开放的渐进性规划

如以上章节分析的，一个发展中国家在自身的信息—制度体系还未能向国际规则趋同的条件下，较大规模地从事跨国交易将使国内交易者因公共信息的缺乏而处于信息劣势，从而成为内生性风险的被转嫁者，进而加总的风险分摊量值也将大幅扩张，超过政府推行全面对外开放政策之前的预期，甚至超过本国所能承担的风险上限，从而酿成金融危机。因此，对发展中国家而言，尤其是对那些经济结构和经济组织方式与目前的"国际经济秩序"存在较大初始差异的国家而言，采取审慎的态度、以渐进性原则规划其对外经济开放步骤，是重要而且必要的。

8.2.1 一般性原则

如上文描述的，我国目前的经济结构和经济组织方式在相当程度上仍保留了采邑经济的特征，还处于从采邑向市场的长期过渡进程中，全国统一市场还未建成，社会信用状况还有待提高，从身份到契约的经济交易的根本性转变仍有待于进一步实现；在这种形势下，笔者认为，我国尚不具备大规模推动经济、金融对外开放的基本条件。从现实层面看，我国自 2001 年加入世界贸易组织以来，经济对外开放尤其是金融业的对外开放进程安排有了一个较明确的时间表，2010 年以后，过渡期结束，我国的对外开放即将迈向一个全新的阶段，这就对在新的形势下合理规划对外开放步伐、兼顾开放的渐进性和稳健性提出了一个新的要求。笔者认为，要实现开放的渐进性和稳健性，应遵循两条基本原则：（1）对外开放的产业和部门的格局规划应能促进内部经济结构的调整和优化；（2）对内开放先于对外开放原则。对于第一条原则，应该说我国 30 年来的改革开放都是充分贯彻了的。2008 年 3 月温家宝总理在十一届全国人民代表大会上作的《政府工作报告》中关于今后对外开放政策实施的规划，① 基本上也仍体现了该条原则。至于第二条原则，则是立足于我国长期存在并且还将继续存在的二元经济结构，对那些仍由国有企业或国有资本控制的产业和部门（如金融业），在全面向境外投资者或竞争者开放之前，应首先向体制外经济主体开放。这一方面是出于最大限度地维护本国经济利益和经济权力的考量；另一方面，在由国有企业或国有资本垄断的产业和部门中，市场竞争的长期缺失使其缺乏市场意识、国际竞争力不高，在对外开放之前先让体制外资本和经济主体参与进来，能够逐渐构筑产品市场和竞争环境，从而使整个行业或部门的市场化程度提高、市场竞争力得以提升，为此后更加激烈的国际竞争先行做好准备。当然，针对不同的行业和部门，两条基本原则如何贯彻还应具体问题具体分析。以下以金融业的对外开放为例简要论述。

8.2.2　金融业渐进性对外开放规划

根据蒙代尔—弗莱明模型，在开放经济条件下，任何经济体都将面临独立的货币政策、资本自由流动和稳定汇率的三难选择。如图 8 - 1 所示，我国目前的现状是在资本管制的条件下保证汇率稳定和货币政策独立性（α 边），但随着金融业对外开放的进一步发展，资本项下的开放将是不可避免的，如何规划金融政策、实现其有效搭配，从而推动 α 边向 β 边的平稳过渡，就成为金融业对外开放的关键。笔者认为，就近期视角看，二选一的"角点解假说"未必成立，比较现实的较优选择应是一个放弃若干资本流动自由、放弃若干货币政策独立性并由中央银行保持干预外汇市场权力的三方妥协的"中间解"。如果说"不可能三角"中的 α 边表示我国政策组合现状，而 β 边的政策组合表示一个远期的理想组合目标的话，则为实现这一目

---

① "深化经济体制改革，提高对外开放水平"作为 2008 年政府要"着重抓好"的 9 项工作之一写入报告，深化改革和提高开放水平被放置在同一任务下，本身就体现了政府一贯坚持的以开放促改革的基本思路。其中关于对外开放的规划是这样的："在保持出口平稳增长的同时，加快转变外贸发展方式，优化出口结构，鼓励自主知识产权和自主品牌产品出口，提高出口产品质量、档次及附加值。扩大服务出口，发展服务外包。积极扩大进口，重点增加先进技术装备、重要原材料和关键零部件及元器件进口。优化利用外资产业结构和地区布局，稳步推进服务业对外开放。限制和禁止高耗能、高排放和部分资源性外资项目，切实纠正招商引资中违法违规的做法。创新对外投资和合作方式，完善和落实支持企业'走出去'的政策措施。加强多双边和区域经济合作。继续推进自由贸易区谈判，认真实施已签署的协定。维护公平的国际贸易秩序。"参见《人民日报》，2008 - 03 - 20。

标的金融开放就必须是稳步渐进式的，在今后相当长一段时期内（资本项目完全开放之前），宏观金融政策组合的选择应始终坚持在"中间解"区域内进行。具体说来，就是两项金融业对外开放政策的相互配合、相互补充：将资本管制的放松与人民币汇率机制的改革相互结合，在一个资本自由流动空间巨大的背景下，通过适当管理的浮动汇率来维持货币政策独立性，从而找到不可能三角的一个最优内点均衡。

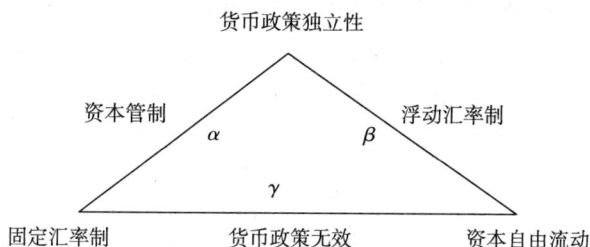

图 8 - 1　开放经济的不可能三角

根据上文述及的两大原则，笔者认为金融业的对外开放应从两方面着手。

1. 利率市场化先行

根据对内开放先于对外开放的原则及金融自由化次序，利率市场化应是第一步。只有在一个利率由市场资金真实供求决定、经济资源的"延期支付标准"得以确立的经济结构中，开放资本项目才具备基本前提，否则，扭曲僵硬的官定利率将使本国利率和国际市场利率间存在巨大的套利空间，这将引诱巨额国际套利资金以一种"一窝蜂"的形式涌入/涌出本国，从而给外汇市场本币的币值稳定经常性地带来巨大冲击，进而使一国货币当局面临窘境：要么放任本国币值经常性地剧烈波动，从而使本国汇率风险居高不下、国内外汇市场投机盛行、泡沫性资本泛滥；要么继续坚守固定汇率，运用掌握的外汇储备不断平抑市场供求差额，从而置自身于 1997 年泰国中央银行那种骑虎难下、进退两难的尴尬境地。无论是哪种选择，对一个求稳定、求发展的国家而言显然都是十分不利的。因此，当前我国金融改革开放举措的次序安排中居于最前列的应该是利率市场化；无论是资本管制的放松还是汇率制度的弹性改革，都需以之为前提才能得以顺利实现。

　　我国的利率市场化进程始于 1996 年，近 10 年来已取得相当的阶段性成果。[①] 在较近的将来要基本完成利率市场化任务，笔者认为仍应坚持渐进式市场化过渡思路，通过不断扩大浮动区间，逐渐形成基准利率的过程来最终实现利率的完全市场化。要实现这一目标，关键在于推动科学合理的市场基准利率的产生。一般来说，同业拆借利率是国际公认的一国基准利率，但目前我国的同业拆借利率还没能对整个金融市场的资金价格和投融资者的行为产生影响和调节作用，这主要是因为目前我国的金融市场尚处于发育和形成中，各种金融市场（如货币借贷、资金融通、票据抵押与贴现、证券发行与流通以及信托、投资、保险等）还处于相互分割状态，各个金融市场之间的利率关联度各不相同，基准利率发挥作用的条件还不完备；另外，虽然我国的同业拆借市场已经建立，但规模还小、参与的机构也比较少，同业拆借利率还不能及时可靠地反映资金市场信息。鉴于此，我国今后的利率市场化改革重点应放在以下两个方面：（1）稳步扩大同业拆借市场规模，逐步放开其进入限制，扩大拆借市场利率的影响，增强其反映真实市场利率的可信度；（2）在逐步规范各金融子市场的前提下加强彼此间的联系，促进真正意义上的货币统一市场的成长。至于具体应采取什么样的措施，理论界和实务界都已有诸多探讨，兹不赘述。

　　值得强调的一点是，利率市场化的推进应以金融安全和金融稳定为前提进行，并且应在一个较为稳定的金融体系框架下展开，就目前而言，仍应坚持法理上的金融分业经营原则，适当限制商业银行向其他金融业务的扩展和渗透。

---

　　① 一般将 1996 年 6 月 1 日银行间同业拆借市场利率的放开作为利率市场化改革的开端。1998 年 3 月改革再贴现利率及贴现利率的生成机制，放开了贴现和转贴现利率，使再贴现利率第一次成为中央银行独立的货币政策工具，实际上放开了贴现和转贴现利率；1998 年银行间债券市场债券发行利率全面放开；1999 年 9 月开始，国债在银行间债券市场也成功实现了利率招标发行；而自中央银行决定于 1998 年 10 月 30 日起扩大对中小企业贷款利率的浮动幅度以来，商业银行、城市信用社对小企业的贷款利率的最高上浮幅度由原来的 10% 扩大为 20%，最低下浮 10%；农村信用社贷款利率最高上浮幅度由 40% 扩大为 50%，这标志着向利率市场化的方向迈出了实质性的一步，也揭示了中央银行通过扩大浮动区间实现渐进市场化的改革思路。2004 年 10 月 29 日，金融机构（城乡信用社除外）贷款利率上限和存款利率下限放开，标志着我国顺利实现了"贷款利率管下限、存款利率管上限"的阶段性目标。当然，利率市场化的改革也需要一个渐进的过程来逐步实现，而非如某些研究者宣称的"利率市场化，其实已走到了最后一步"。周小川在 2005 年 3 月接受《人民日报》专访时曾指出：利率市场化改革暂时不会有更多动作，对贷款利率的下限和存款利率的上限管理还会维持相当长一段时间。在一些银行的财务约束、资本约束还不强的情况下，一旦解除这两个限制，有可能导致不正当竞争。可见，在推行利率市场化改革的进程中，微观市场主体的培育至关重要，还应将二者进行结合，长远规划利率市场化的日程。

只有这样，才能防止扩大的利率确定权力和扩大的业务经营范围将商业银行驱赶向一些风险—收益配比较高的投资领域，从而动摇金融稳定基石。此次美国金融危机固然主要起源于未受控制的金融衍生产品市场，但20世纪80年代中期美国同时推进混业经营和利率自由化，从而使为数众多的商业银行广泛涉足高潜在信用风险的次级贷款和ALT-A贷款，也是此次危机的一项不容忽视的源头。我国商业银行的发展和利率市场化的推进，应从此次危机中吸取经验教训。

2. 金融业对外开放政策搭配

首先是利率市场化与汇率制度改革相配合。

尽管我们强调利率市场化在所有的金融政策调整中应居于优先地位，但并不就意味着在利率市场化改革完成之前在人民币汇率制度改善方面就无能为力。如上文分析的，在"不可能三角"的政策组合选择中，可能最优解（或至少就目前状况而言的最适解）并非角点解，而是"中间解"。在利率市场化改革完成之前，追求资本项目的完全放开和浮动汇率制的实现固然不可能，但对现有汇率制度作适当调整，将汇率制度改革的前期准备工作与国内利率市场化改革进程进行一定程度的相互结合，将既有利于利率市场化改革的顺利展开，又有利于为此后实质性的汇率制度变更准备条件。关于此点笔者认为有两方面值得注意：

（1）协调本外币利率关系。譬如可将世界利率水平作为我国利率市场化改革推进过程中的一个参考系数，对本外币利率关系进行合理协调。在我国实现利率市场化的过程中必然要涉及的一个问题是本外币利率的确定及其相互关系问题。一般说来，在一个日益一体化的世界经济体系里，二者关系及相互影响会日益密切。但就我国目前情况看，由于我国与世界经济尚未真正融为一体，在经济周期上经常与发达国家处于不同阶段；更重要的是人民币资本项目尚未放开，熨平国际利率差异的国际套利机制无法顺畅运行，因此本外币利率常常处于不同的运行通道，这就对协调二者提出了要求。关于这一问题，笔者认为可考虑在充分顾及国际货币市场利率的前提下将外币利率的调整与人民币汇率机制的改革相结合，譬如为改变目前外汇交易中心美元交易比重畸大的现状，可适当调高其他币种利率，吸引套利资金进入，增大欧元、日元等货币的市场需求，这将改变目前美元对我国汇率影响畸重的状况，有利于科学合理的人民币挂钩货币篮子的形成；关于这一点，随着金融危机后美元国际地位必然发生的下降和贬值，其重要性将逐步凸显。另外，在充分考虑本外币利率存在的必然差异的同时还应认识到其相互影响甚至相互趋同的一面，在逐步放松本外币藩篱的同时密切关注外币利率对本币利率的影响，为合理的基准利率水平确定和将来的调整参数选择做好准备。

（2）推进发达、规范、统一的金融市场、尤其是货币市场的形成。利率市场化要求有一个相互融通、规范统一的金融市场体系作为其运作背景和建立基础，而人民币汇率机制的调整同样要求健全、完善、发达的外汇交易市场作为其运作基础，在构建、规范本外币货币市场的同时应积极考虑二者相互融通的时机和可能性，并为之创造条件。当然，在考虑到交易工具和交易范畴的相互重叠甚至相互融合所能带来的相互促进、加速彼此演变步伐的同时，还应充分认识到因其重叠和融合而带来的内外均衡的相互影响及由此引起的所谓"米德悖论"问题。有鉴于此，在积极寻求利率改革和汇率改革的相互作用和良性互动途径的同时，应继续推行内外分隔政策、谨慎实行本外币货币市场融合，以期实现国内均衡稳定和对外开放并行不悖。

其次是资本管制放松与汇率制度改革相配合。

如上一节分析的，资本管制的放松和汇率机制的弹性化转变对货币政策的独立性起到的效应正好相反，如能将二者进行较好的配合，则能发挥最优的政策效果。

2004 年下半年以来，我国政府放松资本流出管制的步伐明显加快，新举措不断出台，如中国人民银行（2004 年 11 月 8 日）发布的《个人财产对外转移售付汇管理暂行办法》、国家外汇管理局（2004 年 11 月 9 日）发布的《关于调整境内居民个人自费出国（境）留学购汇指导性限额的通知》、国家外汇管理局（2004 年 12 月 7 日）发布的《关于企业和预算外单位公务出国用汇管理有关问题的通知》；2005 年 2 月，国家外汇管理局在深圳召开的全国外汇工作会议中详细列举了推进资本项目可兑换的 5 条措施。以上这些资本管制放松的措施表明了我国货币当局推进金融开放的努力，而这些努力几乎无一例外都是在汇率制度改革的大框架下规划的，其间体现的政策搭配意图非常明显，诚如温家宝总理在 2005 年 3 月 14 日十届全国人大三次会议记者招待会中所归纳的："我们现在做的事情，是为汇率改革打下坚实的基础……与此同时，我们在外汇管制方面已经采取了一系列放开的措施。"如果说目前采取的资本管制放松措施在很大程度上是对已存在的自发资本流出（通过地下金融渠道）的制度性纠偏的话，那么，人民币资本项目的进一步放松显然必须同弹性汇率机制的构建放在一起进行通盘考虑。一个比较可行的设想来自于金融自由化次序：汇率机制形成适当先于资本管制的较大尺度放松，以缓解资本项目放松管制给官定汇率维持带来的过大压力。当然，在资本仍处于较严密管制的条件之下浮动人民币汇率，必将带来汇率浮动由谁来决定的问题，缺乏足够的外汇资金市场，人民币汇率的浮动仍将成为政治谈判的筹码而非经济机制自发决定的均衡值，因此，在协调两部门改革的过程中还应充分把握同时并行、互相配合的原则，汇率浮动的先行只能是在坚持了这一原则之后的一个技术性调整。

值得特别指出的一点是，目前国内有些研究者在谈及人民币汇率制度改革时认为，目前我国资本账户没有开放，因此让人民币汇率走向浮动尚不具备条件，这一观点混淆了汇率灵活性和资本账户自由化二者之间的关系，把人民币汇率的灵活性与人民币的完全可兑换性简单地等同起来，无论就理论层面看还是就实践层面看都是错误而且有害的。事实上，资本项目的开放与否固然会影响到既定汇率制度下一国货币政策与财政政策的实施效果，但是，汇率制度本身的安排与资本账户并无必然的直接关系。换言之，走向灵活汇率制，并不要求以资本账户自由化作为前提条件。并且，如将资本流动设置为汇率浮动的前提条件，将出现麦金农（R. McKinnon）预言的"未经批准的资本外逃或无偿还保证的外债堆积，或两者兼而有之"的严重后果，这方面 1997 年的东南亚国家就是前车之鉴；而此次金融危机中香港大量投向华尔街的金融资本蒙受的巨大损失，也应成为上至决策层、下至一般投资者牢记的历史教训。

另外，我们说改变人民币汇率的生成机制，使其从固定汇率向浮动汇率转变，这里强调的是机制，而非币值高低。当前以西方国家为代表的国际社会对人民币升值的压力很大，在后金融危机时代，随着美元、欧元等发达国家货币币值不可避免地较长期疲软（在危机中这些国家或通过发行特别国债，或通过中央银行向金融系统注资的方式向金融市场投放流动性资本，从而扩大了这些国家的货币投放；在危机之后，这部分新增货币投放将不可避免地成为其发行国货币贬值的助力。参见第 6 章的分析），人民币升值压力将继续增大。如我国屈从于这个压力，在改变人民币汇率形成机制之前将币值简单上提，[①] 不仅无益于汇率制度改革的进展，而且还将带来更大的升值压力，从而最终走向过度升值，[②] 失去调整汇率制度的最好时机。

最后是货币政策与汇率政策相配合。

在进行利率市场化改革和人民币汇率放开的过程中，应尽量使二者对货币政策独立性的影响相互抵消，从而维持货币政策独立性的基本稳定，增大政策制定的可预见性、提高政策实施效果，促进内外均衡分别（而非同时）实现。具体到货币政策层面，应继续以货币供应量为货币政策操作的中介目标。有的研究者认为鉴于近年来以货币供应量为中介目标的积极货币政策未能实现预期的政策效果，认为应重新确定利率为中介目标。笔者认为，在一个利率决定机制远未充分市场化的环境下，在继续推进利率市场化的同时，以利率作为货币政策的中介目标，则一来对中央银行调控利率的要求提高，其政策的效果将更难预期，再则由于基准利率目前的影响还不够大，因此中央银行即使能有效调控同业拆借利率，其对整个市场利率体系的影响也仍是值得怀疑的。简言之，利率变量本身不可能既充当其自身形成机制的改革对象，又充当宏观层面上的政策工具（中介目标）。在此条件约束下，中央银行显然只能转向货币供给，这一方面可以使利率工具从政策手段中解脱出来，实现其单目标（市场化）演变和运作；另一方面，中央银行通过改变外汇储备等手段调控货币投放，既可增加调控货币供应量的手段，又可充分发挥汇率政策效果，使其与人民币汇率机制调整相结合。将调控货币供应作为汇率政策目标之一，也有利于打破人

---

① 当然，我们在此反对的是屈服于政治压力，遵从国外研究机构所谓客观的计量评估将人民币币值大幅上提，但并非建议对外部政治压力置之不理；相反，币值的轻微调整，如 2008 年 7 月将人民币对美元的汇率上调 2 个百分点，则属于正常的政治谈判筹码。对外部压力进行合理的让步，有利于为我国的经济发展和金融改革创造良好的外部环境，这与我们的分析并不矛盾。在后金融危机时代，关于人民币币值的政治策略和金融策略必将成为我国金融决策层的一个重要着眼点。

② 因为在现行的汇率制度下，没有任何人知道人民币的均衡汇率在哪里。美联储主席格林斯潘（Alan Greenspan）在 2004 年 G20 财长会议上专门强调这一观点，他认为在缺乏汇率形成机制的条件下对汇率水平的预测不会比抛硬币确定正面还是反面的 50% 和 50% 的结果更好。既然对人民币升值区间应为多大谁也无法准确估计，则显然那些所谓研究机构作出的预测结果无一例外都是炒作的结果。这就是为什么不同机构的预测相去甚远，有的预测人民币应该升值 10%，有的预测应该升值 25%，甚至有的预测应该升值 40%。这样形成的巨大的人民币升值压力将会形成对人民币升值的过度预期：如果人民币升值 10%，人们期望升值 20%，热钱继续流入；人民币升值 20%，期望会是 30%。如此循环，最后导致过度升值。

民币/美元汇率的僵硬稳定，这是因为目标的多重性必然使维持单一僵硬稳定汇率成为十分困难的任务，从而汇率政策参与调控货币供应客观上成为改变人民币汇率机制的推进力之一。

8.3 经济增长与产业结构调整

如上所述，要从根本上改善我国的跨国金融风险分摊地位，必须推动我国经济组织方式由采邑向市场的逐渐过渡，而要实现这一过渡，维持长期、稳定的经济增长就是至关重要的。只有保证经济的长期、稳定增长，才能使市场化的转变能够在一个准帕累托的方向上进行，经济改革和经济开放的阻力才能最大程度地得以减弱，既定的改革和开放的所有规划也才能够在一个平稳的环境下从容展开。然而，就目前我国的宏观经济形势看，这一前提正受到来自产业结构方面的严重威胁。因此，要从根本上改善我国的跨国金融风险分摊地位、推动我国实现经济结构和经济组织方式的根本性转型，还应推进我国产业结构的调整。

8.3.1 我国产业结构现状

我国自1995年成功实现经济"软着陆"以后，总体增长速度连续6年稳步下降。进入21世纪后，随着国家扩大内需政策逐步取得成效，一批行业率先进入加速增长态势，逐步拉开了新一轮经济增长的序幕，时至今日，已形成改革开放以来的第三次高经济增长态势。随着宏观经济的整体走强，几乎所有行业的增长速度也有了不同程度的提高。表8-7列出了1993年来我国国民经济和三大产业各自的增长态势及三次产业的GDP占比情况。

表8-7 我国GDP增长、三次产业增长、三次产业GDP占比状况

项目 年份	GDP		第一产业			第二产业			第三产业		
	量值 (亿元)	增速 (%)	量值 (亿元)	增速 (%)	占比 (%)	量值 (亿元)	增速 (%)	占比 (%)	量值 (亿元)	增速 (%)	占比 (%)
1993	35 334	—	6 887	—	19.5	16 455	—	46.6	11 992	—	33.9
1994	48 198	13.1	9 471	4.0	19.7	22 446	18.4	46.5	16 281	11.0	33.8
1995	60 794	10.9	12 020	5.0	19.8	28 680	13.9	47.2	20 094	9.8	33.0

项目 年份	GDP		第一产业			第二产业			第三产业		
	量值 (亿元)	增速 (%)	量值 (亿元)	增速 (%)	占比 (%)	量值 (亿元)	增速 (%)	占比 (%)	量值 (亿元)	增速 (%)	占比 (%)
1996	71 177	10.0	13 886	5.1	19.5	33 835	12.1	47.5	23 456	9.4	33.0
1997	78 973	9.3	14 265	3.5	18.1	37 543	10.5	47.5	27 165	10.7	34.4
1998	84 402	7.8	14 618	3.5	17.3	39 004	8.9	46.2	30 780	8.3	36.5
1999	89 677	7.6	14 548	2.8	16.2	41 034	8.1	45.8	34 095	9.3	38.0
2000	99 215	8.4	14 716	2.4	14.8	45 556	9.4	45.9	38 943	9.7	39.3
2001	109 655	8.3	15 516	2.8	14.1	49 512	8.4	45.2	44 627	10.2	40.7
2002	120 333	9.1	16 239	2.9	13.5	53 897	9.8	44.8	50 197	10.4	41.7
2003	135 823	10.0	17 069	2.5	12.6	62 436	12.7	46.0	56 318	9.5	41.4
2004	159 878	10.1	20 956	6.3	13.1	73 904	11.1	46.2	65 018	10.0	40.7
2005	183 868	10.2	23 070	5.2	12.6	87 047	11.4	47.3	73 395	9.6	39.9
2006	211 923	11.6	24 040	5.0	11.3	103 162	13.0	48.7	84 721	12.1	40.0
2007	249 530	11.9	28 095	3.7	11.3	121 381	13.4	48.6	100 054	12.6	40.1

注：数据统计之所以取自1993年，是因为1992年邓小平南方讲话是我国经济体制改革和经济发展的一个标志性事件，也是经济增长考察的一个分水岭。

数据来源：1993—2005年数据来自《中国统计年鉴2007》，2006年、2007年数据来自国家统计局2008年4月公布的《关于2006年GDP数据最终核实、2007年GDP数据初步核实结果的公告》。

截至2007年底，我国三次产业产值与GDP之比为11.3:48.6:40.1。这一比例与1993年的19.5:46.6:33.9相比，尽管第一产业的占比下降、第三产业的占比上升了，但并未有根本性的转变；第二产业的占比仍居三次产业之冠。由此可见，就静态角度考察，第二产业是仍是国民经济的主导产业。

再从比较静态角度使用三次产业对GDP增长的贡献率指标进行考察。从图8-2中不难发现，除2001年有一个明显的下降外，第二产业对GDP增长的贡献率基本保持稳定态势，居于三次产业之首；而第三产业贡献率则在2001年有一个较大幅度的攀升，该年其对GDP增长的贡献几乎与第二产业相当，但此后的几年里其贡献率再次回落，呈现出下降的趋势；至于第一产业贡献率，在2004年有一个较大的提升，其后两年来虽然有所回落，但仍高于2000—2003年的水平。由此可见，三次产业各自增长对GDP增长的贡献率排序仍是第二产业领先、第三产业居次、第一产业最末。

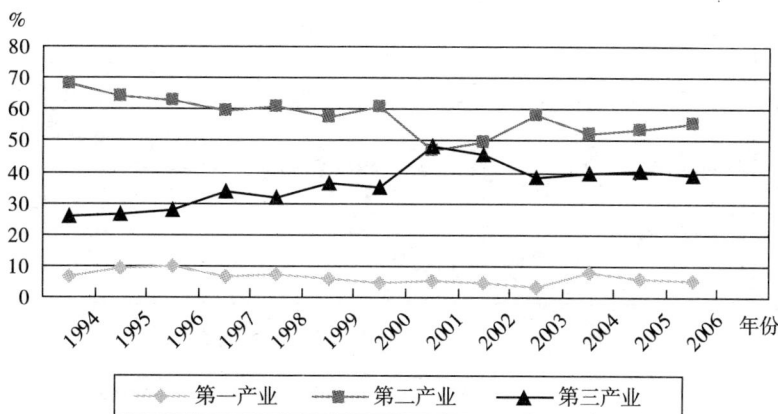

数据来源：《中国统计年鉴2007》。

图 8 – 2　三次产业增长对 GDP 增长的贡献率（1993—2006）

　　最后，从动态角度考察 GDP 和三次产业的增速，不难发现，最终决定 GDP 增长的是第二产业的增长。如图 8 – 3 所示，在 1993—2006 年，GDP 的增长态势与第二产业的增长态势基本吻合，即便在 2004—2005 年，在第一产业、第三产业增长都呈现同比下降趋势的情况下，GDP 增速仍继续加快，就是得益于第二产业增速的加快。与之形成对比的是，在 14 年的动态数据中，第一产业增速就有 6 年与 GDP 增长态势呈现背离，第三产业则有 5 年呈现背离。由此可见，就动态角度看，1993—2006 年期间，三次产业结构在 GDP 中的相对重要地位并未有根本性改变，第二产业的主导产业地位继续保持不变。

　　综合上面三个层面的考察可见，我国近年来产业结构现状并未发生明显的改变，保持了这样一些基本特点：（1）无论就存量、增量还是增速看，第二产业都是国民经济的主导产业。（2）第一产业的占比和增速对国民经济增长的影响虽然处于下降趋势，但仍不容忽视，并且其影响具有较大的波动性；另外值得指出的是，2004 年第一产业的增幅、增速和对 GDP 增长的贡献率都有一个显著的提高，是由于政策性冲击——在这一年中央政府取消了农业税、并对种粮农民进行补贴。（3）第三产业在国民经济中的占比和相对重要性虽然有所提升，但仍无法与第二产业相提并论，并且其影响也具有较大的不稳定性。

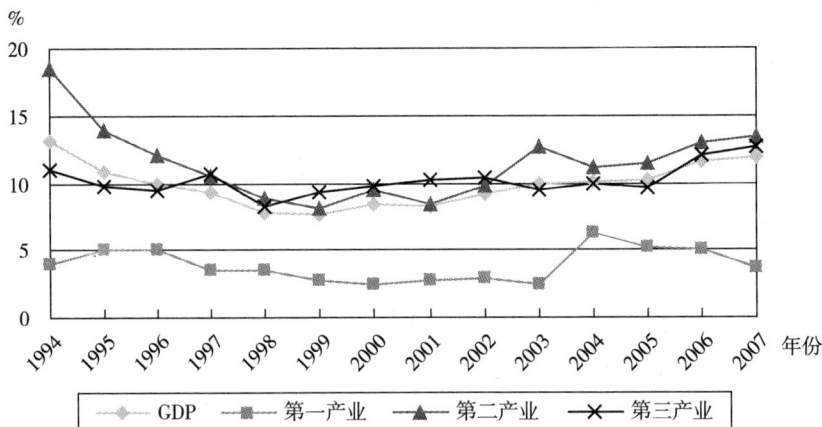

数据来源：1993—2005 年数据来自《中国统计年鉴2007》，2006 年、2007 年数据来自国家统计局2008 年4 月公布的《关于2006 年 GDP 数据最终核实、2007 年 GDP 数据初步核实结果的公告》。

图 8 - 3　GDP 及三次产业增速（1993—2006）

8.3.2　产业结构现状对经济长期增长的影响

深入考察我国产业结构现状和发展历程，笔者认为，近年来我国宏观经济出现的泡沫化和长期增长动力匮乏问题，其内在根源就是产业结构不尽合理、资本流动遭遇体制性障碍、资本供给和需求出现结构性不对称：一方面，大量资本滞留在商业银行体系及第二产业（主要是建筑业及其相关行业）和股票市场内，导致存贷比例持续走低，房价、股价急剧攀升，形成流动性过剩和经济泡沫化问题；另一方面，发展潜力和空间十分巨大的第三产业却未能有效吸引社会剩余资本流入，其增长和对 GDP 的相对重要性也就难以得到有效提升。在第二产业发展开始出现资本溢出效应、第三产业又未能及时成为有效经济增长动力的条件下，我国将可能出现长期经济增长乏力的前景。

截至 20 世纪 90 年代中期，经过近 20 年主要由第二产业拉动的高速经济增长，我国基本上完成了对改革前长期积累的抑制性消费的释放，产业"补课"基本完成，人们的基本消费需求得到满足，短缺经济症状消失，一般消费品由卖方市场转变为买方市场，宏观经济的主要问题由供给不足转变为有效需求不足。在这样的形势下，产业结构显然面临优化升级的契机，原先由基本消费需求促动的经济增长模式面临调整。这一宏观经济形势的转变直接导致了

1994—1999 年 GDP 增速和第二产业增速的回落（见图 8 - 3）。自 2000 年以来，随着国家扩大内需政策的实施，一批行业率先进入加速增长阶段，从而形成我国改革开放以来的第三次高经济增长时期。进一步观察 2000 年至今的经济增长和产业增长态势，大致可分为三个阶段：第一阶段从 2000 年到 2002 年上半年，经济增长主要由食品、饮料（尤其是乳制品业）、纺织服装、文教体育用品、手机、数码家电等中高档家用电子产品，以及汽车和房地产业等行业拉动；第二阶段从 2002 年下半年到 2004 年，经济增长主要由中游制造业环节和上游的能源、原材料以及运输等基础设施环节拉动，以机械制造、钢铁、有色金属、建材、煤炭等为代表的一批具有重化工业特征的行业相继进入快速增长轨道；第三阶段从 2004 年至 2007 年，在机械、化学、能源和原材料等行业基本保持增长态势的同时，房地产业急剧增长，并带动相关产业增长，股票市场步入大牛市，这成为这一阶段宏观经济增长的一大特点。此次经济增长基本体现了由消费品到资源、能源和原材料，再到房地产和相关产业及股票市场这样一个轮增次序，而这一次序也基本体现了社会资本的流向变动。

进一步分析此次经济增长的行业轮增次序，我们发现，在经历了一个阶段的经济增长回落后，社会积聚的大量闲散资本在拉动内需政策的刺激和引导下，首先流向适应消费结构升级的消费品生产领域，从而形成第一阶段消费品行业的高增长；消费品市场的扩大提高了对资源、能源和原材料的需求，从而拉动这些行业的增长。然而，受制于我国劳动力成本低廉和就业压力巨大等基本因素，整个制造业的技术更新和产业内结构调整始终难以有效展开，这就使得制造业的资本吸纳能力、增长潜力及其对总体经济的拉动效应具有收敛性特点：大量资本的投入固然能促进其快速增长，但随着资本投入的进一步增加，资本边际报酬开始递减。理论上可以采用的通过技术设备更新来提高劳动生产率、提高资本边际回报进而推动产业逐步走向资本密集型增长模式的方法，则因我国巨大的人口和就业压力而难以为中央政府和各级地方政府深入推行，又因低廉的劳动力成本现状而进一步限制了微观经济个体进行技术研发和引进的收益预期，这就使得制造业继续延续了劳动密集型的粗放增长模式。于是，在一段时间的高速增长后，其资本边际回报降低到了一个临界点，意味着其资本吸纳能力达到饱和。2004 年以来，由于内外部经济因素的综合作用，全社会资本供给继续扩大，从而形成了资本供给和需求的不对称状况，制造业等传统工业的资本溢出效应开始显现。日益庞大的过剩资本供给一部分形成商业银行系统的资本沉淀，使存贷比率下降；另一部分成为流动性寻利资本，大量流向房地产业和金融市场，从而推动了第三阶段房价和股价的急剧攀升，也使经济增长进入最后一个阶段。2007 年后因两市的回落而使之前在此大量积聚的社会资本亏损惨重，其余值中的一部分流回商业银行系统，从而使存贷比率进一步下降；而两市的回落及国外负面因素的共同作用，也使持续了 7 年的经济增长开始出现动力缺乏的问题。经济增长乏力和流动性过剩同时并存的局面于是初步显现出来。

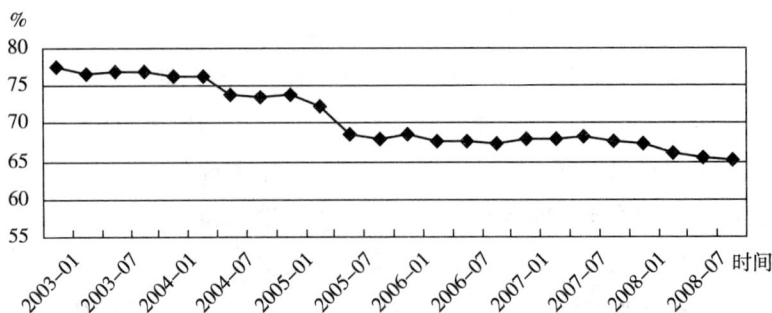

数据来源：根据中国人民银行编制的 2003—2008 年《金融机构人民币信贷收支表》计算得出，取每年 1 月、4 月、7 月、10 月数据。

图 8 - 4 2003—2008 年金融机构存贷比（季度）

如图 8 - 4 所示，从 2003 年 1 月至 2008 年 10 月，全国金融机构存贷款比率呈现出显著的下降态势，这反映了社会资本供给增速相对快于资本需求，它一方面意味着作为国民经济增长主要驱动力的第二产业（制造业）的资本吸纳能力已接近饱和，另一方面说明在溢出效应作用下过剩资本正日益膨胀，它们中的一部分将形成流动性寻利资本涌入非生产性经济领域。

8.3.3 产业结构调整促进长期经济增长的机理分析

因传统产业资本吸纳能力达到饱和而导致资本边际回报率下降从而出现流动性过剩和经济泡沫化问题，并非始于我国；事实上，任何寻求经济发展和现代化的经济体都必然要面临相似的问题。对这一问题立足于产业结构调整去寻求合理、有效的解决方法，将不仅有利于缓和资本过剩状况、纾解金融系统和金融市场压力、避免经济走向泡沫化，而且还将推动主导产业更替，推进产业结构的合理化、高度化，从而使国民经济走上长期增长和现代化发展的道路。

　　一般说来，资本边际回报率回落导致的资本溢出效应可以通过三次产业间的结构调整得到适当的疏导；反过来说，一旦社会资本供给高于需求、流动性过剩问题开始出现，通常即意味着产业结构的调整时机来临了。迄今为止的各种统计资料大多证实了上述论断。譬如美国三次产业结构在 GDP 中占比的跨时变化，就大致勾勒出其经济现代化的进程：1899 年美国三次产业 GDP 占比为 25.8:37.7:36.5，这对应着前工业化经济时期；1953 年这一比率变为 5.9:48.4:45.7，说明美国此时已完成了经济的工业化转型，此后第二产业占比的下降意味着美国逐渐步入钱纳里等所谓的"工业化结束阶段"；到 2000 年这一比例为 2:28:70，意味着美国已处于后工业化时期。不难发现，第三产业在 GDP 中的占比，是一个国家经济工业化、现代化水平的标志。目前几乎所有发达国家都是以第三产业为主导产业，并且经济越发达，第三产业的 GDP 占比越大。表 8-8 列出九个经济大国 2000 年三次产业的占比状况，从中容易看出，尽管各国经济发展水平不同、经济构成各有特点，但其第三产业无一例外在 GDP 中占据着首要地位。

表 8-8　　　　　　　　九个经济大国 2000 年三次产业占比一览表

单位:%

项目 ＼ 国别	美国	英国	德国	法国	意大利	日本	加拿大	俄罗斯	印度
第一产业占比	2	1	1	3	3	2	3	7	27
第二产业占比	28	25	28	23	26	36	33	38	27
第三产业占比	70	74	71	74	71	62	64	56	46

数据来源：根据各国统计局相关网站搜集整理。

　　第三产业的 GDP 占比之所以能成为经济现代化水平的标志，简单地说，是因为第三产业相对其他产业而言具有行业多、范围广、灵活性高、就业吸纳力强、资本吸纳力强等特点。一般说来，任何经济体在经济发展过程中，随着资本积累的持续增加，迟早都会面临传统制造业资本吸纳达到饱和、资本边际回报率下降、资本溢出效应显现的境况。此时如实现产业革命和产业集群跃迁的技术条件尚未成熟，过剩的社会资本就将转化为流动性寻利资本，流向范围更广、行业更多、潜在获利空间更大的第三产业，从而推动该产业的迅速发展。第三产业的上述特点使其能够吸纳过剩的社会资本和劳动力，并通过本身的发展把生产、分配、交换、消费的各个环节有机地联结起来，促进人流、物流、信息流、资金流的畅通运行，节约经济交易费用和经济机体运行成本，极大地推动社会分工和专业化生产的进展。如我们所知，社会分工和专业化生产的水平是决定技术变迁进而决定经济增长方式跃迁的根本要素，当第三产业的发展使社会分工达到一定的临界水平时，新一轮的技术革命和产业革命也就成为经济发展的大势所趋了。20 世纪 90 年代中期美国的"第二次信息革命"及其引发的"新经济"，究其实质，即遵循了这样一个基本经济逻辑。从传统工业中游离出来的流动性寻利资本大量涌入信息服务行业，既缓解了美国资本过剩的压力，又推动了社会技术变迁和产业集群跃迁的实现，从而使美国经济告别长期低迷，再次进入快速增长通道；而以信息化为基本特征的新经济，也成为后工业时代经济现代化进一步发展的一个路标。

除缓解资本过剩压力、避免经济走向泡沫化和空心化之外，调整产业结构和发展第三产业对我国经济的长期增长而言还有着特殊意义。一般来说，所谓产业结构的高度化，在资源结构上就是由劳动密集型占优势，顺次向资本密集型、技术密集型、知识密集型产业占优势的方向发展的过程。目前我国第二产业的发展，就正面临着由劳动密集型向资本密集型转变的任务。但目前我国这一任务的完成受到来自两方面的制约：首先，低廉的劳动力成本使微观经济个体在现有产业资源结构上安享成本优势，对发展资本密集型产业和行业的利润预期不高；其次，巨大的人口基数和国有企业机制改革两方面因素共同作用，使得目前我国就业压力空前巨大，这使以社会稳定为压倒性目标的中央政府和各级地方政府对发展资本密集型产业心存疑虑。第二产业的这种进退维谷的尴尬处境不仅使其自身资源结构高度化难以实现，也是导致目前流动性问题的一大因素。如我们所知，第三产业具有很强的劳动力吸纳能力。根据配第—克拉克定理（Petty – Clark's law）：人均收入变化将引起产业结构变化；随着经济的发展和全社会人均国民收入水平的提高，劳动力将大量向第三产业转移。当前西方发达国家的就业结构状况充分验证了这一定理（见表 8 – 9）。可见，在后工业化时代，第三产业将成为劳动力的主要吸纳部门，并且，随着其在 GDP 中比重的上升，其劳动力吸纳能力也将随之上升。由表 8 – 9 不难看出，目前我国第三产业的就业占比与发达国家相比相差甚远，这意味着这一产业具有巨大的就业潜在空间，这就为第一产业、第二产业资源结构的升级提供了充裕的腾挪平台。由此看来，发展第三产业、充分发挥其劳动力吸纳能力，对在妥善化解就业压力的前提下推动我国整体产业资源结构的高度化转变具有十分重要的意义。一旦第二产业的资源结构转变得以完成，资本密集型的增长方式开始形成，则其资本吸纳能力将成倍放大，其对经济长期增长的贡献率也将再度得以提升。

表 8 - 9　　　　美国、英国、日本、中国就业人口三次产业分布状况

单位:%

年份 \ 国别	美国			英国			日本			中国		
	第一产业	第二产业	第三产业	第一产业	第二产业	第三产业	第一产业	第二产业	第三产业	第一产业	第二产业	第三产业
2000	1.8	27.3	70.9	1.8	21.5	76.8	5.1	31.4	63.5	50.0	22.5	27.5
2001	1.7	26.6	71.7	1.6	20.8	77.7	4.9	30.7	64.4	50.0	22.3	27.7
2002	1.7	25.1	73.3	1.5	20.1	78.5	4.7	29.6	65.7	50.0	21.4	28.6
2003	1.6	25.0	73.4	1.4	19.4	79.3	4.7	29.1	66.2	49.1	21.6	29.3
2004	1.6	25.0	73.4	1.4	18.9	79.7	4.6	28.3	67.2	46.9	22.5	30.6
2005	—	—	—	1.4	18.2	80.3	4.5	27.8	67.7	44.8	23.8	31.3
2006	—	—	—	1.4	17.9	80.7	4.3	27.9	67.8	42.6	25.2	32.2

数据来源：美国数据：http：//www. census. gov/。

英国数据：http：//www. statistics. gov. uk/。

日本数据：http：//www. stat. go. jp/english。

中国数据：http：//www. sei. gov. cn/try/hgjj/yearbook/2006/indexce. htm。

综合以上论述，推动产业结构调整、发展第三产业，是解决我国目前经济长期增长乏力、经济泡沫化和空心化问题的根本途径。它不仅有助于发挥第三产业资本吸纳力强的特点、直接缓解过剩社会资本压力，而且有助于推动其他产业资源结构优化、逐步走向资本密集型增长道路，从而在长期内为经济的可持续增长提供动力。

8.3.4　具体政策设想

分析目前我国第三产业发展的滞后状况，大致是由以下四方面因素所共同决定的：（1）乡村经济制约因素。我国自新中国成立以来一直采取比较严格

的户籍管理制度，城乡差异较为明显，农村人口占全国人口的比重一直维持在60%以上。乡村经济具有自给自足的特点，这不利于市场规模和交易规模的扩大，也不利于推动社会分工和专业化生产的进一步发展。如我们所知，第三产业的发展是以一定的市场规模和社会分工水平为前提的，其在乡村区域的发展自然也就受到先天性制约。（2）市场制约因素。自改革开放以来，我国在全国统一的市场建设方面取得了很大的成就，但就市场现状看，仍存在诸多不足，市场法规不健全，法制建设仍有待进一步深入，这就使得在许多市场领域仍存在无法可依、执法不严的情况，阻碍了社会分工的进一步深化；地区性、政策性保护措施广泛存在，使跨地区、跨部门、跨行业的市场交易规模受到很大的限制，从而使市场规模本身受到限制；社会信用状况仍存在缺憾，使市场微观主体的交易费用难以有效降低；市场歧视现象广泛存在，国有大型服务性企业得到各级地方政府的政策性支持，基本上形成了市场垄断，而较灵活的中小型服务性企业则因开业费用等市场门槛设置过高而难以进入市场。以上各方面市场制约因素的存在使得市场规模的有效扩大受阻，社会化分工和专业性生产受到制约，从而阻碍了第三产业的发展。（3）企业制约因素。受传统计划经济下企业办社会机制的影响，广大企业，尤其是国有大型企业更倾向于市场内部化，在经营模式的选择上，多元化经营比专业化经营受到更多的青睐；而市场缺陷的广泛存在也使得那些实现了专业化经营的企业难以找到适宜的交易对方，从而难以发挥其固有的竞争优势；另外，在传统的大而全、小而全的企业模式下形成的既得利益集团本身也构成了专业细分和市场细化的阻碍因素。企业内部的这些因素都对社会分工的深化起到阻滞作用，进而阻碍了第三产业的发展。（4）金融制约因素。我国金融系统改革滞后于整体经济体制改革，向市场提供的融资渠道十分有限。商业银行系统考虑到交易费用问题更愿意向大型企业和项目提供融资，而股票市场等直接融资市场的进入门槛设置则更高，这就使得分散的中小型城乡服务性企业事实上很难获得正规金融渠道的融资支持。

针对这四方面制约因素，笔者认为，要从根本上解决经济长期增长的动力问题，促进产业结构调整、推动第三产业发展，可考虑从以下几方面采取措施：

1. 加快市场法制建设进程，加大市场执法力度。市场经济首先是法制经济，只有在完善的法律体系下、在切实有效的执法框架下，第三产业才能得到良好的发展环境。

2. 各级地方政府应转变观念，切实消除规模歧视和所有制歧视，降低服务性企业的进入门槛，甚至采取适当的优惠政策，鼓励中小型服务性企业的创立和发展。

3. 逐步放宽户籍管理制度，推动城市化进程，在保证社会稳定的前提下，为农村剩余劳动力向城乡中小型服务行业转移创造条件。一个现实可行的方法是乡村化产业结构调整，具体而言，就是采取政策性鼓励措施并提供切实的产权保障机制，以扶植、推动主要面向农村经济的服务性小企业、农村企业的发展。如能通过适当的政策引导，使第一产业中的过剩劳动力就地转移到第三产业，则在推动产业结构升级的同时，不至于引发大规模的人口流动问题，社会稳定性也就能够得到保证。事实上，城市化进程本身不仅有助于产业结构升级和第三产业发展，从经济组织方式层面考量，它还将有助于促进全国统一市场的构建，进而有利于整体经济结构由采邑向市场的根本性转变，因此推行此项改革举措是意义深远的。

4. 加大第三产业开放力度，逐渐将我国的第三产业放置到国际竞争的环境中去，从而给国内相关企业以转换观念、更换机制、变更经营模式的外在压力。第三产业由于具有投资周期短、见效快、灵活性强、投资回报高等特点，近年来已逐渐成为世界对外直接投资的重点，我国加入世界贸易组织后也承诺加大该产业的开放力度，在这种形势下，我国完全可以也应该利用国际服务业投资高潮，推动我国第三产业的结构调整和整体服务水平的提升。

5. 调整金融体系改革思路，发展金融创新，引导过剩的社会资本流向第三产业。关于此点笔者将在下一章作具体论述。

9

若干政策构想（下）：金融层面

要改善我国在跨国金融风险分摊中的地位，增强我国的金融安全，不仅应从根本上改造我国的信息—制度结构，从而消除内生性金融风险的转嫁根源、提升我国金融风险的承担能力，还应在技术层面上理顺跨国风险的真实反映机制，消除非系统性风险的累积根源。如果说上一章探讨的经济层面的影响因素是着眼于前者，那么，促进我国的金融发展和金融结构改造则是立足于后者。只有在一个健全、完善的金融结构体系下，非系统性风险才能得以过滤，跨国金融风险才能得到真实的反映，从而金融安全也才能得到技术性保障。根据目前我国现状，笔者认为，要构筑一个健全、完善的金融结构体系和金融风险反映机制，应主要着眼于商业银行、资本市场和民间金融三方面。

9.1 商业银行转型

我国目前的金融体系是以商业银行为主体、多种金融机构和金融市场并存的整体格局，商业银行是我国金融体系的一个中轴，因此要探讨金融结构的完善和健全，首先应思考在新形势下商业银行的转型问题。

9.1.1 我国商业银行的发展逻辑

如上文所述，经济体制之所以能渐进转轨，一个很重要的支点是体制内因素的维持，这就要求在转轨之初政府应能实现对金融资源的垄断，否则将无法动员足够的储蓄资源，①国有经济（体制内因素）也会因无法获得及时而有力的金融支持而呈现 J 形下降，从而无法避免苏联和东欧国家的经济困境。我国的国有商业银行正是基于这一逻辑产生并发展起来的：自改革开放以来，国有商业银行的组织规模与储蓄存单的规模保持同步增长，1985—1996 年间国有银行从 58 364 家增加到 168 101 家，年均增幅 24%，储蓄规模年增长基本上都保持在 27% 以上，②而对体制内成分的贷款占总贷款的比重则始终保持在 60% 以上。由此可见，商业银行规模的扩张、储蓄占 GNP 比例的提高（经济货币化程度的提高）、体制内经济成分在持续的金融支持下保持稳定、经济体制平稳转轨，这几个现象是互相紧密联系的，是我国经济转轨的渐进式逻辑所决定的。然而，并非仅仅是中央政府的宏观取向对商业银行体系的发展具有决定作用，如上文所述，我国经济的一个重要特色是受采邑制度影响深远，部门和地方势力对经济的影响程度深，这一逻辑同样体现在商业银行体系的演化路径上。四大国有商业银行分设的初衷是发挥已有的专业化优势，体现计划经济下分而治之、各不干扰的逻辑；但随着商业银行的真正商业化，它们之间产生了日益尖锐的利益冲突，直接表现为对储蓄资源的争夺上；而要有效地争夺储蓄资源，就必须不断扩展自己的分支机构，这就使商业银行的组织规模超越了国家效用函数规定的扩展边界。更为重要的是，在地方分权的情形下，地方利益函数也成为决定商业银行规模的一大要素，国有银行分设地方分支机构的行为直接受到地方竞争的影响，因为"国有金融组织在某一地方的分设规模直接关系到该地方向国家争取金融资源使用权的讨价还价能力"，对地方而言，"国有银行分支机构本身便是金融资源支配权的象征"。③

在国家、部门、地方三方共同推动的背景下，国有商业银行的组织规模于是大大超越了效率要求，甚至超越了体制内金融补贴要求的水平，这造成我国商业银行机构臃肿、效率低下的现状。

有研究者认为公有产权是阻碍我国国有商业银行实现效率化、市场化经营的根本原因，按此观点则无法解释非国有商业银行也存在着的低效扩张现象。

① 在国家垄断金融产权的条件下，储蓄规模显然是金融机构扩展规模的函数，因为人们没有其他选择。
② 唯一的例外是 1988 年的 23.69%。参见各年《中国金融年鉴》。
③ 张杰：《中国金融制度的结构与变迁》，197 页，太原，山西经济出版社，1998。

以 1987 年交通银行的成立为标志，我国国有商业银行一统天下的局面被打破，开始进入金融主体多元化的时代。一般说来，由于没有历史包袱，非国有商业银行呈现出较好的财务状况，但就经营效率看与国有商业银行却几乎如出一辙，并且在不承担给国有企业以金融支持义务的前提下，其不良资产比例也在短短的几年里迅速攀升。取深圳发展银行的一个纵断面为例：1997 年其不良贷款比率为 7.32%，1998 年跃升为 17.17%，1999 年进一步攀升至 20.71%。其他非国有商业银行大多都呈现出类似的发展态势，这充分说明了非国有商业银行的资产质量其实并不比国有商业银行优良。由此看来，产权结构和体制内金融支持成本假设并不能（或至少不能完全）解释中国商业银行的低效扩张现象。要理解中国商业银行的现状，还需要充分考虑采邑制度下的地方分权和争夺的影响。地方政府在影响、控制地方性银行方面具有各个方面的优势：地方性银行之所以得以组建，本身就是地方政府大力推动的结果，地方财政往往是银行的大股东，其主要经营者也由地方政府派遣；然而，产权方面的控制实际上仍属次要因素，在地方分权的格局下，为扩大本地就业，维持社会稳定，推动经济发展，地方政府往往违背本身作为产权所有者的利润最大化追求，而寻求更宏观层面上的政治效用满足，于是促使地方性商业银行去从事一些低效甚至无效的信贷或其他业务，并促使地方性商业银行的组织规模也开始其超越效率边界的扩张。

综合上述，国有商业银行在国家推动、部门推动和地方推动的三重压力下不断延续其低效组织规模扩张过程，这既是保证渐进转轨平稳进行的宏观要求，也是采邑制度和地方分权影响的必然结果；地方性商业银行则主要在地方政府的推动下实现其低效扩张，这主要是采邑制度下地方争夺金融资源、寻求地方经济支持和社会稳定支持的结果。

9.1.2 促进我国商业银行全面转型的若干设想

以三大国有商业银行在 A 股市场的 IPO 为标志，我国商业银行在所有权方面开始的新一轮的改革，其出发点正是试图通过所有权方面的市场化变革来突破银行低效扩张的制度根源，并借此分散、化解积聚在商业银行体系中为渐进转轨提供金融支持而背负上的巨额金融风险。简言之，商业银行的股份制改革是我国商业银行由国有迈向民有、由体制内走向跨体制、实现与经济体制变革相对应的市场化道路上的一个重要步骤。

然而，仅在所有权方面作出民有化改革的姿态，对商业银行的具体经营运作的根本性转变显然是远远不够的。在分支行制的框架下，我国大多数商业银行基本上保持了大而全、小而全的经营态势，从经营管理到业务设计上趋同化倾向十分明显，而这与我国地方经济间鲜明的地区差异必然会形成矛盾。在基本解决了产权方面的所有者缺位问题之后，还应在具体的经营管理和业务设计上，乃至在整体的体系规划和机制创新上，去寻求"网络式"市场化的道路，从而实现金融资源与经济态势的相互匹配、助推社会主义市场经济的发展。从一个更广阔的视角看，国际银行业近年来发展的新格局①将对日益开放的中国金融业和银行业带来日益增强的外部冲击。在一个日益开放的金融市场中，我国银行业将面对众多资金充足、管理先进、服务高效的国外金融机构的竞争，改变既有经营模式、推动业内系统转型、实现由体制改革的金融支持主体向金融开放的市场竞争主体的根本性转变，是我国商业银行亟须开展的工作。具体而言，笔者认为，商业银行的转型应体现在以下四方面：

1. 发展模式由本土化转向国际化。在金融全球化背景下，国内商业银行必须以全球战略视野来规划自己的发展战略，积极推进"请进来"、"走出去"的国际化发展步伐。只有不断加强与国际银行业从业务到股权等各种不同程度的交流合作，置身于信息—制度体系截然不同的国际市场，国内银行才能切实感受和学习到现代商业银行的经营理念、运作机制和管理模式，发现自己的不足并寻找出求解方略，才能充分利用全球的人才资源和金融资源，为我国的跨国企业提供综合性服务，支持我国经济的国际化发展。对于国内大多数银行来说，积极寻找国际战略合作者，通过业务合作的方法延请国际银行业界专业团队对我国银行业的业务规划和拓展出谋划策；进入中国香港地区、新加坡和我国跨国企业集中的国家和地区，通过为其提供金融服务推动自身海外业务的发展；甚至通过股权合作的方式使自己更深入、更全面地融入国际银行业体系中去，是突破本土化、实现国际化经营的一个重要发展方向。当然，银行业的国

---

① 从国际银行业的发展看，在经济全球化和信息化的推动下，世界银行业呈现六大趋势、两大脱媒。六大趋势是信息化生存、综合化经营、资本市场化、业务零售化、成长一体化和发展国际化。两大脱媒分别是资本性脱媒和技术性脱媒。资本性脱媒就是银行间接融资占主导地位的现象正在一天一天的改变，技术性脱媒就是IT将会占领银行支付的领域。

际化转变应在坚持我国金融主权、坚持国家金融安全的前提条件下展开；在当前跨国金融风险分摊机制不利于我国的条件下，在大力推动银行业国际化的同时，还应始终坚持"对等开放"原则，防止国际金融资本以国际合作为名行侵吞我国金融主权之实。① 另外，此次金融危机从反面告诉我们，国际银行尽管在经营运作等各方面都对我国银行有相对优势，但也并非十全十美；在业务的扩展和风险的有效防范上如何保持合理的平衡，在流动性、安全性和盈利性上如何实现较好的组合，绝大多数国际银行与我国银行一样，还有很长的路要走。因此，在推动国内商业银行国际化转向的同时，还应充分认识国际银行业本身的固有缺陷和经营风险，以主动的"国际化"取代被动的"被国际化"。

2. 经营结构由单一的银行业务经营结构转向综合的金融业务经营结构。这主要包括以下几方面：（1）业务结构由批发业务主导转向批发业务与零售业务并重。同时，由单一的银行业务向证券业务、保险业务、基金业务、投资银行业务、资产管理业务等领域扩展，逐步建构起综合化的业务经营模式，② 一些经营成本大、经营程序琐屑、对银行利润贡献不大的业务则可考虑采取外包的方式转移出去。（2）资产结构由高风险结构向低风险结构转变。在总资产中逐步降低信贷资产的比重，适当提高投融资的比重；在信贷资产中，应适当降低对公贷款比重，逐步提高个人信贷比重；在行业信贷投向上，应不断提

---

① 自我国加入 WTO、金融业对外开放成为大势所趋以来，国内若干商业银行以股权出让的方式引入国际战略投资者，为增加对国际投资者的吸引，采取了低定价的方式进行转让，从而使我国金融资源和金融利益遭到相当程度的损失。譬如 2006 年在中国工商银行上市之前以每股 1.16 元的价格向美国高盛集团、德国安联集团和美国运通公司出让 10% 股份，之后不久工商银行上市，IPO 定价为每股 3.12 元，比之前的国际转让定价高出约 2 元。这在客观上显然造成了国际金融资本对国内普通投资者的金融掠夺。事实上自 2006 年金融开放过渡期第一阶段结束以来，这样的以金融开放为名、行出卖国家和群众金融利益之实的股权转让和"战略伙伴引进"并不少见。因此，在规划金融开放前景、推动金融开放进程的同时，应大力加强国有金融资本的保全，坚持"对内开放先于对外开放"原则，坚持对外开放中的"对等开放"原则。

② 当然，这是建立在我国金融体系逐渐由分业经营走向混业经营的总体规划基础上的。如我们所知，随着 1999 年美国《金融服务现代化法》的出台，混业经营已成为全球金融业发展的大势所趋。在2010 年后我国金融业加大对外开放步伐、实行全面对外开放的背景下，我国各类金融机构都将受到来自全球的竞争和挑战，继续维持分业经营格局只能是自捆手脚，对我国金融业的长远发展显然是不利的。因此，笔者认为，随着金融业对外开放的逐步发展，根据"对内开放先于对外开放"原则，我国也应相应调整金融体系格局，逐步由分业经营过渡到混业经营。当然，金融体系格局的转变应以金融稳定和金融安全为前提渐进式推进，并以利率市场化和金融监管规范化为先决条件。笔者认为，目前在法理上仍应坚持分业经营原则，而在金融机构的业务扩张和经营范围扩张上则采取较为灵活的态度，主要由市场来引导金融体系的发展进度。

高朝阳行业的信贷资产比重，逐步降低传统行业的信贷资产比重。（3）负债结构要弱化以存款为主的被动型负债，大力发展主动型负债。政府和监管部门应允许商业银行发行一定量的金融债券，提高银行主动负债的比重，以增强商业银行对负债的整体调控能力。（4）在客户结构上，要逐步完善和改变目前各家银行普遍奉行的"垒大户"战略，努力实现从优质大客户为主向优质大中小型客户并重转变。（5）收入结构要实现由利差收入主导转向利差收入与非利差收入均衡发展。

3. 管理体制由"弱总行—强分行"模式转向"强总行—弱分行"。国内商业银行目前的管理体制基本上属于是"弱总行—强分行"体制模式，基本特征是分散经营、分行主导、分权管理、行政服从。具体表现在四个方面：一是以分行为重心进行倾斜式权力配置，分行在经营权力配置方面的谈判能力大大高于总行职能部门，但风险承担集中在总行；二是以分行为利润中心进行模块化分散经营，削弱了系统内客户资源、管理信息资源整合与共享的力度；三是以分行为指向的分级交叉式垂直管理，机构设置与业务流程不匹配，独立核算与垂直管理不匹配；四是以行政服从为前提的行政式管理方法，使行政式管理与市场化决策不匹配。由此，总行的管理权威被掠夺、软化，甚至被空心化。近年来国内一些银行频频爆发的一些恶性案件，就根源于这种管理体制。因此，强化总行的管理权威，提高管理效率，必须摒弃"弱总行—强分行"管理模式，确立起符合现代银行经营管理内在规律的"强总行—弱分行"管理模式。"强总行—弱分行"管理模式的内涵和特征主要表现在五个方面：一是总行职能部门具有高度的管理权威，对各分行、各业务条线具有集中统一的指挥能力；二是以总行部门为主导的组织管理体系，管理重心是以总行职能部门为主导，纵向围绕产品线和业务线的条式经营管理；三是在总分行组织架构上实现扁平化，减少总分支行之间的管理环节；四是矩阵式的组织管理架构；五是管理信息系统统一、高效。

4. 经营资源由一元化结构转向多元化结构。经营资源的整合和配置机制的转型是商业银行转型的重要组成部分。没有组织体系、资本管理、营销渠道和人力资源等经营资源的转型支持，商业银行的战略转型、管理体制转型和经营转型就有可能成为"空中楼阁"。（1）组织体系的转型就是要由单一的物理化转向物理化和电子网络化并重。（2）拓宽附属资本来源，通过发行各类非永久性优先股票、后期偿付长期债券，建立起多元化、高灵活性和持续性较强的资本补充机制。（3）要适应银行组织体系虚拟化转型的趋势，不断提升虚拟服务渠道对物理服务渠道的替代率，以降低营业成本，提高服务效率。同时，要加强对现有物理网点功能的转化，根据客户的需要重新设计物理网点的内部布局。构筑起物理网点有形服务渠道与网上银行、电话银行等虚拟服务渠道的相互补充、共同发展的多元化服务渠道体系。（4）人力资源要由传统的银行业务型人才向适应商业银行综合化发展要求的复合型人才转变。要加强对现有干部和员工的培养力度，有计划地从国内外引进一批具有深厚专业知识基础、良好从业背景和丰富实践经验的复合型高级专业人才和高级管理人才。

9.2 资本市场优化

一般说来，发展中国家在经济发展之初，由于国内金融抑制现象较为严重、经济的金融化程度不高，往往需要由商业银行为代表的金融中介体系充当社会资本融通的主要媒介，甚至充当经济资源配置的重要机制；而随着金融发展和金融深化资本市场逐渐壮大，其功能、作用日益显现，而其相对于金融中介的融资优势（如更低的融资成本、更多样化的融资工具选择、更广阔的市场空间等）也将逐渐得到发挥，从而使其逐渐打破传统融资型中介的垄断地位，在国民经济和金融体系中发挥越来越重要的作用。应该说，我国目前正处于由商业银行主导逐渐向融资中介和资本市场并重的过渡阶段，近20年来资本市场从无到有的迅猛扩容发展过程以及其间大起大落的发展经历，正是过渡阶段所必然出现的现象。

综观各国资本市场的发展，股权市场和债权市场大多是齐头并进的，某些发达国家如美国，其债权市场的发展和容量甚至远远超过股权市场，[①] 甚至以银行主导的金融体系著称的国家如德国、日本等，在20世纪90年代末以来其公司债券市场也走上了快速发展的道路。关于我国股票市场的发展规划和政策

---

① 以2004年为例：该年美国公司债券的发行额为7 112亿美元，与同期国债发行量不相上下，年末公司债券存量占整个债券市场存量的20%，为GDP的40%，不论是在发行的企业数量上还是绝对规模上都远远大于股票市场。

建议，国内的相关研究已汗牛充栋，在此笔者不再赘述。本节将主要探讨公司（企业）债券①市场的发展。

9.2.1 我国企业债券市场的发展特征与逻辑

一般认为，我国的企业债券发行始于1984年，时至今日已经走过了20多年的历程。纵观我国企业债券市场的发展历程和现状，大致具有如下特征：

第一，从发行规模和融资功能的发挥上看，相比几乎同时起步的股票市场，企业债券市场仍处于极不发达的阶段，企业债券融资规模小。企业债券发行额占全国债券发行总额的比例很低。从1990年到2006年发行的各种债券总额可以看出，企业债在整个发行债券的总数中只占有3%。

第二，从年发行规模的变动看，发行规模时大时小，波动幅度巨大，是一个很不稳定的发展过程；并且，发行规模的大小变化和幅度与经济运行状况并不存在明显的相关关系（见图9-1）。

第三，从发债主体来看，主要是中央政府机构、地方政府和国有企业，只有极少数的集体企业和民营企业发行过企业债券（见图9-2）。

第四，单个主体发行规模巨大。2000年以后，单只债券规模迅速放大。譬如，2006年度新发行的企业债券中，13家中央企业发行了18只，平均每个发债主体的发行金额为46.31亿元（最大金额为330亿元，最小金额为5亿

① 应该说，直到2007年9月26日长江电力公司债券顺利发行前，中国并不存在一个标准意义上的公司债券市场。目前由国家发展和改革委员会主管的企业债券虽然也被称为公司债券，但从我国长期以来发行企业债券的实践来看，我国发行的企业债券类似于西方国家的地方政府债券和政府机构债券，并不是私人部门发行的公司债，大多是具有政府背景的项目债券。公司债券和企业债券的区别从立法上也可看出：目前有国务院于1993年12月颁布《企业债券管理条例》和中国证监会于2007年8月14日颁布《公司债券发行试点办法》两部法规分别规范企业债券和公司债券的发行，其中企业债券还包括短期融资券（由中国人民银行在2005年5月24日颁布的《短期融资券管理办法》进行管理规范）。在《公司债券发行试点办法》发布之前，中国虽然在名义上也有公司债券这一说法，但发行过的唯一比较接近公司债券的是可转换公司债（分别由国务院证券委员会1997年3月25日发布的《可转换公司债券管理暂行办法》和2001年中国证监会发布的《上市公司发行可转换公司债券实施办法》进行管理规范），由于可转换公司债具有债务和股权双重性质，并不能算是标准意义上的公司债券，所以"07长电债"的发行其实是我国公司债券市场发展的开端，在此之前，中国不管是在名义上还是在实际意义上都不存在公司债券。但由于二者同为微观经济主体（地方政府和政府机构在进行债权筹资时扮演的也是融资者的角色）进行债权融资的工具，并且（笔者认为）今后的发展方向也必然是市场合并，因此将之归并到一处论述；又由于公司债券市场刚刚起步，其发展前景尚无从预期，因此我们的论述也以企业债券为主。

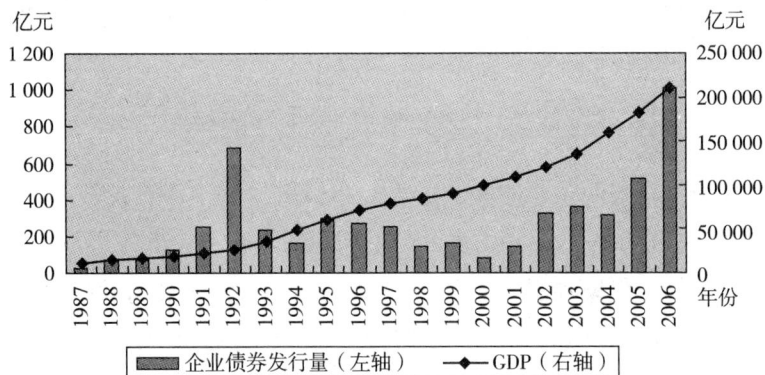

资料来源：《中国统计年鉴 2006》，历年《中国证券期货统计年鉴》。

图 9-1　1987—2006 年中国 GDP 总量与企业债券发行规模

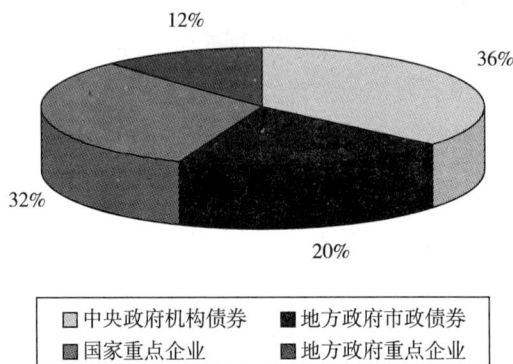

资料来源：根据各年度企业债券发行公告整理得出。

图 9-2　2001—2006 年企业债券发行主体结构

元）；地方企业发行了 29 只，单个发债主体的平均发行金额为 11.48 亿元（最大金额为 25 亿元，最小金额为 6 亿元）。

　　第五，政府干预严重。从 1999 年起，国家计委（目前是国家发展和改革委员会）全面负责企业债的额度安排与监管发行，中国人民银行负责企业债利率管理，中国证监会与证券交易所负责企业债上市审批。多头监管、额度严格控制，造成企业债发行申报复杂，审批周期漫长，通常一只企业债从申请到发行，需要 1 年的时间。

第六，二级市场不发达，存在严重的市场分隔。2005 年以前，我国企业债券的流通与转让只能在交易所进行，而交易所的上市规则存在诸多限制性条款，按规定只有企业债券中信誉较高的才可获准上市流通，致使大多数企业债券无法在交易所上市转让，交易对象减少，市场交投不活，交易市场发展缓慢。近年来，中国人民银行、中国证监会和财政部等部门采取措施加大了交易所债券市场和银行间债券市场统一、互联的工作力度，2005 年中国人民银行发布 30 号令《关于公司债券进入银行间债券市场交易流通的有关事项的公告》，允许将企业债券目前可选的流通市场扩展到银行间市场，此举对激活企业债券交易市场起到了一定的作用。据初步统计，2006 年企业债券日均交易量为 3.5 亿元，虽比 2002 年有大幅增长，但仅占同期国债交易量的 5.5%，仍然未能彻底改变企业债券市场交投不活、流动性较差的局面。

第七，企业债券品种单一。虽然近年来企业债券品种也有创新，但从目前所发行的企业债的品种来看，尽管在期限上有 5 年期、10 年期、15 年期等，但在利率上基本只有一种：固定利率。90% 以上为固定利率担保普通企业债，可转换债券、无担保债券、资产抵押债券、信用债券和浮动利率债券等发行量很少，品种单一对供需双方的吸引力不足。

第八，市场基础设施的建设有待完善。最为突出的一个问题是缺乏独立、公正的市场信用评级机构。公司向社会公开发行公司债券，一个必要的程序就是由信用评级机构对其所发行的公司债券进行信用评级。除了专业性的机构投资者会进行独立研究外，一般的中小投资者都是通过了解他们认可的评级机构对公司债券的评级水平后作出投资选择；可以说，信用评级构成了公司债券的信用基础。在中国债券市场中，中介机构的市场空间有限，发展相对迟缓。同时，符合市场经济条件的债权人保护制度也未能建立起来。

进一步分析我国企业（公司）债券市场发展滞后的原因，不难发现同样是根源于为我国渐进式经济体制转轨提供金融支持这一基本逻辑。如上所述，维持国有银行为主导的金融体系是保证二元经济体系长期存在、体制转轨渐进性展开的一个基本条件。为避免体制内经济成分还款负担过重，还应保证银行贷款利率维持低位，这进一步决定了储蓄存款利率也必须维持在较低的位置上。因此，所谓利率管制，事实上是经济转轨过程中向体制内经济成分提供金融支持的一种必要的手段。然而，作为融资中介，商业银行体系在日益成熟的资金市场中必然面临其他融资方式的竞争，低进低出的信贷资金运用方式和不断积累的不良贷款比率使其背上日益沉重的包袱，难以与新兴的融资方式在同一平台上展开竞争。因此，在以利率管制为工具保证了商业银行体系的信贷资金流向之后，还应保证商业银行体系本身在资本融通市场中的垄断地位，以持续保持其对社会剩余资金的吸引力。这就要求对有可能对商业银行体系形成资金分流的融资市场和融资工具持续不断地进行抑制。一般意义上的公司债券是一种固定收益证券，对投资者而言，其投资周期和投资方式与银行储蓄存款相类似；而由于公司债券仅由企业以其自身资产进行担保，缺乏银行的中介和"背书"，因此其风险等级会比银行储蓄存款高，根据收益与风险成正比的原则，其收益率也必然较银行的储蓄利率高。如果任其自由发展，必将形成对既有的居民储蓄存款的分流，一部分风险偏好和收益预期较高的资金将流出银行体系，从而脱离政府设置的体制内经济成分的金融支持体系，动摇二元转轨改革模式的运行基础。以上总结的企业债券市场的各方面特点，无不可从这一基本逻辑上探求其形成根源。

9.2.2 促进我国企业债券市场发展的若干设想

随着我国阶段性经济转轨的基本实现，对银行不良资产的清理——更重要的是对银行运营的真正市场化改造——使通过银行体系向体制内成分提供金融支持的既有金融结构面临重构。近两年来，各大国有商业银行的股份制改造相继完成与股票市场股权分置改革措施的出台，标志着一个与市场经济条件更相适应、与现阶段经济转轨和经济体制改革进程更相匹配的金融体系架构正逐步建立起来。在这一背景下，前期发展受到严重抑制、目前发展状况严重滞后而潜在的融资职能又堪与股票市场相提并论的企业债券市场，显然面临着巨大的发展契机。正是在这一背景下，温家宝总理在2007年全国金融工作会议上明确指出：应"加快发展债券市场。扩大企业债券发行规模，大力发展公司债券，完善债券管理体制"。要推动公司债券市场的快速发展，构建与目前我国市场规模和市场经济化程度相称的企业债券市场，就必须充分认识目前企业债券市场存在的四方面问题，通过合宜且具有针对性的政策和措施安排，为债券市场的发展和成熟扫清障碍。

　　首先，应该明确企业债券的市场定位取向，在推进公司债券市场发展的同时，推动统一市场的形成。一个市场的基本定位决定了该市场的发展，目前我国企业债券市场中存在的诸多问题，几乎都与其初始定位问题有关，因此，要促进市场的发展和成熟，首先应做好市场定位的拨乱反正工作。针对这一问题，笔者认为，目前应在区隔公司债券和企业债券职能定位的基础上，大力推进公司债券市场的发展，促进债券市场机制的建立和成熟；并在公司债券市场的发展达到一定的成熟程度后，逐渐消除两个市场间的区隔，通过企业债券在公司债券市场上市流通的方式，最终实现统一的债券市场。从某种意义上看，企业债券和公司债券之间的关系类似于股份制公司中国有股和流通股之间的关系，2005 年以来股权改革取得的成功经验在债券市场上是完全可能被复制的。2007 年 9 月 26 日，被称为我国资本市场"第一单"公司债券的长江电力 2007年第一期 40 亿元人民币公司债券成功发行，为公司债券市场的全面铺开营造了一个良好的开端，也为企业债券市场走出发展误区、重新设置市场化定位提供了一个可行的思路。

　　其次，应合理制定企业债券的定价机制。如上文分析的，我国国债因其不具有良好的流动性而不能成为合适的基准利率参考；而银行存款利率则因利率市场化改革还未完成而经常存在与市场脱节的问题，在通货膨胀率较高的条件下，甚至时常出现负的实际利率，因此也不适合继续充当企业债券定价的参照。在这样的现实条件下，企业债券的发行定价显然不能简单套用西方发达国家模式，而应根据我国具体国情进行适应性设置。笔者认为，可以充分利用目前已经较为成熟的证券市场交易网络和路演系统，在网络上进行公司介绍和产品推介的同时，通过与广大投资者的广泛交流互动，通过反复询价来寻找、确定债券的合理定价范围。这种由筹资者和投资者共同确定的定价方式先天就是市场导向性的，它不仅包含了资金需求方（筹资者）的自身评估、市场预期和筹资意向等信息，而且还包含了资金供给方（投资者）的产品评估、市场承受力和投资意向等市场信息，并且透明化了整个定价过程，在程序上大大缩小了暗箱操作的可能及非法违规利益的牟取空间，因此其最终定价更能为市场和投资者所接受，并且为债券的最终发行先期做好了市场铺垫。

　　再次，应在充分认识我国市场中介现状的前提下积极推动市场中介发挥其固有职能。在西方发达国家中，市场中介之所以能在资本市场上起到维系市场共信、维护市场标准的重要职能，与其客观、中立的利益立场是分不开的，而其对该利益立场的维护，则直接关系到自身的市场信誉和未来的发展前景，从而在一定的时间跨度后形成良性循环。我国的市场中介作为一股真正的市场力量是在近几年内才形成的，其社会接受度和市场影响力仍无法与西方同类机构相提并论，而其自身也还需要很长的时间跨度去进行声誉营造，并接受市场的优胜劣汰。因此，在现阶段不应直接拿西方发达国家的同类机构标准来要求我国中介机构的实际职能发挥。笔者认为，目前应将注意力放置在推进市场中介对债券市场的更多介入和参与上，并在这一过程中引导其扩大市场影响和社会共信，以期能够在一定的时间跨度后建立起中介机构本身的声誉评判标准和体系。具体而言，可从以下两方面着手：一方面，通过各自的归口监管部门对中介机构的市场行为给予明确的监管性引导，对违规行为应及时给予合宜处罚，从而为市场中介的合规运营创造良好的法制环境；另一方面，加大中介机构市场行为信息的披露力度，并通过互联网等现代信息平台引导市场主体对中介机构行为进行更多的关注和评判，从而为市场中介客观中立的利益立场的逐步确立营造良好的舆论环境。

最后，应在监管层面上区隔开中央机构、地方政府债券和一般企业债券。目前，企业债券的发行审批部门是国家发展和改革委员会财政金融司，而以"07 长电债"为代表的公司债券的发行和交易则统由证监会归口监管，这一监管分工基本上勾勒出了不同种属债券分类监管的框架。笔者认为，针对原先企业债券从发行到监管政企不分、职能不明的状况，与市场定位的区隔相对应，应考虑将目前归属于企业债券类下的真正意义上的一般企业债券归并入公司债中，统一归由证监会监管，而地方政府和事业单位债券则仍由国家发展和改革委员会归口监管。中央机构、地方政府债券和一般企业债券、公司债券从发债主体、筹款意向到发债渠道、发行方式等各方面都存在着显著的区别，因此在监管上也必然要有不同的要求。一般说来，中央机构、地方政府债券因其关涉国家的产业政策和地方的建设规划，其发行仍应由国家发展和改革委员会通过行政监管的方式进行严格监管；而国有企业债券和新兴的公司债券则应在明确其资金融通工具这一根本职能的前提下，由证监会通过市场监管的方式对其发行进行合规性监管。至于债券的流通交易，则无论是前者还是后者，既然都类属固定收益有价证券，应当统一由证监会进行市场监管。另外，对于真正意义上的公司（企业）债券市场，笔者认为，监管的侧重应从一级市场转移到二级市场，在逐步放宽发债审批的森严关卡和降低过高门槛的同时，花大力气建设与完善由监管部门主导的、能真正反映债券投资价值的评级机制。这样一来，不仅债券市场上既有的所有制歧视和规模歧视现象有望得到逐步改善，并且，通过向市场提供不同等级的公司债券，能够为市场主体的不同融资和投资需求提供相应的金融工具，对债券市场乃至对整个金融市场的多样化建设和纵深发展显然都是大有裨益的。

9.3 民间金融改造

除以商业银行为代表的间接融资体系和以金融市场为场所的直接融资体系外，我国目前还存在着巨大的民间金融市场，要对我国金融体系的发展进行总体规划，显然不能忽视这一在官方统计资料中几乎没有留下任何痕迹的领域。

9.3.1 民间金融的存在和发展逻辑

如上所述，我国宏观经济的长期增长得益于改革的渐进特性和二元经济的长期并存，以商业银行为主导的金融体系在此间起到了源源不绝地为体制内经济成分提供金融支持从而维持其稳定的重要作用；但不应忽视的另一面是，必须有体制外经济成分的持续增长，才能带动宏观经济的整体增长，存量部分的稳定也才有意义；而要推动民间投资的增长、促进民营企业的发展壮大，同样需要有稳定的金融支持。如果说以商业银行（以及后来的股票市场）为主导的既有正规金融体系将大部分金融资源投向了体制内部门以维持其稳定性，则留给体制外部门的份额显然就将与这一部门的迅猛发展不相对称。表9-1显示了自改革开放以来体制内和体制外经济成分的实力对比变化，图9-3则显示了体制外部门获得的与其贡献度不相匹配的正规金融支持比例。

表 9 - 1   体制内与体制外的工业产出占比

年份＼项目	工业总产值（亿元）	体制内企业产值（亿元）	体制外企业产值（亿元）	体制内企业产值占比（％）	体制外企业产值占比（％）
1980	4 992	3 928.4	1 063.6	78.69	21.31
1981	5 178	4 054.4	1 123.6	78.30	21.70
1982	5 577	4 340.3	1 236.7	77.82	22.18
1983	6 164	4 747.8	1 416.2	77.02	22.98
1984	7 030	5 171.2	1 858.8	73.56	26.44
1985	9 716.47	6 302.12	3 414.35	64.86	35.14
1986	11 194.26	6 971.12	4 223.14	62.27	37.73
1987	13 812.99	8 250.09	5 562.90	59.73	40.27
1988	18 224.58	10 351.28	7 873.30	56.80	43.20
1989	22 017.06	12 342.91	9 674.15	56.06	43.94
1990	23 924.36	13 063.75	10 860.61	54.60	45.40
1991	28 248.01	14 954.58	13 293.43	52.94	47.06
1992	37 065.71	17 824.15	19 241.56	48.09	51.91
1993	52 691.99	22 724.67	29 967.32	43.13	56.87
1994	70 176	26 201	43 975	37.34	62.66
1995	91 894	31 220	60 674	33.97	66.03
1996	99 595	36 173	63 422	36.32	63.68
1997	113 733	35 968	77 765	31.62	68.38
1998	119 048	33 621	85 427	28.24	71.76
1999	72 707.04（126 111）	35 571.18	37 135.86	48.92	51.08
2000	85 673.66	40 554.37	45 119.29	47.34	52.66
2001	95 448.98	42 408.49	53 040.49	44.43	55.57
2002	110 776.48	45 178.96	65 597.52	40.78	59.22
2003	142 271.2	53 407.9	88 863.3	37.54	62.46
2004	187 220.7	65 971.1	121 249.6	35.24	64.76
2005	222 315.93	33 479.29	188 836.64	15.06	84.94
2006	316 588.96	46 328.81	270 260.15	14.63	85.37

注：①1981—1984 年总量数据按 1980 年不变价格计算，因此在 1984 年和 1985 年间总量数据有一个跳跃性的增长。②1980—1989 年体制内企业即全民所有制企业，体制外企业是除此之外的所有内资企业，1990—1998 年体制内企业则包括了国有企业及国有控股企业，体制外企业是除这两项之外的所有企业。③1990—1995 年国有及国有控股企业为国有工业企业口径。④2000 年工业产值统计口径变更，致使 1999 年前后数值不具有可比性，表中的括号内数据即以原口径衡量的工业总产值。2000—2004年，体制内企业定义也相应修正为国有企业＋国有控股企业。⑤2005—2006 年工业产值统计口径有微调，以往国有和非国有的区隔再次模糊化，此时体制内企业相应修正为国有企业＋国有独资公司。

资料来源：《中国统计年鉴》，1985—2007 年。

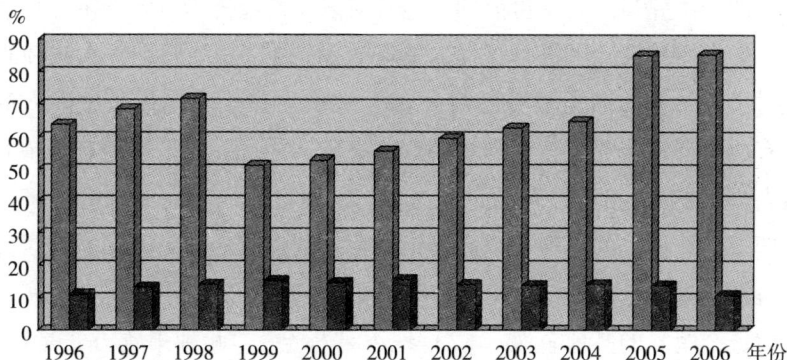

注：左柱为体制外企业的当年工业总产值占比，右柱为其获得的金融支持占比。1996 年前金融统计数据未区分短期贷款和中长期贷款，因此无法与之后的数据进行纵向比较。其中非国有经济具体内涵各年份不太一致，1996—1997 年为乡镇集体企业贷款＋个体工商业贷款＋三资企业贷款，1998 年后为乡镇企业贷款＋三资企业贷款＋私营企业及个体贷款。

资料来源：《中国统计年鉴》，1997—2007 年。

图 9 - 3　非国有经济增长速度与获得的短期贷款比例

改革初期，劳动力投入的扩大推动了体制外部门在一个相当小规模的外源融资支持下不断获得增长，并为改革的继续推进提供了收益动力。然而，随着生产效率的提高和市场的逐渐建立成熟，体制外部门的这一增长模式越来越难以为继。具体而言，随着劳动力投入的不断增加，其边际回报日益下降，而市场的建立又使大量同类企业纷纷涌现，企业的边际生产成本随之不断上升。在这种情况下，体制外部门既有的劳动密集型和粗放扩张的增长模式越来越显示出局限性，日益激烈的市场竞争促使其提高生产过程中的技术含量，使产品得以升级换代；而提高产品技术含量就必然要求加大资本投入（包括人力资本技术水平提高和货币资本投入加大两方面），原先作为扩大再投入的主要来源的内源融资此时已无法满足日益增大的这一资本投入要求，这就对外源融资规模提出了新的要求。这一要求在既有的正规金融体系中是无法获得满足的，于是越来越多的民营企业转向了民间金融。

9.3.2　民间金融的存在形式和特点：一个案例研究

鉴于民间金融介于灰色和黑色金融间的特殊属性，要对全国民间金融进行全局性的调查研究显然是不可能的。笔者对以民营经济为主要经济支柱、民间金融发达的泉州晋江地区进行了深入的调查,① 通过总结归纳,大致梳理出民间金融对民营企业的四类融资机制:(1)中介融资。充当借贷中间人的中介通常具有放贷者和企业经营管理者的双重身份,并且一般是当地有名望和实力的自然人。② 他们以自身经营的企业为名、利用自己或企业的社会经济地位或威望,博得当地居民的信赖,以高于银行存款利息数倍的高息向当地居民借入资金,再将积累起来的这部分民间游资以更高的利率放贷给具有一定实力而又面临短期资金短缺的其他企业。(2)地下"标会"。此种集资方式是以亲情、乡情为纽带关系而组成的具有互助性质的民间借贷形式,其操作方式大致如下:资金需求者(中小企业)为会头,食利者为入会人,入会前约定每期或是每月固定日缴汇款金额;每会金额从几百元到几十万元不等,一般由多个会头竞标,以出价(即报出的利率)最高者为最后中标人。会头参与竞标目的有二:或是因临时资金需求,或是在中标后以更高的价格转借给其他企业。标会原本乡民间为解决临时性大宗开支而自然产生的一种自发性私募基金形式,随着民营中小企业的飞速发展,该形式现已成为中小企业筹集资金的一个重要渠道。(3)私人借贷。指左邻右舍、亲朋好友之间的借贷或是在私人和企业之间发生的借贷活动。此类借贷活动一般来说灵活性极大,数额多少、利率高低直接由当事双方当面协商而定,并且季节性比较强,一般在农历春节前一两个月最为活跃。采取此种方式的企业一般实力较强,并且其经营者在当地也有较好的声誉和威信。对于借入企业而言,通过这种方式可以灵活方便地筹集到急需的较大规模资金(如应付年末支付工人薪酬需要),不需要通过减少生产资本投入、延长生产周期等方式来解决流动性需求;而对借出者而言则可以获得(一般)比银行利息高得多的回报,不必亲身参与企业运作也能分享企业成长的成果。当然,私人借贷因其没有确定性的中介和要式合约,③ 借出

---

① "晋江模式"和"苏南模式"、"温州模式"、"珠江模式"被并称为中国四大农村经济发展模式,是全国民营经济发展的一个典范。笔者的该项田野调查是在与泉州市政协的一个合作研究课题框架下开展的。

② 如2004年8月被曝光的惠安县洛阳镇非法集资案,非法集资人既是县人大代表又是两家企业的经营者,主要是通过组成家庭式集资中介,组织居民以入股办企业为名及通过下线吸收存款的方式进行非法集资。

③ 通常采取的是由借人者开立欠条的形式,有一些借贷甚至连欠条都不开。

者对借入者的约束主要依靠私人关系。（4）民间票据融资。此种融资方式是近年来逐渐兴起的。由于银行在办理票据贴现时手续繁琐，周期较长，并且要求交易票据齐全（如要求能证实真实交易的增值税发票、合同等要件），而民营企业之间的交易很大一部分较不正规，不能一一出具相应书面证明，因此它们转向民间寻求贴现。民间票据融资只需贴现方持银行承兑汇票，放贷者次日就可以提供所需资金，不需要其他正规证明文件，也不需要详细查询，只要承诺保证即可。民间贴现的方便、快捷和灵活使得越来越多的短期资金需求者转向这一市场。

综合分析晋江民间金融的特点，大致有以下几点：（1）规模庞大。根据相关机构问卷调查粗略估计，目前晋江一地民间融资金额约占金融机构存款总额的1/5，数目约达50亿元。[①]（2）借贷利率走势稳定。据调查，目前民间借贷的利率标准主要是依据借款人的实力、信用程度和借款时间长短而定，对实力较强、借款时间在半年以上的，一般月利率水平在10‰~15‰（每月支付）；对实力较差、借款时间在半年以上的，一般利率水平在20‰~30‰之间；极个别的达到50‰的水平。一般来说利息定价已形成相当大的默契，不会随意调整。[②]据多数企业反馈，对当前民间借贷的利率水平基本上认为可以接受，由此可见目前的利率定价在一定程度上反映了真实的资金供求关系。（3）借款用途。由企业或个人名义进行的民间借贷目前大多流向生产经营活动。[③]从借款的流向我们也看到，民间融资渠道提供的资金被均衡地分配到生产各环节中去，成为中小民营企业的"常规"融资工具，而非只为应付偶发性资金需求。（4）防范风险的意识日益提高。以往民间借贷更多采取口头商定、私下接洽的方式，尽管因亲情、乡情的维系，大体上能保证社会信用链条不致断裂，大部分借款仍能按时如数偿还，但不确定性风险还是比较大。20

---

① 由于民间金融目前的非法属性以及零散发生的特点，对其进行量值测算和估计十分困难。我们在本节中的论述依据的主要是泉州市政协对晋江若干乡镇具有代表性的150家中小企业进行的调查问卷，以及近两年来我们在晋江、南安、安溪等地所进行的一些田野调查。通过这种方式得到的数据显然在很大程度上只具有表明问题的意义。

② 问卷调查显示，150家被调查对象全都有向民间借贷的经历，借款利率在10‰~15‰的占65.33%、在10‰以下的占25.33%、在20‰以上的仅占2%。

③ 据问卷调查显示，借款人将所借款项用于构建固定资产和更新技术设备的占38.67%，用于补充流动资金不足的占40%，另有11.33%无法明确指明款项流向，其中应有一部分充当了日常经营管理费用。

世纪 90 年代末因宏观经济形势逆转导致大多数企业盈利减少或不盈利，就曾引发过若干信用问题，部分资金借入者因无力按时如数偿还借款而走上赖账出走的道路，造成信用链条断裂，并形成若干社会问题。[①] 有鉴于此，人们开始注重信用风险控制问题。据问卷调查显示，当前融资双方逐步改变了以往仅凭口头承诺和签白条即可成交的做法，越来越多的借款要求提供房产、土地、铺面等实物作为抵押物，另外部分借款则要求有实力雄厚或当地声望较高的第三方充当担保人。[②] （5）坏账率较低。与通常认为的相反，民间借贷的坏账率在正常情况下都保持着比较低的水平，远低于正规金融机构如国有商业银行的坏账率。即使在宏观形势发生变化或其他偶发因素出现、导致企业经营周转出现问题的情况下，彻底赖账不还的情况也很少出现。

晋江民间金融的发展特点充分验证了"网络式市场经济"的运作机理。如第 6 章论及的，所谓网络式市场经济是采邑经济向一般市场经济长期转轨过程中出现的一种特殊经济组织形式，它既体现了市场经济的供需主导定律，又保留了诸多源于采邑的经济特性，主要体现为以下四个特点：（1）小企业构成主体，在家庭、乡镇和集体企业的推动下，同密集的分布安排网络相联系；（2）在经济缔约中更多强调的是非合同性的因素，交易关系是合作性而非竞争性的，建立在比一般市场契约更广泛的共同责任的基础上；（3）机体内部的经济运行有自己的潜规则，国家的干预一般不能动摇这些规则；（4）经济规范在很大程度上通过个人关系、共同的价值观念、社会舆论等传统因素而非通过签订文本契约维持。晋江民间金融的各项特点事实上都根源于此。

尽管近现代以来，晋江人对外交流日益增加，"下南洋"更成为持续不断

---

① 在此之前，由于资金的紧缺程度更为严重，借贷利率比目前高得多，一般达到 20‰～30‰。正是由于这一阶段一些债务链条发生断裂，人们充分意识到过高的利率水平通常意味着过高的风险含量，因此更倾向于借款给那些实力雄厚的企业，这就使这些企业面临一个比较大的资金供应，利率水平下浮到一个更为理性的程度。那些单纯依靠高息拆入资金来维持自身经营、缺乏实际利润增长点的企业也因无法融入足够资金而只能走向被淘汰的道路。从这个层面上看，20 世纪 90 年代的债务信用问题其实也是市场机制的一个体现，它导致了最终企业的优胜劣汰，从而净化了市场环境。

② 问卷显示，单凭借款人的信用就出借资金的占 44%（以往几乎达到 100%），要求贷款人提供抵押物的占 28.67%，要求贷款人提供担保人的占 20.67%。

的潮流，从而从一个封闭性的经济社会群体①演变为极具扩张性和外向性的族群；但从底子上看，晋江人的乡土观念仍旧根深蒂固，许多华侨尽管在东南亚立定了脚跟、建立起自己的事业，但年老后仍旧选择叶落归根、回到故乡；更普遍的是人在国外，却汇回大笔款项修建祖坟、宗祠、族屋等。简言之，尽管客观上经济的封闭性已不复存在，但采邑特征影响下的人们的思维定式和行为定式早已内化成为晋江人的族群特性，族群观念和乡土观念深入人心，已成为晋江人的一大特征。在这样一种族群观念影响下，民间金融的兴盛发达也就不足为奇了：同族、同乡、邻里之间的相互借贷，即使没有成文合约（借条）作为约束，也能很好地起到相互规范的作用，借入方在能力允许的情况下总是会尽量按时如数还款，因为倘若违约，他将受到族人和乡人的舆论谴责，他的声誉将受到永远无法抹去的玷污，而这不仅将使他今后面临极大的资金融通限制，而且在一个对个人的评判以其道德操守为主要根据的社会氛围②下，他的一切经济活动甚至是社会活动都将受到很大的抵制。无形的社会舆论氛围和族群评判标尺成为维系社会信用的最有效、最直接的工具，在很多情况下，这一工具甚至不是通过经济个体的有意识地比较违约的成本—收益来发挥作用，而是作为经济个体的一种思维惯性和行为惯性存在着。显然，相比这一有效工具，国家法律规章、成文合约条款，其规范作用都是远远不及的。晋江民间金

---

① 泉州晋江地貌依山傍海、山海阻隔，使得泉州经济社会发展在很大程度上更类似于一个封闭体，从而具备了采邑经济形成的客观条件。在长期的封闭性经济环境和"天高皇帝远"的地域环境下，泉州人逐渐形成强烈的家族观念、乡党观念和族群观念。各地方言的存在和各自独立的发展又加强了它与外界的阻隔，交流的困难和经济的封闭互相促进，从而使采邑经济特征日益凸显。在长期缺乏有效的官方经济和政治秩序维持力量的条件下，经济的发展和社会稳定的维持只能依靠自发的力量。作为官方力量的替代，族群力量于是日益强大起来，并在实际上发挥了维系社会运转的作用。这一力量直至现在仍在社会中占据重要地位。

② 采邑经济机体的一个重要特征是其道德准则以是否造福于采邑内部为评判个人的标尺，至于该个体是否在更宽广的层面上违背了大多数人的利益，则不在考虑范围之内。举一个可能不太恰当的例子：中国特大走私案厦门远华案首脑赖某，因其走私行为给国家造成了数以百亿计的经济损失，但他在乡里却评价甚高，甚至放大到一个更宽的尺度，在整个晋江乃至泉州市，对赖某的评价也远非一边倒的批判，许多泉州人在谈及赖某时甚至语带同情。其原因何在？就在于尽管赖某的行为大大损害了国家经济乃至政治利益，但就族群内部而言，他在很大程度上是符合了重乡土、重族群、重亲党的标准的。譬如他向乡里每位60岁以上老人每月支付600元，解决乡里穷苦人家的经济问题，甚至花费相当大的资金投入创办中小学并予乡里适龄儿童免费上学的机会，凡此种种，都体现了十分强烈的族群意识和乡土观念。简言之，族群的评判标准是：不管你在外面干什么，只要你将乡里族群的利益放在心上，你就能够得到认可；相反，如你未能通过一些具体行动表示你对族群的诚意，则即使再出人头地，也是无法得到族群的认可的。

融之所以在缺乏有效的文本约束和法律保障的情况下仍能维系自身信用，根源就在于此。

　　然而，随着族群的扩大，随着经济外向度的提高，原先采邑条件下的"每个人认识每个人"的状况不复存在了；而个体之间的交易在很多情况下又采取的是较为私人的方式来进行，当族群舆论无法判别违反族群道德评判标尺的是哪一方时（尤其是借贷双方各执一词的情况），完全私人意义上的借贷行为就可能面临比较大的道德风险。正是在这种背景下，系统化的民间金融才应运而生，并取代私人借贷成为泉州市民间金融的主要形式。进一步考察上列的借贷中介、标会、民间票据贴现等融资形式，不难发现，在其中发挥重要作用的几乎无一例外全是在乡里拥有良好声誉和社会名望的人（或法人）。他们在经济上的雄厚实力是他们获得这一地位的一个有力保障；但单只拥有经济实力是远远不够的，相形之下，在乡里的声望才是决定一个融资中介是否合格的更重要的标准。[①] 分析这一现象内在的机理，我们发现，一个确立融资中介的过程，就经济学意义上看，其实是一个将个体行为公共化的过程；决定这一过程能否顺利进行的要素，就在于所找到的这个融资中介是否真能体现公共评判标尺。如上所述，如果说个体借贷在族群扩大了的条件下难以受到族群内部舆论的准确评估的话，那么，显然将这些个体行为上升到公共行为，将借贷过程直接放置到族群的高度上来监督，就是一个最直接有效的替代方法。就这个意义上看，融资中介的选择和确立，其实是一个族群经济利益和舆论公共代表确立的过程，其选择标准当然主要就是这个个体在多大程度上符合了族群的道德准则和舆论导向，而非其实际偿债能力。从借出方—融资中介这层关系看，资金借出者可以放心地将资金借给融资中介，因为他们充分认识到，作为乡里耆老或有声望的人，融资中介一般不太可能为贪图他们借出的这一小笔资金而毁坏自己多年来建立起来的声望。在这一层借贷关系中，对贷入方（融资中介）的主要约束就是他们的族群声望，或者更确切地说，是融资中介获得这一地位所投入的长期人力资本沉淀成本。从融资中介—贷款者（中小企业）这一层面上看，资金借入者一般不会冒天下之大不韪欠债不还，因为一般意义上的违

---

　　① 一些乡里耆老单凭其长期建立起来的声望也能够成为合格的融资中介筹措到大笔资金，而无须拥有强大的经济实力作为后盾。

约还可能通过各持己见来混淆真相、迷惑族群舆论；对融资中介违约则相当于直接挑战族群威权、挑战整个族群；而作为以族群为主要存在基础的民营（乡镇）中小企业，失去族群的支持、受到内部舆论的广泛谴责，其存续本身就会成为问题，更不用谈什么发展了。进一步看，许多中小企业是以家族企业的形式存在着的，企业的形象和声誉就直接等同于家族的形象和声誉，企业的经营发展其实是一个多目标的综合体，经济利益的获取只是其中的一个目标，为本家族在族群中争得认可和荣誉在许多情况下甚至与经济利益一样重要。对融资中介违约无疑将使整个家族蒙羞，与这一巨大的成本相比，通过违约获得短期经济利益无疑是拣了芝麻丢了西瓜的愚蠢行为。因此，在这一层面的信用维系同样能以有效的方式实现。简言之，在融资中介—中小企业这一层借贷关系中，对贷入方（中小企业）的信用约束是其长期发展的空间和企业所代表的家族的声誉。于是，通过融资中介的确立和作用，泉州民间金融找到了一个能有效地维系信用状况和偿债基础的自发性机制，在这一机制里，交易各方都受到尽管是无形的但却非常严格的约束，在不发生意外的情况下，没有任何一方有足够大的利益动机去破坏这一机制。

9.3.3 促进我国民间金融改造的若干原则探讨

如笔者在第 7 章中分析的，网络式市场经济只能是采邑经济向一般市场经济渐进转轨的一个过渡性经济组织形式，随着跨区域经济交易规模的迅速扩大，再要对"面对面"的关系做事前投资以期形成共同的价值观和信念，已变得成本太大而缺乏现实可行性。当族群舆论无法判别违反族群道德评判标尺的是哪一方时（尤其是借贷双方各执一词的情况），完全私人意义上的借贷行为就可能面临比较大的道德风险。因此，尽管以晋江模式为代表的民间金融目前仍能较好地为民营中小企业提供融资，从而发挥其对正规金融的补充作用，但随着全国统一市场建设的推进，对其进行系统化和正规化改造已是势在必行。至于如何改造，则各地民间金融状况不同，面临的地方经济的客观发展状况不同，显然也并不会存在统一的模式。尽管如此，笔者认为仍有三条原则具有普适性意义：

1. 因地制宜，不应强求一致性的融资制度安排。我国经济发展不平衡，严重的地区差异和同一地区不同层次的金融服务需求，决定了不会存在适用于全国各地的融资模式，各地应结合各自的地域特征和人文特征寻求适合自己的方式。一般来说，地方经济内生的融资需求在既有的正规金融制度框架下无法得到完全满足，剩余融资需求如未能通过适合的非正规渠道得以较好解决，将无法充分发挥本地区的经济发展潜力；相反，如这一过剩融资需求获得较好的解决方式，形成的非正规融资制度安排与正规融资体系构成较好的市场互补（而非竞争）关系，则在一个多层次、多侧面的融资框架下地方经济将获得类似乘数效应的扩张速度。由此看来，按照因地制宜原则合理引导、逐渐构筑多层面融资渠道不仅事关地方金融发展，而且是地方经济能否走上快速增长通道的关键。

2. 应充分重视关系型契约在地方融资体系中的地位。尽管非人格化契约是更适合现代经济和专业化分工的契约形式，但在我国统一市场尚未构建成功之前，大部分地区区域内的经济联系仍远较跨区经济交往为多，对"面对面"关系的投资能收取到的回报仍相当可观，或概括地说，采邑经济的特征仍或多或少地在各地广泛存在着。在地方融资体系的构筑过程中应充分认识到这一点，并采取合理的方式使这一特点能够发挥良性作用。当然，充分重视采邑经济特征对地方融资模式的影响并不意味着应退回到自给自足的前现代经济模式中去，相反，是对目前依然或多或少残留着的前现代经济的特征进行金融层面上的适应性调整，使二者能更好地切合。毕竟，经济基础是金融模式选择的依据，而非相反。

3. 应充分重视民间金融的正面作用，改变对其简单打压的做法。应通过立法使各种非正规金融活动走向合法化和规范化，通过加强监管减少因其产生的金融风险，而不是一味地采取取缔和压制，但事实上却无法达到预期目标的无效政策。当然，在充分认识民间金融正面效应的同时，同样应认识到其因规范性弱而导致的高风险问题，因此在处理民间金融问题时应实现引导与规范并重、鼓励与监管结合。鉴于目前民间金融形式复杂多样的特点，有关立法部门还应建立健全相关的法律法规，有针对性地制定出引导其规范发展的管理办法。

附　录

附录1　弗赫斯特方程（Verhulst Equation）[①]

一般说来，群体的集合必须以下列过程为条件：

（1）遗传起源的过程。因为组成群体的实体是活的生物，它们以频率 k_i 繁殖，并且以频率 d_i 死亡。再者，它们容易发生突变，突变时以不可预期的方式改变系统的性质。

（2）涉及竞争（种内或种群间的竞争）的过程。十分经常地，这些过程的发生起因于如下事实：在资源数量有限的介质中，生物的生长最终要以其他生物的牺牲为代价。从早期关于人类和动物群体的研究中我们知道，这个过程的结果是使生长达到饱和。在其他情况下，竞争可能涉及个体、阶级或种族间的直接相互作用，如捕食、掠夺和侵犯。由定义，所有类型的竞争都在速率方程中给出非线性贡献。

（3）调节过程。这些过程保证群体在空间和时间中活动的协调。它们在下述意义上引起反馈：它们（直接或间接地）有利于对整个群体的生存所必需的某一部分群体的生长。群居昆虫中兵虫的形成就是一个具有说明性的例子。

[①]　尼科利斯、普里戈京：《非平衡系统的自组织》，中文版，496～501 页，北京，科学出版社，1986。

（4）通讯过程。上面三个过程在下述意义上是局域的，即它们发生于系统中任一狭小的面积元或体积元中，除了这些过程之外，群体可在近邻之间甚至在远距离的区域之间传送信息。空间弥散或移居是通讯手段的例子。感觉器和/或化学剂——如社会性昆虫的信息素——也可包括在其中。

现在考虑作用于系统的约束，注意到生态系统通过界面 $\sum$ 与外界通讯联络。一般情况下，在外界普遍呈现的条件不会与 $\sum$ 里面的条件相同。特别地，i 种个体的数目界面里外是不同的：$X_i \neq X_i^e$。对单位体积或单位面积的能量也不相同：$e_v \neq e_v^e$。这些差别被系统作为一种约束感觉到，它在 $\sum$ 内引起的物质流和能量流与物化系统情况相同。容易设想这种情况的例子，譬如生物圈作为整体接受了太阳能流，或比较先进的社会由于与周围的能量和信息交换而维持生存。

现在可以写出描述这些过程的速率方程。

先看单一物种情况下的过程。在存在食物 A 时，个体 X 的增殖率在一级近似下等于

$$\left(\frac{\mathrm{d}X}{\mathrm{d}t}\right)_{survive} = kAX \qquad (1-a)$$

相似地，死亡率是

$$\left(\frac{\mathrm{d}X}{\mathrm{d}t}\right)_{die} = -\mathrm{d}X \qquad (1-b)$$

当 A 不受限制时，根据方程（1-a）、方程（1-b），X 将以指数级速度增长，引起群体爆发（Malthus 增长）；当 $kA < d$ 时则以指数级速度衰减为 0。一般 A 总是有限的，于是消耗率必须被考虑，这个速率可写为

$$\left(\frac{\mathrm{d}A}{\mathrm{d}t}\right)_{consume} = -kAX \qquad (2-a)$$

另一方面，A 以与 X 同样的方式再产生（或者，假使它是一种简单有机物，它从其他活生物的衰减过程中产生）。这一过程相当复杂，开放系统的食物链情况势必上溯到分解物（腐败物），这超出了模型能概括的范围。一个简单的极限情况是 A 通过 X 的死亡而再生进入系统

$$\left(\frac{\mathrm{d}A}{\mathrm{d}t}\right)_{produce} = \mathrm{d}X \qquad (2-b)$$

由方程（1－a）、方程（1－b）和方程（2－a）、方程（2－b）可得：在此极限情况下，对存在的有机物的总量有一守恒条件（两物种闭合系统）

$$A + X = N = 常数 \tag{3}$$

利用由此关系得到的 A，我们有下面 X 的发展方程

$$\frac{\mathrm{d}X}{\mathrm{d}t} = kX(N - X) - \mathrm{d}X \tag{4}$$

这就是针对 Logistic 增长的 Verhulst Equation。

如前所述，$N－X$ 项使群体到达有限的定态水平的饱和值

$$X_0 = N - \frac{d}{k} \tag{5}$$

可以证明，只要该物种存在（$X_0 > 0$），此饱和就是渐进稳定的，而对应于群体绝种的平凡态 $X_0 = 0$ 则是不稳定的。

在存在多种相互作用群体的情况下，饱和项采取形式如下

$$k_i X_i \big[N_i - \sum_i \beta_{ij} X_j \big] \tag{6}$$

考虑到上述条件（1）～（4），过程的普遍发展方程则是

$$\frac{\mathrm{d}X_i}{\mathrm{d}t} = k_i X_i (N_i - \sum_i \beta_{ij} X_i) - d_i X_i + F_C(\{X_i\}) + F_R(\{X_j\}) + F_M(\{X_i\}, \{X_j^e\}) \tag{7}$$

其中，非线性函数 F_C、F_R 分别描述除包含于式（6）之外的竞争率和调节率；F_M 代表迁居、运动等，它依赖于内部 X_i 和外部 X_i^e 取值。

附录 2 马尔可夫过程（Markov process）[①]

马尔可夫过程（Markov process[②]）是一类重要的随机过程，它描述的是无记忆系统的随机演化。它的原始模型马尔可夫链由俄国数学家 A. A. 马尔可夫于 1907 年提出。人们在实际中常遇到具有下述特性的随机过程：在已知它目前的状态（现在）的条件下，它未来的演变（将来）不依赖于它以往的演变（过去）。这种已知"现在"的条件下，"将来"与"过去"独立的特性称为马尔可夫性，具有这种性质的随机过程叫做马尔可夫过程。荷花池中一只青蛙的跳跃是马尔可夫过程的一个形象化的例子。青蛙依照它瞬间或起的念头从一片荷叶上跳到另一片荷叶上，因为青蛙是没有记忆的，当现在所处的位置已知时，它下一步跳往何处和它以往走过的路径无关。如果将荷叶编号并用 X_0，X_1，X_2，$\cdots$，X_n 分别表示青蛙最初处的荷叶号码及第一次、第二次……第 n 次跳跃后所处的荷叶号码，那么 $\{X_n, n \geqslant 0\}$ 就是马尔可夫过程。液体中微粒所作的布朗运动、传染病受感染的人数、原子核中一自由电子在电子层中的跳跃、人口增长过程等等都可视为马尔可夫过程。还有些过程（如某些遗传过程）在一定条件下可以用马尔可夫过程来近似。

在数学上，马尔可夫过程这样表达：对任意 n 和 $t_1 < t_2 < \cdots < t_n$，有

$$P[x(t_n) \leqslant x_n \mid x(t) \,\forall\, t \leqslant t_{n-1}] = P[x(t_n) \leqslant x_n \mid x(t_{n-1})]$$

连续时间的马尔可夫过程通常被称为马尔可夫链（Markov chain）。在数学上，如果 $X(t)$，$t > 0$ 是一个随机过程，则根据马尔可夫性质有

$$\Pr[X(t+h) = y \mid X(s) = x(s), \forall x \leqslant t] = \Pr[X(t+h)$$
$$= y \mid X(t) = x(t)] \quad \forall h > 0$$

马尔可夫过程具有（时间）齐次性，如果

$$\Pr[X(t+h) = y \mid X(t) = x] = \Pr[X(h) = y \mid X(0) = x(0)] \quad \forall t, h > 0$$

否则则是（时间）非齐次的。齐次马尔可夫过程是马尔可夫过程中最重要的

---

① 沈永欢等：《实用数学手册》，北京，科学出版社，1999。

② 词条"Markov process"转引自 http：//en. wikipedia. org/wiki/Markov _ process。

一种。

在一些个案中，某些非马尔可夫过程（non-Markovian process）在拓展了"当下"（current）和"未来"（future）概念后也可能具有马尔可夫特性。例如，令 X 为一个非马尔可夫过程，定义一个过程 Y，使得 Y 中的每种状态均代表 X 的一种状态的时间间隙，于是在数学上有

$$Y(t) = \{X(s) : s \in [a(t), b(t)]\}$$

如 Y 具有马尔可夫性质，则它就是 X 的一个马尔可夫替代。在这个例子中，X 也被称为二阶马尔可夫过程。其他高阶马尔可夫过程有相似的定义。

具有马尔可夫替代的非马尔可夫过程的一个典型例子是时间序列的移动平均。

附录3 结论 4.1 的微观层面推导

根据模型假设我们可以写出任意选择的 α – taker 和 β – taker 在时点 1 相遇时的利润预期 EP 如下：

$$rEP_\alpha = \max_\sigma \sigma \{ p[\vartheta_\beta(\Delta t)][U - u + W - V_\alpha - T_\alpha(C_\beta, \Delta t)]$$
$$+ [1 - p(0)](W - V_\alpha) \} \qquad (1)$$

$$rEP_\beta = \max_\sigma \sigma \{ p[\vartheta_\alpha(\Delta t)][U - u + W - V_\beta - T_\beta(C_\alpha, \Delta t)]$$
$$+ [1 - p(0)](W - V_\beta) \} \qquad (2)$$

令 $T_\beta(C_\alpha, \Delta t) = T_\alpha(C_\beta, \Delta t) = T(\Delta t)$，化简上两式有

$$EP_\alpha = \frac{U - u - T(\Delta t)}{r} p[\vartheta_\beta(\Delta t)] \qquad (3)$$

$$EP_\beta = \frac{U - u - T(\Delta t)}{r} p[\vartheta_\alpha(\Delta t)] \qquad (4)$$

根据方程（4-24），$\vartheta_\alpha(\Delta t) > \vartheta_\beta(\Delta t)$，又根据假定 $\frac{\partial p}{\partial \vartheta_i} > 0$，易得 $EP_\alpha < EP_\beta$。这意味着给定相同的学习预算 $T(\Delta t)$，一个 α – taker 学习其交易对方的制度信息将比一个 β – taker 有更低的预期利润。因此，一个任意选择的 α – taker 将比一个任意选择的 β – taker 有更低的成为双制度接受者的激励。于是，在宏观层面上，β 的获得项将比 α 的获得项低 $w_{\alpha\beta} < w_{\beta\alpha}$，这就意味着在扩张性方面有 $\alpha > \beta$。

附录4　一般市场经济制度的若干论断

作为一种经济组织形式，市场经济的一个主要特征是市场半径的扩大。在这种经济组织形式下，全国不再被众多采邑分割为许多半径各异、彼此不相关联的采邑市场，而逐渐统一为一个全国性大市场。随着交通和信息交流条件的极大提高，交易中的网络正效应①得到体现，寻找交易对方这一问题一般不再成为阻挠交易顺利进行的主要障碍，交易成本（其一个主要组成部分就是搜寻成本）于是得到大幅下降。交易成本的下降反过来促进交易规模的扩大和市场半径（也即交易的地域范围）的扩张，这二者相互作用、相互加强，遂使市场的扩张具有一种自我强化的特性。诚如哈耶克所说的，市场经济的一个最主要的特征就是"不断地进行秩序的扩展"。目前，经济全球化趋向成为世界经济发展的一个重要特点，根源正在于此。②

市场经济的另一个重要特征是交易的契约化性质。在一个半径已经呈几何级数扩张了的市场中，原先采邑经济下的人格化交易性质显然成为阻碍交易规模扩张的一个主要障碍，于是，契约化交易是否能取代人格化交易成为市场交易的主要方式，遂成为采邑经济能否顺利向市场经济飞跃的关键。对比人格化交易，契约化交易的特点在于交易双方无须有任何的私人关系或相互了解，交易得以实现单纯依靠契约约定（包括一些隐性契约约定，也即双方默认的公共信息）及外在的法律约束；而契约则（原则上必须）由双方自由缔结。在契约缔结之前，首先必须存在的是社会群体对契约规定有效性和最终仲裁性的普遍默认；作为外部强制性规范的法律，

---

① 网络效应系指如下经济现象：生产力与参与网络的人数有关，每个参与者的决策依赖其对其他参与者决策的预期。其正面效应类似于规模经济效应，其负面效应则主要指决策者之间的交易费用。参见凯兹和夏皮罗（Katz and Shapiro, 1985, 1986），转引自杨小凯：《分工与专业化——文献综述》，收于茅于轼、汤敏编：《现代经济学前沿专题》（第三集），北京，商务印书馆，1999。

② 当然，市场的扩张并非不受上限限制，网络负效应的存在使交易双方的信息不对称状况日益严重，从而增大了交易费用，这将形成分工演进和市场扩展的越来越大的阻力，从而使市场秩序的扩展呈现出一种曲折、反复、逐步渐进的复杂过程。如果说网络正效应极大减小了交易中的搜寻成本的话，那么，网络负效应则随着交易规模的扩大和分工的发展逐渐增大，从而使交易中的考察成本不断增加。交易规模是否将继续扩大，归根到底取决于网络正负效应的相互比较和权衡。

则是对契约规定的一种有效补充，①并给交易者提供一种"威慑"机制。在契约化交易条件下，交易双方所必须具备的唯一品质就是对契约的尊重和对契约条款的有效执行，只需要具备这一条件即可完成一笔交易，而无须经过旷日持久的使自身融入采邑社群以期获得信任的历程。在这样的市场里，一个完善、明确、能够有效运行的法律体系显然是十分重要的，它为交易双方提供同等的保障，并作为最终仲裁标准影响着交易者所据以进行决策的成本—收益函数。就交易角度看，法律的作用主要在于从两个不同的侧面降低了交易费用：（1）它通过对一些契约无法囊括在内的信息的阐明直接降低了缔约费用；（2）它增加了违约者的违约成本，更重要的是通过对违约者的实际制裁，使交易决策者确信违约者终将受到制裁而增加其进行交易的信心和意愿，并减少其要约之前可能耗费的调查费用。由此看来，法律规范的完善和有效执行是契约化交易的存在前提，因此也是市场经济的存在前提，正是在这个意义上，我们说市场经济首先必须是法制经济。

社会信用的维持在市场经济条件下比在采邑经济条件下重要得多，因为在以自给自足的采邑经济下，交易的重要性还未能得到充分体现，即使社会信用体系遭到破坏，交易无法顺畅进行，经济也不会受到致命性影响；而在市场经济条件下，分工的细化和专业化生产已经达到这样的程度，以致任何一个微观主体都无法在不与其他主体交易的情况下继续维持其生产经营。换言之，在市场经济条件下，持续、顺畅的交易已经成为一个经济体得以存在并保持发展的基本要求，而社会信用的维持显然是交易得以顺畅进行的必要条件，我们无法想象在缺乏社会信用、因此交易结果没有任何保障的条件下还会有众多的交易者愿意进行交易。于是，社会信用体系的维持就成为市场经济存在和发展的前提。需要指出的是，本段的论述与上文对采邑经济下个人信用维持重要性的强调并不存在矛盾。在采邑经济下，尽管个人信用的维持是至关重要的，微观个体一旦失信将受到致命性的惩罚，但整体社会信用体系的破坏却未必会造成经济的崩溃；而在市场经济条件下则正好相反，微观个体的偶尔违约尽管也会为

---

① 再详尽的契约也不可能穷尽一切可能出现的状况，而一些为社会群体所共同默认的公共信息也没有必要（有时甚至是没有可能，因为这也许难以用具体言辞或文字来表述）——列为契约条款。单从经济角度看，法律规定的存在价值正是根源于契约的不完整。

其带来不良的经济后果，但这通常不会像采邑制度下的失信行为那样使失信者失去几乎所有社会活动的权利；而一旦社会信用体系遭到破坏，交易无法顺畅进行，则市场作为经济组织形式也将随之崩溃，从而必然导致经济危机乃至灾难。

附录5　泉州市政协课题组 2004 年对 150 家民营企业问卷调查反馈[①]

单位:%

问题设计	反馈情况			
企业存续期	3 年以上: 49.33	1 年到 3 年: 41.33	1 年以下: 9.33	
企业规模（资产规模）	2 000 万元以上: 19.67	1 000 万~2 000 万元: 45.67	500 万~1 000 万元: 21.33	500 万元以下: 13.33
资金状况	紧张: 77.33	一般: 18.67	宽松: 4	
银行贷款获得的难易程度	容易: 8.67	较容易: 12.33	较困难: 19.67	非常困难: 59.33
主要融资方式	银行贷款: 11	法人借贷: 21.33	个人借贷: 60.67	其他: 7
个人借贷利率状况	10‰以下: 25.33	10‰~15‰: 65.33	20‰以上: 2	无反馈: 7.33
个人借贷用途	固定资产购置: 38.67	补充流动资金: 40	其他用途: 11.33	
个人借贷担保状况	个人信用: 44	抵押物: 28.67	第三方担保人: 20.67	

---

① 经简化归总。

参 考 文 献

[1] 阿克斯罗德：《对策中的制胜之道》，中文版，上海，上海人民出版社，1996。

[2] 安义宽：《发展企业债券市场的若干问题探讨》，载《证券市场导报》，2002（11）。

[3] 奥尔森： 《集体行动的逻辑》，中文版，上海，上海三联书店、上海人民出版社，1996。

[4] 巴泽尔： 《产权的经济分析》，中文版，上海，上海三联书店、上海人民出版社，1997。

[5] 北京大学中国经济研究中心： 《经济学与中国经济改革》，上海，上海人民出版社，1995。

[6] 贝尔、克里斯托尔：《经济理论的危机》，中文版，上海，上海译文出版社，1985。

[7] 波斯纳：《法律的经济分析》，中文版，北京，中国大百科全书出版社，1997。

[8] 博兰：《批判的经济学方法论》，中文版，北京，经济科学出版社，2000。

[9] 布劳格等：《经济学方法论的新趋势》，中文版，北京，经济科学出版社，2000。

[10] 布罗代尔：《15 至 18 世纪的物质文明、经济和资本主义》，中文版，上海，上海三联书店，1995。

[11] 布瓦索：《信息空间——认识组织、制度和文化的一种框架》，中文版，上海，上海译文出版社，2000。

[12] 陈剑波：《乡镇企业的产权结构及其对资源配置效率的影响》，载《经济研究》，1995（9）。

[13] 陈莉、严中兴：《我国企业债券市场供给与需求的均衡分析》，载《华南金融研究》，2001（2）。

[14] 陈平：《文明分岔、经济混沌和演化经济学》，北京，经济科学出版社，2000。

［15］陈强、马国丰、尤建新：《企业债券融资滞后的原因及对策》，载《投资研究》，2005（10）。

［16］陈仲常：《产业经济：理论与实证分析》，重庆，重庆大学出版社，2005。

［17］戴等：《混沌经济学》，中文版，上海，上海译文出版社，1996。

［18］樊纲：《渐进改革的政治经济学分析》，中文版，上海，上海远东出版社，1997。

［19］樊纲：《论"国家综合负债"》，载《经济研究》，1999（5）。

［20］高兰根、王晓中：《中国金融制度演进的逻辑与困境》，载《金融研究》，2006（6）。

［21］戈德斯密斯：《金融结构与金融发展》，中文版，上海，上海三联书店，1988。

［22］龚仰军：《产业结构研究》，上海，上海财经大学出版社，2002。

［23］郭斌：《企业债务融资方式选择理论综述及其启示》，载《金融研究》，2005（3）。

［24］哈贝马斯：《公共领域的结构转型》，中文版，上海，学林出版社，1999。

［25］韩文亮：《中国地方性银行效率分析》，北京，中国金融出版社，2000。

［26］赫什莱佛、赖利：《不确定性与信息分析》，中文版，北京，中国社会科学出版社，2000。

［27］胡炳志：《中国金融制度重构研究》，北京，人民出版社，2003。

［28］黄淳、何伟：《信息经济学》，北京，经济科学出版社，1998。

［29］黄敏、徐开东：《国有银行金融交易结构比较与其金融风险状态分析》，载《统计研究》，1999（6）。

［30］黄仁宇：《资本主义与二十一世纪》，上海，上海三联书店，1997。

［31］吉登斯：《社会的构成》，中文版，上海，上海三联书店，1998。

［32］贾根良：《制度变迁理论：凡勃伦传统与诺思》，载《经济学家》，1999（5）。

［33］蒋先福：《契约文明：法治文明的源与流》，上海，上海人民出版社，1999。

［34］科斯等：《企业制度与市场组织——交易费用经济学文选》，中文版，上海，上海三联书店、上海人民出版社，1996。

［35］库珀：《协调博弈——互补性与宏观经济学》，中文版，北京，中国人民大学出版社，2001。

［36］拉丰：《经济理论的进展》（上），中文版，北京，中国社会科学出版社，2001。

［37］李稻葵：《转型经济中的模糊产权理论》，载《经济研究》，1995（4）。

［38］林毅夫、李永军：《中小金融机构发展与中小企业融资》，载《经济研究》，2001（1）。

［39］林毅夫：《充分信息与国有企业改革》，上海，上海三联书店、上海人民出版社，1996。

［40］林毅夫等：《中国的奇迹：发展战略与经济改革》，上海，上海三联书店、上海人民出版社，1994。

［41］林毓生：《中国传统的创造性转化》，上海，上海三联书店，1996。

［42］卢瑟福：《经济学中的制度》，中文版，北京，中国社会科学出版社，1999。

［43］卢梭：《社会契约论》，中文版，北京，商务印书馆，1980。

［44］洛伦兹：《混沌的本质》，中文版，北京，气象出版社，1997。

［45］马建春：《债券市场的协调发展——美国、德国、日本的考察与借鉴》，北京，经济科学出版社，2005。

［46］麦金农：《经济发展中的货币与资本》，中文版，上海，上海三联书店、上海人民出版社，1997。

［47］麦金农：《经济市场化的次序——向市场经济过渡时期的金融控制》，中文版，上海，上海三联书店、上海人民出版社，1997。

［48］茅于轼、汤敏：《现代经济学前沿专题》，第三集，上海，商务印书馆，1999。

［49］梅因：《古代法》，中文版，北京，商务印书馆，1984。

［50］尼科利斯、普里戈京：《非平衡系统的自组织》，中文版，北京，科学出版社，1986。

［51］倪铮、魏山巍：《关于我国公司债务融资的实证研究》，载《金融研究》，2006（8）。

［52］诺思：《经济史中的结构与变迁》，中文版，上海，上海三联书店、上海人民出版社，1994。

［53］诺思：《制度变迁理论纲要》，北京大学中国经济研究中心编《经济学与中国经济改革》，上海，上海人民出版社，1995。

［54］诺思、托马斯：《西方世界的兴起》，中文版，北京，华夏出版社，1989。

［55］诺思：《制度、制度变迁与经济绩效》，中文版，上海，上海三联书店、上海人民出版社，1998。

［56］青木昌彦、奥野正宽：《经济体制的比较制度分析》，中文版，北京，中国发展出版社，1999。

［57］泉州市工商行政管理局调研报告：《泉州市个体私营经济发展情况》，2004。

［58］沈永欢等：《实用数学手册》，北京，科学出版社，1999。

［59］史晋川等：《市场深化中民间金融业的兴起——以浙江路桥城市信用社为例》，载《经济研究》，1997（12）。

［60］世界银行：《1989世界发展报告：金融体系与发展》，北京，中国财政经济出版社，1989。

［61］斯蒂格利茨：《社会主义向何处去》，中文版，长春，吉林人民出版社，1999。

［62］苏力：《从契约理论到社会契约理论》，载《中国社会科学》，1996（3）。

［63］隋广军等：《产业演进及其微观基础研究》，北京，经济科学出版社，2007。

［64］孙早、鲁政委：《从政府到企业：关于中国民营企业研究文献的综述》，载《经济研

究》，2003（4）。

［65］汤普逊：《中世纪晚期欧洲经济社会史》，中文版，北京，商务印书馆，1996。

［66］汪丁丁：《在经济学与哲学之间》，北京，中国社会科学出版社，1996。

［67］王长江：《新制度经济学视角下的我国企业债券市场发展》，载《投资研究》，2002
（12）。

［68］王国刚、飞立：《"企业债券"与"公司债券"推动公司债券市场的发展》，载《中
国金融》，2007（6）。

［69］王江：《转轨经济中商业银行制度变革与风险控制》，厦门大学博士学位论文，1999。

［70］威廉姆森等：《财产权利与制度变迁——产权学派与新制度学派译文集》，中文版，
上海，上海三联书店、上海人民出版社，1996。

［71］武捷思：《中国国有商业银行行为研究》，北京，中国金融出版社，1996。

［72］肖：《经济发展中的金融深化》，中文版，上海，上海三联书店，1991。

［73］许文彬：《信息替换、制度变迁与金融风险》，载《财经问题研究》，2000（5）。

［74］许文彬、陈炜：《中国信用体系转轨的经济史视角考察》，载《当代经济科学》，2008
（2）。

［75］许文彬、张亦春：《信息结构、制度变迁与金融风险演进》，北京，中国财政经济出
版社，2004。

［76］杨萍等：《企业债券市场研究》，北京，中国计划出版社，2004。

［77］杨小凯：《经济学原理》，北京，中国社会科学出版社，1998。

［78］易宪容：《现代合约经济学导论》，北京，中国社会科学出版社，1997。

［79］俞达：《从美国70~90年代的金融动荡中得到的经验及教训》，载《国际金融研究》，
1999（3）。

［80］张杰：《中国金融制度的结构与变迁》，太原，山西经济出版社，1998。

［81］张杰：《民营经济的金融困境与融资秩序》，载《经济研究》，2000（4）。

［82］张杰：《经济变迁中的金融中介与国有银行》，北京，中国人民大学出版社，2003。

［83］张军：《改革后中国农村的非正规金融部门：温州案例》，载《中国社会科学季刊》
（香港），1997（秋）。

［84］张维迎：《企业的企业家——契约理论》，上海，上海三联书店、上海人民出版
社，1996。

［85］张维迎：《博弈论与信息经济学》，上海，上海三联书店、上海人民出版社，1997。

［86］张亦春、许文彬：《风险与金融风险的经济学再分析》，载《金融研究》，2002（3）。

［87］张亦春、许文彬：《金融全球化、金融安全与金融演进》，载《管理世界》，2002
（8）。

［88］张亦春、许文彬：《经济组织形式、交易性质与社会信用维持》，载《金融论坛》，2002（11）。

［89］张亦春：《金融市场学》，北京，高等教育出版社，1999。

［90］张宇燕：《经济发展与制度选择》，北京，中国人民大学出版社，1993。

［91］郑维敏：《正反馈》，北京，清华大学出版社，1998。

［92］Allen F. , Jun Qian, & Meijun Qian. 2002. *Law, Finance, and Economic Growth in China*. Wharton Working Paper.

［93］Arnott, R. & J. E. Stiglitz. 1991. "Moral Hazard and Nonmarket Institutions: Dysfunctional Crowding Out or Peer Monitoring?", *The American Economic Review*, March.

［94］Arrow, K. J. 1994. "Methodological Individualism and Social Knowledge", *The American Economic Review*, May.

［95］Aumann, R. 1976. "Agreeing to Disagree", *The Annals of Statistics*, 4, pp. 1236 – 1239.

［96］Axelrod, Robert. 1984. *The Evolution of Cooperation*. New York: Basic Books.

［97］Ayres, Clarence E. 1932. *Huxley*. New York: Norton.

［98］Bartov, E. & G. Bodnar. 1996. "Alternative Accounting Methods, Information Asymmetry and Liquidity: Theory and Evidence", *The Accounting Review*, July.

［99］Binmore, Ken. 1994. *Game Theory and The Social Contract: Playing Fair*. Cambridge, Mass: MIT Press.

［100］Boisot, Max. 1995. *Information Space: A Framework for Learning in Organizations*, Institutions and Culture. London: Routledge.

［101］Boisot, Max. 2002. Seminar Note on "The Technology of Visualization and Visualizability in The New Economy".

［102］Boot, A. W. A. , S. I. Greenbaum & A. V. Thakor. 1993. "Reputation and Discretion in Financial Contracting", *The American Economic Review*, Dec.

［103］Bowles, Samuel. 2004. *Microeconomics: Behavior, Institutions, and Evolution*. Princeton: Princeton University Press.

［104］Buchanan, J. 1991. "Economics in the Post-socialist Century", *Economic Journal*, 101.

［105］Campbell, John. 2004. *Institution Change and Globalization*. Princeton: Princeton University Press.

［106］Chenery. H. , S. Robinson & M. Syrquin. 1986. *Industrialization and Growth: A Comparative Study*. Oxford: Oxford University Press.

［107］Coase, Ronald H. 1937. "The Nature of the Firm", *Economica*, 4 .

［108］Commons, J. 1924. *Legal Foundations of Capitalism*. New York: Macmillan.

[109] Cosmides, L. & J. Tooby. 1994. "Better than Rational: Evolutionary Psychology and the Invisible Hand", *The American Economic Review*, May.

[110] Cremer, J. & F. Khalil 1992. "Gathering Information before Signing a Contract", *The American Economic Review*, June.

[111] David, P. A. 1994. "Why are Institutions the 'Carriers of History': Path Dependence and the Evolution of Conventions, Organizations and Institutions", *Structural Change and Economic Dynamics*, Vol. 5, No. 2.

[112] David, Paul and Dominique Foray. 1994. "Dynamics of Competitive Technology Diffusion through Local Network Structures: The Case of EDI Document Standards." pp. 63 – 78 in *Evolutionary Economics and Chaos Theory*, edited by Loet Lydesdorff and Peter Van den Besselaar. New York: St. Martin's.

[113] Giddens, Anthony. 1984. *The Constitution of Society: Outline of the Theory of Structuration*. Cambridge: The Polity Press.

[114] Greif, Avner. 2006. *Institutions and the Path to the Modern Economy: Lessons from Medieval Trade*, M. Cambridge: Cambridge University Press.

[115] Grinblatt & Longstaff. 2000. "Financial Innovation and the Role of Derivative Securities: An Empirical Analysis of the Treasury STRIPS Program", *The Journal of Finance*, June.

[116] Grossman, S. J. & J. E. Stiglitz. 1980. "On the Impossibility of Informationally Efficient Maekwts", *The American Economic Review*, June.

[117] Hamilton, David B. 1953. *Newtonian Classicism and Darwinian Institutionalism*. Albuquerque: University of New Mexico Press.

[118] Hodgson, Geoffrey M. 1997. "The Ubiquity of Habits and Rules", *Cambridge Journal of Economic Literature*, Vol. 21.

[119] Hodgson, Geoffrey M. 1998. "The Approach of Institutional Economics", *Journal of Economic Literature*, Vol. 36.

[120] Hodgson, Geoffrey M. 2001. "Is Social Evolution Lamarckian or Darwinian", in J. Laurent and J. Nightingale (eds.), *Darwinism and Economics*, Cheltenham: Edward Elgar.

[121] Hodgson, Geoffrey M. 2002. "Darwin, Veblen and the Problem of Causality in Economics", Working Paper.

[122] Hodgson, Geoffrey M. 2002. "Darwinism in Economics: From Analogy to Ontology", *Journal of Evolutionary Economics*, June.

[123] Hodgson, Geoffrey M. 2003. "Darwinism and Institutional Economics", *Journal of Economic Issue*, March.

[124] Hodgson, Geoffrey M. 2003. "The Hidden Persuaders: Institutions and Individuals in Economic Theory", *Cambridge Journal of Economics*, Vol. 27.

[125] Homan, Paul T. 1932. "An Appraisal of Institutional Economics", *The American Economic Review*, Jan.

[126] Jones, Lamar B. 1995. "C. E. Ayres's Reliance on T. H. Huxley: Did Darwin's Bulldog Bite". *American Journal of Economics and Sociology*, 54, No. 4.

[127] Knight, Frank. 1921. *Risk, Uncertainty and Profit*. New York: Houghton Mifflin Co.

[128] Kuznets, S. 1971. *Economic Growth of Nations: Total Output and Production Structure*. M. Cambridge: Harvard University Press.

[129] Luengnaruemitchai, Pipat & Li lian Ong. 2005. *An Anatomy of Corporate Bond Markets: Growth Pains and Knowledge Gains*. IMF Working Paper.

[130] Magnusson, L. & J. Ottosson. 1999. *Evolutionary Economics and Path Dependence, Introduction*. Chippenham: Edward Elgar.

[131] Mitchell, Wesley C. 1936. *What Veblen Taught*. New York: Viking.

[132] Neale, Walter. 1987. "Institutions", *Journal of Economic Issues*, Sep.

[133] Nelson, R. & S. Winter. 1982. *An Evolutionary Theory of Economic Change*. M. Cambridge: Harvard University Press.

[134] Nicolis, G. & I. Prigogine. 1977. *Self – Organization in Nonequilibrium Systems: From Dissipative Structures to Order through Fluctuations*. New York: John Wiley & Sons.

[135] North, Douglass. 2005. *Understanding the Process of Economic Change*. M. Princeton: Princeton University Press.

[136] Penno, M. C. 1997. "Information Quality and Voluntary Disclosure", *The Accounting Review*, April.

[137] Scott, W. Richard. 2001. *Institutions and Organizations*. Thousand Oaks, California: Sage.

[138] Sharma, Krishnan. 2000. *The Underlying Constraints on Corporate Bond Market Development in Southeast Asia*. DESA Paper.

[139] Stiglitz, Joseph. 1985. "Information and Economic Analysis: A Perspective", *The Economic Journal*, Vol. 95.

[140] Strang, David & John Meyer. 1993. "Institutional Conditions for Diffusion", *Theory and Society* 22.

[141] Swan, William, et al. 2000. "Viewing the Corporate Community as a Knowledge Network", *Corporate Communications*, Vol. 5.

[142] Veblen, Thorstein B. 1899. *The Theory of the Leisure Class: An Economic Study in the Evo-*

lution of Institutions. New York: Macmillan.

[143] Veblen, Thorstein B. 1914. *The Instinct of Workmanship, and the State of the Industrial Arts*. New York: Macmillan.

[144] Veblen, Thorstein B. 1919. *The Place of Science in Modern Civilization and Other Essays*. New York: Huebsch.

[145] Williamson S. & R. Wright. 1994. "Barter and Monetary Exchange Under Private Information", *The American Economics Review*, March.

[146] Xu, Wenbin. 2006. "From Credit to Social Contract", UW Working Paper.

[147] Xu, Wenbin. 2006. "Information, Institution and Institutional Change: Informational Consideration of Institution and Institutional Change", MSU Working Paper.

[148] Yang, Xiaokai and Yew – Kwang Ng. 1993. *Specialization and Economic Organization, a New Classical Microeconomic Framework*. Netherlands: North – Holland.

后 记

本书是在笔者的博士后出站报告基础上修改完善而成的。从选题到定稿，历时 4 年多，成稿时正好见证了从美国次贷危机到全球金融海啸的全过程。杜牧诗有句"忍过事堪喜"。就我国而言，目前恐怕还远未到"忍过"的时候，在未来一段时期内，因美国的巨额国债发行而造成的世界性美元冲击必将使我国面临承担被转嫁而来的金融风险的局面。在美国次贷危机落下帷幕的时候，或许我国自身的金融风潮才刚刚开始。在西方诸多学者名流纷纷抛出"中国模式好"、"中国式的社会主义才能拯救金融危机"等"糖衣"论调的时候，或许金融危机和金融损失的转嫁正悄悄地进行着。金融是现代经济的核心，金融安全和金融稳定理应也成为现代经济安全和经济稳定的核心，在内外条件尚未具备的情况下激进地推动所谓"金融全球化"，对我国的金融发展和经济发展，显然是有百害而无一利的。从一般意义上说，金融开放只是手段，金融发展和经济发展才是目的。在诸多将手段和目的倒置的论调中，本书希望起到的作用大抵就是喊一声"狼来了"；倘若能因此而稍稍促进篱笆的修建，则即便最终狼并没有来而使本书沦为虚声恫吓，也不枉笔者 4 年多的破电脑和冷板凳。

成书之际，我愿对帮助本书得以完成的诸位师友致以诚挚的谢意。首先要感谢厦门大学张亦春教授，没有他的多年教育和关怀，我的一切成就都是不可能的；感谢西南财经大学刘锡良教授，从选题到论著撰写他都给予了精辟而全面的指导和启迪，并为论著的出版提供了机会；感谢西南财经大学曾康霖教授、邓乐平教授、陈野华教授、倪克勤教授、曹廷贵教授在博士后出站报告过程中提出的意见和建议；感谢西南财经大学刘成玉教授 4 年多来的关心和帮助；感谢华盛顿大学（University of Washington）的巴泽尔（Yoram Barzel）教授，我在访问西雅图华盛顿大学期间与教授进行的每周例谈（weekly talk）中获益匪浅；感谢密歇根州立大学（Michigan State University）的斯密德（Alan Schmid）教授，作为我在密歇根州立大学博士后项目的联系导师，他给予本书模型部分的两章以许多建设性意见，甚至亲自为我修订英文稿的文法错误；感谢密歇根州立大学的斯塔兹（John Staatz）教授和阿罗约（Luis Arojo）教授对模型提出的有益意见；感谢厦门大学宏观经济研究中心的同仁们，一年一度的中国宏观经济年度研究报告的结撰和与他们的讨论迫使我对许多宏观经济问题进行了思考；感谢西南财经大学师兄李晓渝博士、师弟董青马博士的帮助；感谢中国金融出版社为本书的出版提供的方便和付出的辛劳；最后，我要感谢我的家人们，他们给了我坚实的后盾和温情的篱笆，使我能隔离开外面世界的喧哗和诱惑，继续坐在破电脑前、坐在冷板凳上。

许文彬

2009 年 2 月 8 日于厦门